오프 더 레코드

법조 비망록

나남
nanam

나남신서 1758

오프 더 레코드
법조 비망록

2014년 8월 15일 발행
2014년 8월 15일 1쇄

지은이 • 이수형
발행자 • 趙相浩
발행처 • (주) 나남
주소 • 413-120 경기도 파주시 회동길 193
전화 • (031) 955-4601(代)
FAX • (031) 955-4555
등록 • 제 1-71호(1979.5.12)
홈페이지 • http://www.nanam.net
전자우편 • post@nanam.net

ISBN 978-89-300-8758-2
ISBN 978-89-300-8655-4(세트)

책값은 뒤표지에 있습니다.

나남신서 1758

오프 더 레코드

법조 비망록

이수형 지음

나남신서 1758

오프 더 레코드

법조 비망록

차례

기 자(記者)

1998년 2월 9일, 오후 1시부터 날리기 시작한 눈발은 4시를 넘어서면서 폭설로 변했다. 새해 들어 가장 많은 눈이 내렸다.

오후 4시 30분쯤 L은 가판 기사를 대충 마감하고 서울 서초동 함승희(咸承熙) 변호사 사무실로 향하고 있었다. 함 변호사와 마주 앉아 IMF 외환위기 사태를 맞은 나라 신세를 한탄하며 시간을 죽이고 있을 무렵 삐삐가 진동했다. 음성호출기에 누군가 녹음을 남겨두었다.

'마감 시간도 지났고 눈은 쏟아지는데 …, 누굴까?'

전화를 걸어 호출기 녹음을 확인해보았다.

"이순호 오늘 영장 청구."

단 네 마디, 숨이 가쁜 목소리였다. 귀가 번뜩였다. 의정부지청의 직원 K였다. 석 달 전인 1997년 11월, 의정부지청 특수부의 이순호(李順浩) 변호사 비리수사 취재차 들렀을 때 만난 그 사람이다.

L은 선배 Y 기자와 함께 1997년 11월 26일과 27일 이순호 변호사 사

7

건수임 비리를 수사 중인 검찰이 판사들의 수뢰혐의를 잡고 계좌추적을 시작했다는 기사를 보도했다. 이후 상황은 알 수 없었다. 대검과 의정부지청에는 철통같은 보안이 이어졌고, 더 이상 취재는 불가능했다.

그런 상황에서 이 변호사에 대해 구속영장이 청구됐다. 이제 승부는 끝난 셈이었다. L은 서울지검 기자실로 뛰어올라가 전화 다이얼을 돌렸다. 031-876-1008, 의정부지청 특수부 N 검사실 전화번호였다. 전화를 받은 여직원에게서 돌아온 답변은 "검사님이 바빠서 통화가 곤란하다"는 것이었다.

밤 10시, 발목까지 빠지는 눈길을 헤치며 N의 집으로 향했다. 그의 집은 서울 종로구 부암동 언덕 꼭대기에 있었다. 자하문 터널을 지나 세검정 천주교회에서 언덕으로 20분쯤 올라갔다. 그의 집을 찾은 것은 2월 들어서만 세 번째, 그는 아직 집에 오지 않았다.

L이 N에게 집착한 것은 1월 말 법원도서관에서 읽은 N 검사의 사법시험 합격기 때문이었다. 한 고시잡지에 실린 "내 인생 내 어깨에 지고"라는 제목의 합격기에는 그의 인생이 담겨 있었다. N은 고교 졸업 후 봉제공장 재단사와 세무공무원으로 일하다 1992년 34살의 늦은 나이에 사법시험에 합격했다. 그의 별명은 '노(盧) 작두', 구로공단 장갑공장에서 작두로 원단 자르는 일을 할 때 얻은 별명이라고 했다.

N의 합격기에는 그가 사회에서 천대받으며 살 때 마음속에 새겨두었던 말들이 적혀 있었다. "무지렁이처럼 사는 사람도 남의 눈을 쑤실 막대기는 가지고 있는 법"이라고.

L은 N 검사의 수사의 칼끝이 어디로 향하고 있는지 느낄 수 있었다.

N의 집 대문 옆에서 찬바람을 피하며 기다렸다. 자정이 거의 다 됐을 무렵 N이 나타났다. 눈 때문에 차를 언덕 아래에 세워두고 걸어서 올라오고 있었다.

"고생 많으십니다 … ."

"왜 또 왔어?"

N은 L의 얼어붙은 모습이 안쓰러웠던지 "차나 한잔 하고 가라"며 집 문을 열어주었다. 2층 작은방에서 N과 마주앉았다.

"대충 알고 있습니다. 그동안 고생한 보람이 있군요."

"쓸데없는 소리! 차나 한잔 하고 가라니까 … ."

"사법 100년 역사에서 판사와 변호사의 금품거래가 증명된 적은 한 번도 없습니다. 판사의 세계는 성역이고 아무도 건드리지 못합니다. 그렇지만 인간은 불완전한 존재이기 때문에 견제가 없는 곳에는 언제나 문제가 있기 마련입니다."

"그래서 … ."

L은 N의 태도가 이전과 다름을 느꼈다. N은 긴장하고 있었다.

이제 "판사가 돈 받은 사실이 확인됐느냐"고 묻는 것은 우문(愚問)이었다.

"사법고시 합격기에 '사람의 운명은 정해져 있는데 우리만 그 사실을 모르고 버둥거리며 살고 있는지도 모른다'고 쓰셨던데, 이미 다 정해진 것 아닙니까?"

"…… ."

한동안 침묵이 흘렀고 N이 짧게 한마디 했다.

"나는 검사요. 검사는 수사 중인 사건에 대해 말할 수 없는 법이요."

그러면 폭설과 혹한, 심야에 L은 왜 여기에 왔는가.

"검사님, 나는 기자입니다. 무지렁이처럼 사는 사람들에게 '세상은 이렇다'는 것을 알려줄 의무가 있습니다."

그날 밤 N은 검사였고, L은 기자였다.

제1장

낙 종(落種)

01
___

2000년 12월 ○○일. 그날도 많은 눈이 내렸다. 며칠 남지 않은 크리스마스, 거리는 들떠 있었다.

L은 서초동 기자실에 처박혀 있었다. 며칠 전 서울 대검청사 앞 횡단보도에서 차를 피하다 넘어져 오른쪽 발뼈가 부러지는 바람에 목발 신세를 지고 있었다.

교통사고가 가져다준 오랜만의 여유. L은 문득 Y 생각이 났다. Y는 15년 전 군대 시절 친구였다.

잘 지내고 있을까? 그는 7년 전 아버지를 살해한 혐의로 구속돼 재판을 받고 공주치료감호소에 수감돼 있었다. 1995년 말 Y로부터 편지 한 통을 받은 것이 마지막이었다. 법무부에 도움을 요청해 치료감호소 담당자를 소개받은 뒤 전화를 걸었다.

"양○○이란 사람의 소식을 알고 싶습니다. 혐의는 존속살해고 93년 말쯤 입소했는데 ….."

상대방은 필요한 인적사항을 몇 가지 더 물어본 뒤 전화를 끊지 말고 잠시 기다리라고 했다. 3~4분쯤 지났을까.

"그 사람 말이죠, 사망했습니다. 자살한 것으로 되어 있는데요."

사망! 자살 …. 불길한 예감이 사실로 확인됐다.

"좀더 자세히 알 수 없습니까?"

"그 사람 저도 기억이 나는데, 96년쯤 체온계를 삼킨 적이 있습니다. 그러다 다시 몇 달 지나 청주교도소로 옮긴 뒤 자살한 것으로 기록돼 있습니다."

체온계? 그렇다 …. 체온계에는 수은이 들어 있다. 그는 수은 중독으로 자신을 독살(毒殺) 하려 한 것이다.

스스로를 독살하려던 시도에 관한 한 그는 전과(前過) 가 있었다.

1988년 6월. Y는 아버지와 어머니가 충주 큰집 잔치에 참석하느라 집을 비운 사이 집 근처 가락동시장에서 복어 한 마리를 사들고 집에 왔다. Y는 내장을 꺼내지 않고 그대로 둔 채 복어국을 끓였다.

된장과 소금을 적당히 넣고 Y는 국물을 들고 나가 집 부근의 공원에서 한 그릇을 다 마셨다. 복어의 독(毒) 테트로도톡신이 몸으로 퍼지길 기다렸다. 지각마비, 근육마비, 언어장애, 호흡장애가 일어나길 기다렸지만 뱃속이 조금 부글거릴 뿐 아무런 신체 변화가 없었다.

'책에 의하면 복어의 간과 난소에 많은 독이 있다던데 …. 봄철 산란기의 난소에 특히 독이 많고 보통 열(熱) 로는 파괴되지 않는다던데 ….

산란기가 지난 복어를 사왔기 때문인가, 아니면 수놈 복어를 잘못 사온 것인가….'

Y는 혼자 중얼거렸다.

'그러고 보면 복어알을 대구알이나 명태알로 착각해 맛있게 끓여먹고 죽어간 사람들은 얼마나 운이 좋은 사람들인가. 왜 그런 행운이 내게는 찾아오지 않는가.'

그는 복어 내장 대신 체온계의 수은으로 다시 자신의 육체에 대한 독살을 기도한 것이다.

감호소 담당자는 Y가 1996년 3월 19일 공주치료감호소에서 1차 자살 기도를 하다 실패한 뒤 그해 5월 6일 청주교도소로 옮겼고, 다음 달 22일 자살했다고 설명해주었다.

L은 아무도 돌보지 않은 친구의 죽음을 뒤늦게 확인했다. 큰 낙종(落種)이었다.

02

L이 Y를 마지막으로 본 것은 1993년 7월의 일이었다. Y는 30세 청년 이었다. 긴 장마 탓으로 한 달 내내 우울했던 7월의 마지막 날 오후, 서울지법 동부지원 법정에서 Y에 대한 1심 재판 결심공판이 진행되고 있었다.

"피고인은 인류의 대본을 거역했습니다. 피고인은 어렸을 때부터 자신을 낳아준 아버지에 대한 적개심과 증오심을 키워오다 마침내 아버지를 죽일 시기가 왔다고 생각해 주먹과 발로 아버지를 구타한 뒤 비닐봉지를 머리에 씌우고 나일론 끈으로 목을 감아 살해했습니다. 피고인의 행위는 도저히 용납될 수 없는 패륜행위입니다."

검사의 공소사실 낭독이 이어지는 동안 Y는 고개를 숙인 채 눈물을 흘리고 있었다. 감당할 수 없는 충격에 오랫동안 시달린 탓인 듯 나이보다 10년쯤은 더 늙어 보이는 Y의 어머니도 방청석에 앉아 하염없이 흐느끼고 있었다. 그의 얼굴은 이미 남편을 잃어버린 데다 하나뿐인 아들마저 이 법정에서 잃어버리지나 않을까 하는 불안함이 겹쳐 더욱 처연해보였다.

"피고인은 가해자인 동시에 피해자입니다. 피고인은 피해자인 아버지와 어머니의 끊임없는 부부싸움, 그리고 공식처럼 이어진 학대에 우울하고 고통스런 유년기와 사춘기를 보내야 했습니다. 표면적으로는 지극히 정상적으로 교육받고 군복무까지 무사히 마쳤지만, 내면적으로는 치유할 수 없는 정신적 파탄상태에 빠져버렸습니다. 사회에 적응하려는 시도는 마음의 상처로 인해 번번이 좌절됐고, 인생에 대해 어떠한 희망도 가질 수 없었습니다."

채종훈(蔡宗勳) 변호사는 이 세상에서 Y를 이해해준 몇 안 되는 사람 중 하나였다. 그러나 변호사의 진지하고 사려 깊은 변론도 Y의 눈물을 거둬주지는 못했다. Y의 눈물은 운명이었다.

03

1988년 9월 어느 날, Y는 아버지를 무자비하게 폭행했다. 이날 폭행은 Y의 아버지에 대한 뿌리 깊은 증오와 적개심의 구체적인 표현이었다.

'아버지보다 힘이 세진 뒤에 반드시 복수하리라'고 했던 다짐의 실천이 었다.

아버지에 대한 폭행은 직접적으로는 전날 밤 있었던 또 다른 폭행에서 이어졌다. 그날 Y는 K대학 동급생 친구 두 명을 만나 술을 마셨다. 술자리는 Y의 독무대였다. 그는 무언가를 잊으려는 듯 혼자 끊임없이 떠들어댔다.

밤 10시가 넘자 듣고만 있던 친구 한 명이 지루한 듯 자신의 여자 후배를 불러냈다. 친구는 후배를 이성으로 대하고 싶은 눈치였으나 정작 앞에 앉혀 놓고서는 아무 말도 못한 채 애꿎은 소주잔만 들이켰다.

그는 만취했다. Y의 일행이 후배를 돌려보냈을 때는 이미 12시가 넘었다. 그들은 술집에서 가장 가까운 Y의 집에 가서 자기로 했다.

집으로 오는 택시 안에서 Y는 친구에게 후배가 색싯감으로 괜찮다고 말해주었다. 친구는 조금 전 술자리에서 후배에게 한 "Here's looking at you"라는 말이 무슨 뜻이냐고 물었다. Y는 그 말은 영화 〈카사블랑카〉의 대사 중 하난데, 여자의 아름다움을 칭찬하면서 축배를 들 때 하는 말이라고 대답해주었다.

친구는 질투했다. Y가 후배에게 마음이 있는 것 아니냐고 추궁했다. Y의 마음속에서 불쑥 심술이 솟았다. Y는 몇 번인가 연속해서 친구를 놀려주었다.

"개자식."

평소 익숙하지 않던 욕이 친구 입에서 튀어나왔다. 집에 들어섰을 때 Y는 친구를 구타하기 시작했다. 176센티미터의 키에 82킬로그램의 건장한 체중. 한때 유도선수였던 Y였다. 구타는 무차별적으로 이어졌다.

처음에는 반격자세를 취하던 친구도 자신이 술에 취해 무방비 상태이고 도저히 Y의 폭력을 멈출 수 없는 사실을 깨달은 듯 애원하기 시작했다.

Y의 주먹과 발길질은 멈추지 않았다. Y의 아버지는 겁에 질려 방문 틈새로 우두커니 지켜보고만 있었다. 어머니는 Y를 말리다 못해 쓰러졌다. 어머니와 함께 Y를 말리던 다른 친구가 어머니를 부축하며 주물러드렸다. 쓰러진 어머니에게 Y의 주의가 옮겨져 잠시 폭력이 멈춘 사이를 틈타 친구들은 도망치기 시작했다. Y는 친구들의 뒤를 쫓았다.

다음 날 아침, Y는 잠에서 깨자마자 간밤에 구타한 친구 집으로 갔다. 책임추궁이 있기 전에 미리 선수를 쳐 그의 부모에게 구타의 정당성을 강변하려는 생각에서였다. Y는 친구가 정신없이 술에 취해 있었다며 원인을 친구에게 전가했다.

그날 밤 늦게 집에 돌아왔을 때 어머니는 몰골이 말이 아니었다. 전날 밤 Y가 도망치는 친구들을 쫓아 나가고 집에 아버지와 어머니 두 사람만 남게 됐을 때 아버지는 쓰러진 어머니를 다른 한 친구가 주물러준 데 대해 "어떻게 아들 같은 놈에게 몸을 맡길 수 있느냐"며 또 어머니를 학대한 것이다.

Y는 아버지를 구타하기 시작했다. Y는 아버지가 이제는 힘이 약해져 자신에게 저항할 수 없음을 느꼈다. 이날 폭력은 단지 시작이었다. 그 후에도 Y는 아버지에게 계속해서 폭력을 휘둘렀다.

04

아버지를 구타하기 6개월쯤 전 어느 날 Y는 서울 변두리 허름한 여관에 누워 수면제 48알을 삼켰다. 천정과 벽과 방바닥이 물결치듯 꿈틀대고 이어 마른 벼락소리, 그리고 팔다리의 솜털들이 빳빳이 일어서더니 물결에 휩쓸리듯 이리저리 움직였다. 그리고는 쓰러졌다.

얼마나 지났을까. Y는 병원에 누워 있었다. 그의 주머니에는 짧은 메모가 하나 들어 있었다.

"… 내가 자살한다면 그것은 나 자신을 파괴하기 위해서가 아니라 나 자신을 원상태로 회복시키기 위해서일 것이다. 자살은 나에게 있어 폭력적으로 나 자신을 재정복하고 야수처럼 나의 존재를 침범하며 신의 접근을 예측하는 유일한 수단이 될 것이다. 자살을 통해 나는 나 자신의 의도를 자연 속에 재도입시키고 내 의지의 형상을 최초의 사물들에 부여하게 될 것이다 … ."

그로부터 3개월 후, 그러니까 아버지에 대한 잔인한 폭행사건이 있기 3개월 전, Y는 내장을 꺼내지 않은 복어국을 마셨다.

좌절할 때마다 Y는 그 좌절의 원인이 어디에 있는지 골똘히 생각했다. 그때마다 그에게는 고통스런 어린 시절이 떠올랐다.

Y는 한때 '과거의 축적이 현재다. 마찬가지로 밝은 미래는 성실한 현재의 축적으로만 획득할 수 있다'며 현재의 주어진 삶에 충실하려고 다짐하기도 했다. 하지만 그런 다짐과는 상관없이 Y의 마음속 깊이 자리한 공격적 성향은 아버지, 어머니를 포함한 주변 사람들과 Y 자신을 계

속 탈진시켰다. 그리고 탈진하면 할수록 Y는 그 공격적 성향의 원천이라고 여겨지는 어린 시절에서 빠져나올 수 없었다. Y는 일기장에 이렇게 써내려갔다.

아버지와의 부부싸움 다음 날이면 어머니는 방안에 시체처럼 누워 있었다. 어두침침한 방안에서 벽 쪽으로 몸을 돌려 웅크린 채 식사도 하지 않고 주위의 인기척에도 아무런 반응을 보이지 않았다.

나는 걱정스러웠다. 어머니의 몸을 건드리며 칭얼거리면 어머니는 찢어지는 듯 히스테리컬한 목소리로 고함을 치며 내게 몰매를 주었다. 어머니는 손에 잡히는 대로 던졌다. 빗자루, 옷가지, 혁대 …. 특히 걸레를 맞을 때면 아픔이 더했다. 어머니는 수건으로 만든 걸레의 끝을 쥐고 내게 휘둘렀다. 맞고 난 뒤 내 몸 여기저기엔 채찍으로 맞은 듯한 자국들이 선명하게 남았다. 어느 때부턴가 나는 어머니에게 칭얼거리지 않게 됐다. 그래봤자 몰매만이 내게 돌아올 뿐이었으므로 …. 대신 내 마음은 썩어 들어갔다. 한심스런 부모의 싸움에 대한 분노는 내 마음을 썩게 한 것이다.

나는 친구들과도 제대로 어울리지 못했다. 늘 싸워야 했다. 나는 외톨이였다. 평소엔 별다른 감정표현을 하지 않다가도 갑자기 필요 이상의 감정을 표출하기 일쑤였다 ….

아버지의 어머니에 대한 학대는 대개 퇴근 후 밤에 이루어졌다. 그 다음 날 학교 갔다 집에 돌아오면 어머니는 팔자타령 하러 또는 분풀이 쇼핑 하러 밖에 나갔거나 방안에 시체처럼 누워 있었다. 방안에 누워 있는 어머니를 보면 우울하고 괴로웠다. 어머니는 그러면 어김없이 "너는 네

애비를 닮지 말아야 한다"거나 "네 아버지는 젊었을 때 할아버지에게 덤벼들었단다 … 죄를 지은 사람은 벌을 받게 마련이지 … "라는 말을 했다.

이 말은 내게는 암시였고 명령이었다. 이 세상의 어떤 말도 어머니의 이 복수의 암시만큼 내 의식을 지배하지 못했다.

"할아버지에게 대든 아버지는 벌을 받을 것이다"는 말로 요약될 수 있는 이 말을 어머니는 누이들을 포함해 어느 누구에게도 하지 않았다. 그렇다면 '아버지는 누구로부터 벌을 받을 것인가'라는 의문이 떠올랐을 때 대답은 자명했다.

05

Y의 아버지는 1924년 촌부(村夫)의 4남 2녀 중 3남으로 태어났다. 그의 형제들은 모두 학구열이 높아 아무도 농사를 물려받으려 하지 않았다. Y의 아버지는 공부하던 책을 모조리 불사를 정도로 격렬하게 반대하던 할아버지의 만류를 뿌리치고 끝내 일본으로 건너가 고등중학을 마쳤다.

귀국 이듬해 일제 징병으로 끌려가기 직전 Y의 아버지는 해방을 맞았다. 그는 일본유학 시절 학원을 다니며 배운 영어 실력으로 미군 통역 요원과 여고 영어교사로 일하다 1950년대 중반 미국 유학의 기회를 잡았다. 미국 동부의 한 주립대학 교육학과를 졸업하고 동양학 과정을 1년간 수료한 뒤 1960년대 초 귀국했다.

귀국 직후 그는 영어로 번역돼 있던 신라 고승 혜초의 인도 기행문인 《왕오천축국전》을 우리말로 번역해 실력을 인정받기도 했다.

Y의 어머니는 2남 3녀의 막내로 해방 전 소학교를 마친 것이 학력의 전부였다. Y의 아버지와 어머니는 6·25전쟁이 나기 1년 전 결혼했다. 당시 미군 헌병대 통역요원과 여고 영어교사로 있던 아버지의 나이는 스물여섯, 어머니는 열아홉이었다.

그 무렵 대부분의 결혼이 그랬던 것처럼 Y의 아버지와 어머니의 결혼도 당사자, 특히 어머니의 의견과는 상관없이 양가 부모들에 의해 일방적으로 결정됐다. 미국 유학을 마치고 귀국한 Y의 아버지는 대학 시간강사 자리를 전전해야 했다. 1950년대까지만 해도 대졸자가 드물어 학위만으로도 교수직에 임용될 수 있었지만, 1960년대 들어서면서 고학력자들이 급증해 웬만한 배경 없이는 교수로 임용되기 힘들었다. 별다른 배경도 없는 데다 사교적이지도 못한 Y의 아버지는 계속 좌절을 겪어야 했다. 유학 전의 여고 교사로 복귀하려고도 했지만 매년 갱신해야 하는 교사자격증을 유학기간 중 갱신하지 않았다는 이유로 이 또한 여의치 않았다.

이 무렵 그의 나이는 이미 40대. Y의 가족들은 서울 정릉의 허름한 판잣집에서 단칸 셋방살이를 하고 있었다. 시간강사의 쥐꼬리만 한 월급으로는 Y를 포함한 3녀 1남의 양육비와 교육비를 대기에도 벅차 처가에 손을 벌리는 일이 많아졌다. 교수직에 임용될 것이라는 기대를 가지고 도와주던 처가 쪽에서는 차차 Y의 아버지에 대해 실망을 드러내게 됐고, 마침내 노골적으로 비난을 퍼부어대기 시작했다.

결국 Y의 아버지는 귀국 5~6년 만에 교수의 꿈을 포기하고 제약회사에 취직했다. 그러나 이곳에서도 얼마 되지 않아 그만둬야 했다. 지나친 자기과시로 상사들과 늘 마찰을 빚었기 때문이다. 그는 근무시간

중에는 업무와 관계없이 영문서적을 보란 듯이 펴놓곤 했다.

상사들이 이를 곱게 보아줄 리 없었다. 미국 유학도 좋고 《왕오천축국전》 번역도 좋지만, 이 같은 자기과시는 교수직에 대한 꿈이 좌절된 데 따른 열등의식의 발로였다고 주위에서 평했다.

제약회사를 나온 Y의 아버지는 1970년대 초반 미군부대 PX 임시요원으로 취직했고, 몇 년 뒤 PX 매니저로 임명돼 1980년대 중반 정년퇴직할 때까지 일했다.

Y의 아버지가 교수의 꿈을 포기하고 좌절했을 때, 그 좌절은 Y의 가족들을 절망으로 몰아넣었다. Y의 아버지와 어머니는 언제나 원수가 된 듯 싸웠다. 싸운 다음 서로 화해하지 않은 채 식사를 하고 또 싸우곤 했다. Y의 가슴속엔 지난밤 부모의 싸움에 대한 기억이 그대로 남아 있는 상태에서 다음 날도 부모의 싸움에 대한 기억이 이어졌다.

아버지와 어머니의 싸움은 대부분 아버지가 도발했다. 아버지는 책을 좋아했다. 아니, 책을 숭배하는 맹신자였다. 책만 읽으면 자신의 인간적 약점이 모두 사라지리라고 믿는 사람이었다. 책에 있는 것을 달달 외우면 그 방면에서 누구보다 앞선다고 생각했다.

조금 과장해서 말하면 물에 빠져 허우적대는 사람에게 바로 옆에 있는 고무튜브 대신 '헤엄치는 법'을 설명한 책을 던져주기 위해 책방에 달려갈 사람이었다. 아버지는 책을 읽지 않는 사람을 무자비하게 비웃고 경멸했다. 책을 읽는 사람만 인정했다.

아버지에게 책은 모든 죄와 열등감을 사해주는 면죄부였다. 직장 야유회 또는 기념사진 촬영 때도 책을 읽고 있었다. 책을 놓는 것은 술 마실 때, 아내를 학대할 때, 그리고 자식들에게 훈계할 때뿐이었다.

눈코 뜰 새 없이 바쁘던 유학생활의 잔재였는지 모르지만 아버지는 읽고 난 책과 서류를 방안에 발 디딜 틈도 없을 정도로 늘어놓았다. 책과 서류가 아무렇게나 뒤섞여 있는 관계로 언제나 찾고자 하는 것을 찾기가 힘들었다. 그러면 아버지는 어머니에게 찾기 힘든 데 대한 책임을 물었고, 결국 부부싸움으로 발전했다. 귀가하는 아버지의 찌푸린 표정에서 나는 부모의 싸움을 예감할 수 있었다. 이럴 때면 아버지는 늘 찾고자 하던 책을 찾지 못한 채 눈을 부라리며 어머니에게 큰소리를 쳤다.

영어를 읽을 줄 모르는 어머니가 쉽게 찾을 리 없었다. 그러면 아버지는 곧 어머니를 모욕했고, 모욕에 항의하는 어머니에게 주먹을 휘둘렀다. 나중에 보면 찾던 책은 코앞에서 발견됐다.

부부싸움 뒤면 아버지는 늘 자신의 폭력을 정당화하였다.

"내가 너희 엄마에게 무식한 년이라고 모욕을 주는 것은 강렬한 학습 동기를 부여하기 위해서였다. 즉, 그 말을 통해 너희 엄마가 약이 올라서라도 공부하게 되길 바랐다. 그러니까 모욕이 아니라 일종의 자극제였을 뿐이다. 그러나 너희 엄마는 나의 조금 자극적인 말에 반항하면서 가장의 권위에 도전하기까지 했다. 이런 한심한 여자를 어떻게 가만두겠냐?"

아버지는 이렇게 자신을 변호했다. 그러나 어머니가 아버지에게 대든 것은 가장에 대한 도전이었다기보다 자신의 자존심을 지키려는 발버둥이었을 뿐이다. 아버지가 어머니의 이런 가냘픈 대항을 가장의 권위에 대한 도전으로 오해한 것은 자신의 열등감과 피해의식 때문이었다.

아버지는 《왕오천축국전》 번역 외에는 인정받지 못하는 학자였다. 과거 교수직 좌절에 대한 아픈 기억을 잊지 못했다. 또 지나치게 내성적인 성격으로 직장에서는 늘 스트레스를 받고 있었다. 이 열등감과 좌절감, 스트레스가 그의 패배감, 피해의식의 정체였다. 그 분노를 유일하게 해소할 수 있는 길은 아내에 대한 모욕과 학대였다.

아버지와 어머니의 갈등은 어린 Y를 늘 긴장 속에 있게 했다. 어머니가 좋아하는 것은 아버지가 경멸했고, 아버지가 좋아하는 것은 어머니가 증오했다. 그래서 아버지와 어머니의 기분을 상하지 않도록 하려면 Y는 늘 긴장하고 눈치를 봐야 했다.

아버지와 어머니를 따로 대할 때는 두 사람을 함께 대할 때에 비해서 비교적 수월했다. 그러나 그것은 절망이었다. 아버지를 동정할 때는 어머니를 증오하고, 어머니를 동정할 때는 아버지를 증오했다. Y는 마음속에서 이제 아버지와 어머니를 조화시킬 수 없었다.

06

1970년대 초 맑게 갠 어느 초가을 날 오후, Y는 무작정 집을 나서 뒷산 약수터로 향했다. 약수터에는 그네 하나가 걸려 있었다.

아찔하게 높은 그네. Y는 그네에 올라 발판을 힘껏 밟았다. 몸을 앞으로 내밀었다. 집도 학교도 기차역도 보였다. 어디선가 새들의 시끄러운 지저귐도 들렸다. Y는 소리 나는 쪽으로 고개를 돌렸다. 새 두 마리가 허공에서 뒤엉켜 푸드득거리고 있었다. Y는 갑자기 어머니를 타고 앉아 때리는 아버지의 모습이 떠올랐다. 악을 쓰며 대항하는 어머니, 방 한쪽 구석으로 밀려 겁에 질려 떠는 세 누이 … .

Y는 무릎을 굽혀 발판을 힘차게 굴렀다. 이번엔 아버지가 나가고 없을 때 자신과 세 누이를 때리던 어머니가 떠올랐다.

발판을 힘차게 구르는 순간 모든 것이 Y의 발아래 있었다. 그네와 함께 몸이 높이 솟구칠수록 아버지와 어머니, 그리고 세상의 모습은 더욱 작아져 우습게만 보였다.

그네는 생각보다 힘든 놀이였다. 다리와 손목이 얼얼했고 배도 고팠다. 그네에서 내려야겠다고 마음먹었을 때 Y는 몹시 당황했다. Y는 한 번도 이렇게 큰 그네에서 내려본 적이 없었다. 갑자기 어머니의 회초리가 공기를 가를 때 나는 매서운 소리가 귓가에서 윙윙거렸다. Y는 그네 줄을 놓았다 ….

고등학교 졸업 때까지 Y는 겉으로는 평범한 학생이었다. 혼자 있기를 좋아하고 때로 몹시 침울하거나 또는 필요 이상으로 분개하다가 금세 쾌활해지는 등의 과잉행동이 있긴 했지만, Y 자신이나 주위 사람들은 사춘기에 있을 수 있는 모습이라고 여겼다.

1983년 K대학 영문과 2학년으로 진학하면서 Y는 급격히 변했다. 그 전해, 즉 대학 신입생 때 Y는 대학에 대한 환상 — 대학에 입학하기만 하면 자신에게 닥쳐온 모든 불행은 저절로 사라질 것이라는 — 속에서 연극반 활동에 몰두했다.

그러나 대학에서의 첫 번째 겨울방학을 맞이했을 때 Y는 몸만 고등학교에서 대학으로 옮겼을 뿐 아무것도 달라진 것이 없음을 깨달았다. 큰 누이와 막내 누이는 여전히 정신병원을 전전하고 있었다. 부모들이 싸우는 것도 다를 바 없었다. 환상이 깨진 암담한 겨울방학을 맞았을 때 Y

는 자신을 사랑해주던 연극반 선배들도 대부분 군대를 가거나 취업준비를 하느라 떠나갔음을 깨달았다. Y는 방황하며 술을 마시기 시작했다.

그리고는 문득 자신이 아버지보다 힘이 세진 사실을 깨달았다. Y는 아버지의 멱살을 잡았다 ….

07

L이 Y를 만난 것은 그 즈음이었다. 1985년 대학 졸업 후 뒤늦게 카투사로 입대한 L은 경기도 의정부 시의 캠프 레드클라우드(CRC · Camp Red Cloud)에서 Y를 만났다. 당시 Y의 계급은 상병(*Corporal*)이었고 L은 훈련병을 갓 벗어난 이병(*Private*)이었다. Y가 한참 고참이었지만 소속 부대가 달라 서로 존대하며 친하게 지냈다.

L도 서서히 Y를 알게 되었다. Y가 삶의 무게를 견디기 어려워 군대로 도피했음을 알게 됐다.

1986년 무더운 여름날, 제대를 며칠 앞두고 Y는 부대 동료 Yook과 함께 CRC 막사를 나와 의정부 시외버스터미널 부근에서 술을 마셨다.

Y는 아무리 마셔도 양이 차지 않았다. Yook 상병이 더 이상 술 생각이 없다고 귀대한 뒤에도 Y는 혼자 남아 더 마셨고, 다시 부대 앞 포장마차로 옮겼다. 그 후 얼마나 더 마셨는지 Y는 기억할 수 없었다.

정신이 든 것은 다음 날 아침 막사 침대에서였다. 눈을 떴을 때 Y는 한쪽 눈이 불편함을 느꼈다. 거울 앞으로 다가갔다. 왼쪽 눈이 퉁퉁 부어 있었다. 안대를 구해 붙인 뒤 메스홀(*Mess Hall* · 식당)에 들렀다.

메스홀에서 만난 헌병이 Y를 데리고 온 경위를 설명해주었다. 지나가던 민간인이 부대 정문 초소로 와서 "저기 포장마차 부근에서 자기를 때려달라고 울부짖는 군인이 있으니 가보라"고 신고해 피투성이의 Y를 끌고 들어왔다는 것이었다. 그제야 Y는 전날 밤의 일이 어렴풋이 떠올랐다. Y는 터미널 술집에서 Yook에게 정신병원을 전전하다 기도원에 보내진 두 누이에 대해 이야기했다. 가엾은 두 누이 ⋯.

Y는 그 전 주말 외출했을 때 두 누이를 폭행했다. 그것은 Y의 도덕적 결벽증 때문이었다. 도덕적 결벽증은 무수한 폭력의 명분이었고 또한 Y 자신에 대한 자학의 이유였다.

도덕적 결벽증은 추해진 나를 학대하게 했다. 한참동안 자학하다 보면 자신이 도덕적으로 순결한 인간이라는 착각이 들고 또 다시 타인과 세상에 대한 경멸과 폭력을 시작한다.

Y는 두 누이를 두들겨 팼다. 두 누이에게서 아버지와 어머니의 분신을 보았기 때문이다. 그리고는 다시 세상을 향해 "때려달라"고 외쳐댔다.

그로부터 1년 뒤인 1987년 8월 막내 누이는 농약을 마시고 자살했다.

08

대학을 마친 후 Y는 제법 규모가 큰 극단에 들어가 연극에 몰두했다. Y가 연극을 하기로 한 것은 어렸을 때의 추억 때문이다. 초등학교 2학년 학예발표회에서 Y는 연극을 했다. 연극의 내용은 '세상에서 가장 약해 다른 짐승에게 잡아먹히기만 한다고 비관한 토끼들이 그럴 바엔 스스로 연못에 빠져 죽는 것이 낫다고 판단했다. 토끼들이 연못에 도착하자 이에 놀란 개구리들이 퐁당퐁당 물속에 뛰어들어 숨었다. 토끼들은 개구리들의 그 모습을 자살하는 것으로 오해하고, 세상에는 자신들보다 약한 것도 있다고 생각했다. 그리고는 자살 결심을 거둬들이고 열심히 살아갔다'는 것이었다.

Y는 토끼의 착각이 부러웠다. Y는 당시 어머니가 발표회장에 와서 다른 어머니들과 함께 즐거워하는 모습을 무대 위에서 보고 기뻐한 생각이 났다. 연극은 Y에게 삶의 유일한 희망이었다.

극단에서 Y는 유명 여배우 HY을 사랑하게 됐다. HY도 Y에 대해 호감을 갖는 듯했다. 가끔씩 데이트도 했다.

그러나 Y의 자학(自虐)에는 HY도 견딜 수 없었다. 6개월 만에 둘은 헤어졌다.

자학과 폭력, 자살기도가 반복되면서 Y의 마음과 영혼은 더욱 병들어갔다. 어렸을 때의 기억에서 그는 도저히 자유로울 수 없었다. 그는 도피해야 했다. 1991년 4월, Y는 폭력과 자살의 충동으로부터 벗어나기 위해 시골 벽지의 한 정신병원에 입원했다. 그곳에서 일기를 썼다.

<u>1991년 4월 ○일</u>

이곳에 온 지 일주일. 처음에는 논산 신병훈련소 수용연대와 같은 CR이란 곳에 있다가 나흘 뒤 이곳 1호실로 옮겼다. 같은 방에는 L, A, 또 다른 L과 하체불구자 S, 저능아로 보이는 W, 그리고 나 등 7명이 기숙하고 있다. 일과는 잠, 식사, 배설 그리고 허연 벽과 마주하거나 다른 방을 기웃거리는 것이 고작이다.

미래를 저당잡힌 사람들의 흐느적거리는 발걸음 … .

CR에서 만난 사람들: 양다리가 잘린 월남전 상이군인 K 씨, 고등학교 영어교사를 하다 신경이상으로 들어온 P 씨, 그리고 며칠 동안 침대에 누워 있다가 일어나서는 식사배식 때 벌거숭이로 나오는 한 청년. 이 청년은 내가 처음 왔을 때부터 식사하기를 거부하다 그의 형이 와서 달래자 빵과 우유만을 먹었을 뿐 그 후 계속해서 링거를 맞고 있었다. 똥과 오줌을 가리지 못하고 아무 곳에서나 대소변을 해결하려는 고집쟁이, 그런 그가 오늘 저녁식사 때 옷을 걸치고 나왔다.

식사 후면 항상 졸립다. 첫째 둘째 날에는 부모님에 대한 죄책감이 내 마음을 압도하였지만 지금은 답답함과 무료함이 나를 압도하고 있다.

4월 ○일 (여드레째)

오늘도 지난 며칠과 다름없이 6시에 기상해 아침식사를 했다. 빈둥빈둥, 점심, 산책 겸 운동, 그리고 조금 전 식사. 전과 같이 9시나 10시에 잠에 떨어지리라. 약간의 변화가 있다면 CR의 K 씨가 퇴원한 것. 그리고 P 씨가 6호실로 배치 받았다. 제대로 몸을 가누지도 못하면서 사발면 끓여 먹기에 바쁘다.

4월 ○○일 (13일째)

힘없이 슬리퍼를 끄는 소리. 열심히 식사를 한다. 될 수 있는 대로 밥 한 톨 남기지 않는다.

4월 ○○일(16일째)

어제 저녁 먹은 약 중에 잠이 오게 하는 약의 기운이 남아서 오전 내내 몸을 제대로 가눌 수가 없다. 간호사가 오늘부터는 약의 양을 줄여준다고 했으니 한번 견뎌보는 수밖에. 점심시간 후 내의가 소포로 왔다. 혹시 부모님이 오신 건 아닐까. 식기 반환하고 물을 마시러 갔다가 배식부원과 주먹다짐. 도리짓고땡 노름을 했다. 왠지 초조한 노름이었다.

4월 ○○일(26일째)

조급함, 무절제함, 누군가의 멱살을 쥐고 흔들고만 싶다.

5월 ○○일(35일째)

스산하게 비오는 날씨, 왠지 조급한 마음. 입술과 혀 그리고 눈두덩이에 열이 느껴진다. 피로하다. 집이 그립다. 부모님이 그립다. 자유가 그립다.

5월 ○○일(40일째)

아버지께 편지를 보냈다.

아버님께.

지난 면회 후 되돌아가시던 아버지의 뒷모습이 아직도 눈에 선하게 남아 있습니다. 거두절미하고, 졸업 후 집에서 행패 부리기까지의 과정을 설명드려보겠습니다. 졸업 후 8월경 동숭동에 있는 한 극단에 들어갔습니다. 그러나 연출자와 잦은 의견대립 끝에 10월경 극단을 나왔습니다.

그 후 저는 연극에 대한 미련을 버리고 기업체 시험을 준비하러 도서관에 다녀보았지만 여전히 미련이 마음을 떠나지 않아 시험공부에 집중할 수 없었습니다. 한마디로 연극을 하지 못하게 됐다는 좌절감 때문에 그 후 계속 술을 마시게 됐고, 제 자신에 대한 부끄러움으로 집에 걸려오는 전화조차 받는 것을 꺼렸으며 연극에의 좌절을 부모님 탓이라 착각하고 집안에서 행패를 부려 부모님의 몸과 마음에 상처를 입혔습니다.

그날 밤 아버지를 다치게 한 저의 행패는 그동안 평소에 쌓인 좌절감이 폭음으로 인해 나오게 된 것입니다. 병원생활을 하며 연극에 대한 미련과 부모님에 대한 원망을 지워버리기로 했습니다. 앞으로는 술을 끊고 새로운 삶을 개척해나가리라고 결심했습니다. … 아버님의 넓으신 사랑으로 저의 패륜을 너그러이 용서해주시기를 빕니다. 건강하십시오.

1991년 5월 ○○일, ○○○ 올림.

5월 ○○일 (43일째)

오후 산책 때 다시 한 번 큰누이와 만났다. 큰누이는 나보다 한참 먼저 이곳에 와 있었다. 무슨 생각이었는지 큰누이는 ○주임에게 나를 자기 동생이라고 소개하며 잘 부탁한다고 했다. 나는 부끄러웠다.

5월 ○○일 (47일째)

편지 쓰는 날. 아버지에게 잘 보여야겠다. 나가고 싶다. 나의 자유를 위해, 죽을 수 있는 자유를 위해.

5월 ○○일 (48일째)

어머니가 면회를 안 왔다. 어디 몸이 아프신 것이 아닌지 걱정스럽다.

정신병원을 퇴원한 Y는 또 이렇게 일기를 써나갔다.

퇴원하면서 어머니와 나는 무주 꽃동네로 갔다. 어머니는 그 높은 곳에 위치한 예수 동상이 있는 곳에까지 쉬지 않고 올라가셨다. 올라가서는 땅바닥에 털퍼덕 주저앉아 "아이고 하느님 아버지시여, 여기 ○○이를 데리고 왔습니다. 흑흑. 부디 제가 ○○이에게 지은 죄를 하느님 아버지께서 용서하시고 ○○이로 하여금 저를 용서케 하시며, ○○이에게 열심히 살아갈 수 있는 능력을 주소서 …"하시며 흐느끼셨다. 어머니는 기적을 바라고 있었다. 하지만 나는 그런 기적이 일어나지 않을 것을 알고 있었다. 흐느끼는 어머니를 내 마음 한구석에서는 비웃고 있었다.

09

퇴원을 했으나 생활은 달라진 것이 없었다. 낮 12시 기상, 오후 4시까지 AFKN을 시청한 후 방이동이나 둔촌동, 성내동의 오락실 배회. 오락실 기계 속의 화면에서는 Y가 죽여야 할 적들이 무수히 많았다. 밤 9시 전 귀가, 자정이 넘도록 다시 텔레비전 시청 …. 폭력과 자살의지도 달라지지 않았다. 무엇보다 아버지에게 복수해야 했다. 자신의 간곡한 만류에도 불구하고 거의 매일 다투었던 아버지에 대한 복수.

아버지에 대한 나의 폭력은 이제 일상화됐다. 어제 집에 들어섰을 때 나는 그리 나쁜 기분이 아니었다. 그러나 나는 아버지에게 손찌검을 했다. 아버지를 손찌검하는 것에 대해 아무런 마음의 갈등도 안 느꼈다 …. 그러나 아버지를 구타하는 것이 잘못된 행동인 줄 알면서 같은 행동을 되풀이하는 내 운명이 원망스럽다. 이제 더 이상 아버지를 학대하지 말자. 아버지를 학대하고 싶은 마음이 생길 때는 차라리 내가 죽어버리자.

1993년 4월 11일 오후 1시. Y는 거실에서 마주친 아버지의 눈빛이 너무 강렬함을 느꼈다.

10분쯤 지났을까. Y의 아버지는 바닥에 누워 있었다. 피가 바닥에 흥건했다. Y의 눈에도 눈물이 그득했다. Y는 마지막으로 아버지에게 편지를 썼다.

맹목적인 명예욕이 채워지지 않음에 대한 좌절감과 뿌리 깊은 피해망상으로 당신은 신혼 초부터 아내를 학대했고, 당신 부부의 끊임없는 부부싸움의 기억 덕분에 나와 내 누이들은 우울하고 고통스런 유년기와 사춘기를 보내야 했으며 표면상 모범적인 정규교육을 마친 뒤에는 성격장애로 사회에 적응치 못하는 인간들이 되었습니다.

당신이 우리 남매들의 마음속에 남겨준 상처는 어딜 가든 덫처럼 우리들의 발목을 붙들었고, 그것에서 빠져나오려 발버둥 칠수록 수렁처럼 오히려 세차게 우리들을 절망 속으로 빨아들였으며, 그럴수록 우리의 성격은 황폐해지면서 공격적으로 변해갔습니다.

결국 당신 맏딸은 수차례에 걸쳐 자살을 시도하다 정신분열에 의한 치매현상으로 형편없는 수용시설에 격리돼 있으며, 막내딸은 절망 속에서 자살했습니다. 두 누이들이 절망, 광기, 죽음의 나락으로 휩쓸려가는 모습을 보며 스스로를 끊임없이 경계해오던 나 역시 그들과 같은 마음의 덫에 갇혀 있다는 사실을 인식하게 됐을 때 너무나 절망스러웠습니다.

하지만 그래도 내게 아직 가능성이 남아있을지 모른다는 희망을 갖고 마음의 상처를 이겨나가며 미래를 위해 열심히 살아보려 노력했지만 공격적 성향이란 형태로 내면화되어 이미 굳어버린 상처로 인해 그러한 노력은 번번이 좌절됐습니다.

지금 내겐 당신이 남겨준 상처로부터 용케 살아남아 평범한 주부로 살아가는 당신 둘째 딸의 미래에 짐이 되는 것 이외에 다른 가능성은 남아 있지 않습니다. 당신의 둘째 딸, 즉 내 둘째 누이에게 짐이 될 것이 확실한 나의 미래를 생각하는 것은 정말 끔찍하고 분통이 터집니다. 화가 날 때마다 치유할 수 없는 상처를 안겨준 당신을 용서할 수가 없습니다. 세상에서 가장 용서할 수 없는 죄는 '용서하지 않는 것'이라는 말도 내게는 무색할 정도로 당신에 대한 나의 적개심과 분노는 억누를 수 없습니다.

다시 반복하지만 당신은 아내를 상습 구타했고 당신 자녀들의 마음에 치유할 수 없는 상처를 남겨 절망 속으로 몰아넣었습니다. 당신에게 구타당한 후 우리 남매들에게 끔찍한 매질과 독설을 퍼부음으로써 그 울분과 분노를 배설한 당신 아내에게도 부분적으로 책임이 있다고 인정합니다. 또 당신 부부의 결혼생활을 돌이켜볼 때 배고픔을 해결하기 위해 온갖 모멸과 학대를 무릅쓰고 몸을 파는 씨받이와 다름없는 비굴한 인생을 살아온 당신 아내를, 나는 당신 못지않게 경멸해왔습니다. 하지만 당신의 상습적인 구타의 계기들이 대부분 당신의 편리한 건망증이나 그녀의 악의 없는 실수로부터 비롯됐다는 점에서, 우리 남매들이 출연한 〈고통, 광기, 절망 그리고 죽음〉이라는 연극의 주요 연출자는 바로 당신이며 당신 아내는 보조 연출자였을 뿐입니다.

이제 결론을 말해야겠습니다. 당신이 우리 남매들에게 안겨준 이 모든 것들에 대한 대가를 치를 때가 되었습니다. 그 대가는 바로 죽음입니다. 좀더 정확히 말해 당신은 나에 의해 살해될 것입니다. 당신에 대한 나의 살의(殺意)는 유년과 사춘기부터 자라온 것으로, 당신보다 힘이 세진 지금, 그리고 당신에 대한 분노가 충천한 지금에야 실행에 옮기는 것뿐입니다.

당신의 아내를 함께 살해하지 않는 것은 당신의 맏딸을 곁에 남겨놓아 비참한 삶을 지켜보게 하는 것도 당신이 곧 맞이할 죽음에 버금가는 형벌이라 판단했기 때문입니다. 그리고 당신의 죽음은 내가 둘째 누이의 미래에 불필요한 짐이 되지 않는 계기와 남겨진 사람들과 나 사이의 가족이란 인연을 끊는 계기가 될 것입니다.

Y는 아버지의 숨소리가 들리는 것을 확인하고는 비닐봉지를 찾아 아버지의 머리에 덮어씌우고 나일론 끈으로 목을 감았다.

10

일이 끝난 뒤 Y는 아버지로부터 멀리 떠나 있어 자신의 인생에서 가장 행복했던 군대시절 가까이 지냈던 L에게 전화를 했다. 그는 신문사 사회부 기자로 있었다. 좀 귀찮은 듯한 목소리.

"다음에 만나면 안 되겠나⋯."

Y는 시간이 없었다. 그날 오후 늦게 Y는 집 근처인 서울 송파구 석촌동의 한 다방에서 L을 만나 어린 시절부터 쭉 모아놓은 고통의 편린들

을 한 가방 전해주었다. "지금은 아무것도 묻지 말라"는 부탁과 함께.

L은 Y와 헤어진 뒤 집으로 돌아와 Y가 남겨준 기록들을 읽어보았다.

Y는 그날 밤 송파경찰서를 찾았다. 당직형사는 살인범, 그것도 존속 살인범에 좀 놀라는 눈치였으나 이내 일상으로 돌아갔다. 조서를 작성하던 형사가 마지막으로 지금 심정이 어떠냐고 물었다. Y는 어린 시절부터 이루려던 소망이 이루어졌다고 대답했다.

11
___

1993년 5월 말, L은 Yook과 함께 성동구치소에 갔다. Yook은 L보다 먼저 제대해 광고회사와 스포츠신문 기자생활을 잠시 하다 영화판에서 시나리오를 직접 쓰면서 감독 수업을 하고 있었다.

도착한 뒤 면회신청을 하고 5분쯤 지났을까. 푸른색 수의를 입은 Y가 나타났다. Y는 별말이 없었다. L은 "변호사는 좋은 분을 선임해두었으니 걱정 말라"고 말했다. Y는 "미안하다"는 말만 몇 차례 반복했다.

그로부터 두 달 뒤 동부지원의 법정.

검사와 변호사의 심문이 끝났다. Y는 모두 자백했다. 최후진술을 할 기회가 주어졌지만 할 말이 없다고 했다.

"… 폭력은 그것을 행하는 사람과 그것에 당하는 사람 모두를 철저히 파멸시킬 뿐입니다 … ."

채 변호사의 최후변론이 끝났을 때 법정에는 무거운 침묵이 흘렀다.

헬쑥해진 Y는 한두 번 법정 천정을 응시하다 이내 고개를 숙였다.

2주 후 선고공판에서 징역 10년과 함께 치료감호가 병과(並科) 됐다. 존속살인범에게는 이례적으로 낮은 형량이었다.

그 후 L은 Y에게 몇 차례 더 편지를 받았다. 발신지는 공주치료감호소였다. L은 Y에게 한 번도 답장을 해주지 못했다. 일상에 바쁘다는 핑계로 ….

Y의 과거를 모를 때도 바빴고, 답장 안 보낼 때도 바빴다.

12

2001년 10월의 마지막 토요일, L은 청주교도소를 찾았다.

Y는 1996년 4월까지 공주치료감호소와 공주교도소에 있다가 1996년 5월 6일 이곳으로 이감됐다.

Y가 이감된 지 한 달 보름쯤 지난 1996년 6월 22일 오전 7시 25분, 아침 순찰을 돌던 임○○ 교도관은 7사(舍) 13실 독방에서 목을 매 감시용 카메라에 매달려 있는 재소자를 발견했다. Y였다. 그는 양말 한 켤레와 수건 한 장으로 150센티미터 길이의 끈을 만들어 감시카메라에 건 뒤 그 끈에 목을 매 자살했다.

교도관은 바로 Y를 충북대병원 응급실로 옮겼지만, 응급실에 도착했을 때는 이미 사망한 뒤였다.

L은 교도소에서 Y에 관한 마지막 기록을 볼 수 있었다. 사망 당일 교도소 측은 Y의 어머니에게 알려 부검 입회를 요청했다. 어머니는 '부검 포기서'와 '사체기증서'를 제출했다. 사체기증이 여의치 않을 경우 화장

해달라는 말을 덧붙이고 어머니는 교도소를 떠났다.

사체부검은 이틀 후 충북대병원에서 실시됐다. 교도소 측은 부검 후 대전 정림동 화장장에서 Y의 사체를 화장했다.

감호소와 교도소에 있는 동안 Y에게는 면회를 오는 사람이 없었고, Y는 무척 외로워했다고 기록에 적혀 있었다.

제 2 장

오 보(誤報)

01
—

정정보도문

1994년 6월 9일자 본지 사회 면에 "연예인 술집접대 또 물의"라는 큰 제목과 "여자 탤런트 3명 거액 받고 룸살롱 호텔 출입"이라는 작은 제목하에 진○○ 양을 지칭하는 '중견모델 진모 양(26)이 고급 룸살롱 및 갈비집의 주인으로부터 거액의 돈을 받고 대기업 사장 등을 빙자한 박기진 씨를 호텔과 여인숙에서 접대했다는 취지의 기사가 게재된 사실이 있다.

그러나 그 후 위 기사를 취재한 본사 기자 및 관계자들에 대한 검찰의 추가수사 결과 진○○ 양은 박기진 씨는 물론 룸살롱 주인이나 갈비집 주인 등을 전혀 만난 적이 없다는 사실이 확인돼 위 기사내용 중 진○○ 양에 대한 부분은 사실과 다른 것으로 밝혀졌다.

정정보도 신청인 진○○

오보(誤報)는 낙종(落種)보다 더 부끄럽다. 1994년 11월 3일 〈문화일보〉 사회 면에 실린 정정보도문은 L의 부끄러운 기록이다.

02

1994년 6월 1일 〈문화일보〉 기자로 서울지방검찰청과 서울지방법원에 출입하던 L은 지검 형사1부의 최○○ 검사실에 들렀다. 최 검사는 취재원으로 만났지만 같은 또래여서 친구처럼 지내는 사이였다.

최 검사는 중요한 정보를 알려주었다.

"며칠 뒤 유명 탤런트 김○○이 조사받을 게 있어서 옆방 형사1부 선배 검사실에 출두할 것 같다. 출두하게 되면 내가 알려줄 테니 함께 예쁜 탤런트 얼굴이나 구경하자."

L은 당시 노래방 비디오 제작사들의 영화필름 무단사용 수사와 관련해 탤런트 배○○, 최□□, 최△△ 등 연예인들이 피해자 자격으로 검찰에 자주 출두하던 사실이 떠올랐다. 탤런트 김○○도 피의자가 아니라 참고인으로 출두하는 것이라고 최 검사가 말해, 기사를 쓸 만한 일은 아니라고 판단하고 대수롭지 않게 여겼다.

그 후 6월 9일 아침 7시, 평소대로 다른 회사 동료기자들과 함께 법원 당직실에서 전날 검찰이 법원에 제출한 공소장들을 열람했다. 법조 현장기자들의 일상이었다. 그날도 공소장 가운데 기사로 쓸 만한 특별한 것은 없었다.

그런데 한 가지, 4~5일 전 MBC 9시 뉴스데스크에서 톱기사로 특종 보도한 '재벌사칭 사기범 박기진(朴基珍)'에 대한 공소장이 시선을 끌었다.

MBC 보도의 요지는 "형편없는 사기꾼이 재벌을 사칭해 고급 룸살롱에서 술과 여자를 접대 받았다. 사기꾼 박 씨는 특정 재벌기업 간부들의 단골 접대술집인 강남 ○○○룸살롱에 미리 전화를 걸어 재벌기업 간부를 사칭하면서 '재일교포인 우리 거래처 고객이 오늘 밤에 들를 텐데 잘 모셔라. 계산은 나중에 우리가 하겠다'고 한 뒤 그 룸살롱에 찾아가 재일교포 행세를 했다. 룸살롱 주인은 사기꾼의 말에 속아 고급 양주를 접대하고 여자들을 붙여 호텔로 2차까지 가게 했다. 이런 사례는 재벌기업의 비뚤어진 접대문화의 단면을 보여준다"는 것이었다.

MBC 기자는 경찰의 1차 수사결과를 보고 이 기사를 리포트했다.

기자는 남이 씹다 버린 껌은 다시 씹지 않는다. 다른 기자들은 이미 알려진 사건이라며 이를 대충 지나쳐버렸다. L은 좀더 자세히 공소장을 들춰보았다.

사건개요는 MBC 보도내용과 비슷했으나 사기범 박 씨에게 속아 술집 여주인의 부탁을 받고 박 씨를 접대해준 여자들 명단에 김○○, 진○○, 최○○ 등의 이름과 나이가 공소장에 기록돼 있었다.

이런 공소장은 이례적인 것이었다. 일반적으로 공소장에는 피의자의 인적사항은 자세히 기록된다. 그러나 피고인이 아닌 참고인이나 피해자의 이름이 실명으로 특정하여 거론되는 경우는 아주 드물다.

'아하, 바로 그것이었구나!'

L은 일주일 전 최 검사가 한 말을 떠올리면서 공소장 내용을 상세히 메모했다. 잠시 후 지검으로 돌아와 최 검사를 찾아갔다.

최 검사에게 탤런트 김○○이 무엇 때문에 선배검사실에 오게 되는지 알아냈다며 의기양양하게 말을 건넸다.

"수사검사는 옆방에 있는 양○○ 검사야. 원래 공소장에는 '○○방송 탤런트 김○○'으로 적혀 있었는데, 처벌대상이 아니라서 신분을 안 밝히고 그냥 '김○○' 등으로 고쳤어."

최 검사는 웃으면서 공소장에 나와 있는 접대부들이 유명 연예인이라고 말해줬다. 최 검사는 또 "이 사실을 ○○방송 출입기자도 알고 있는데, 그 기자도 기사를 쓰려고 한다"고 말했다.

L은 양 검사를 찾아갔다. 양 검사는 경력 10년쯤 된 중견검사로, 한때 세상을 떠들썩하게 한 인천의 폭력조직 '꼴망파'에 대한 국회의원 등 지역유지들의 석방탄원서 사건을 맡아 수사한 적이 있어 기자들에게는 낯이 익었다.

"공소장에 나와 있는 김○○이 그 탤런트 김○○이 맞나요?"

양 검사의 반응은 NCND(*Neither Confirm Nor Deny*). 시인도 부인도 하지 않았다.

"처음 공소장에는 탤런트라는 신분까지 썼다가 지웠다는데 맞습니까?"

양 검사는 약간 놀라는 표정이었다.

"그러면 나머지 2명은?"

양 검사는 "수사 중인 사건에 대해 말할 수 없다"는 검사들의 지정곡을 계속 읊었다. L은 옆방 최 검사에게 '지원사격'을 요청했다. 최 검사는 양 검사에게 구내전화로 말했다.

"양 선배, 그 기자 저하고 친한데, 괜찮은 기자예요."

다시 찾아가 만난 양 검사의 태도는 많이 변해 있었다.

"연예인들도 절반은 공인(公人)인데, 사회적 책임이 있는 것 아닙니까? 정말 너무 심하네요. 이런 일까지 ….."

양 검사는 때 묻지 않은 검사였다. 곧 사건기록을 볼 수 있었다.

피해자인 서울 강남구 역삼동 ○○○술집 여주인 정○○ 씨의 진술이 있었다.

"김○○을 불러내 접대를 맡겼다"는 내용이 있었고, 박 씨도 자술서에 자신을 접대해준 여자가 김○○, 최○○, 진○○이라고 적었다.

특이한 것은 진○○의 경우 사진까지 기록에 첨부돼 있었다는 점.

박 씨는 자신을 접대해준 여자가 진○○이라고 진술했다. 수사관이 "어떻게 그 여자의 이름을 아느냐?"고 묻자 박 씨는 "서초경찰서 유치장에서 여성주간지를 보았는데 거기에 수영복 차림의 진○○ 사진이 있었다. 그 여자가 바로 나와 호텔에서 하룻밤 잔 그 여자다"고 진술했다. 기록에는 그 증거물로 문제의 여성주간지 사진이 첨부돼 있었다.

양 검사는 김○○ 씨 등을 소환조사하지는 못했다고 말했다. 출두요구서를 보냈는데 나오지 않았다는 것이었다.

'사진까지 있는데 사실이겠지. 그 여자들은 창피하니까 출두를 거부했을 거야.'

L은 흥분했다. 이것은 남(MBC)이 씹다 버린 껌이 아니었다. 차원이 다른 또 하나의 특종이라고 L은 생각했다.

시간은 오전 10시. 석간인 〈문화일보〉의 마감시간은 10시 30분.

L은 바로 2층 공중전화 부스로 갔다. 다른 기자들이 눈치 채면 안 되기 때문에 기자실에서 기사를 송고할 수는 없었다.

전화로 데스크에 취재내용을 보고했다. 당시 법조팀 데스크 황○○

차장은 취재내용을 들은 뒤 "나도 작년쯤 내 친구들한테 들었는데, 강남에서 그 친구들이 탤런트 김○○하고 같이 룸살롱에서 술을 마셨다고 그러더라"고 거들었다.

바로 송고하라는 지시가 떨어졌다. 내근을 하던 사회부 J가 다시 전화를 받았다. L은 전화로 기사를 한 줄 한 줄 부르고 J는 그대로 원고지에 받아 적었다.

탤런트 등 유명 연예인 3명이 고급 룸살롱에서 거액의 돈을 받고 접대부 노릇을 해온 사실이 검찰수사 결과 밝혀졌다.

이 같은 사실은 서울지검 형사1부 양○○ 검사가 9일 대기업 사장 등을 빙자해 룸살롱 여주인들로부터 접대를 받고 돈을 뜯어내다 덜미가 잡힌 박기진(朴基珍·38·대구시 중구 종로1가) 씨를 상습 사기혐의로 구속 기소하는 과정에서 드러났다.

검찰은 수사과정에서 유명탤런트 김모(23) 최모(23) 진모(26) 양 등이 박 씨에게 속은 룸살롱 여주인 등으로부터 돈을 받고 박 씨를 만나 호텔과 여관 등을 돌아다니며 접대한 사실을 밝혀냈다.

검찰에 따르면 박 씨는 지난 4월 5일 J그룹 회장 비서를 사칭해 서울 강남구 역삼동 R룸살롱 주인 정모 씨에게 전화를 걸어 '나는 J그룹 회장 비서 ○○○인데 일본에서 손님이 와 접대를 해야 한다. 예쁜 아가씨에게 800만 원을 주고 R호텔 커피숍으로 나와 우리 손님을 접대하게 하면 회장님이 곧 갚아주실 것이다'고 했다는 것이다.

박 씨는 이어 다음 날 오후 2시 R호텔 커피숍에서 정 씨가 보낸 탤런트 김 양을 만나 접대를 받은 혐의다.

이 과정에서 탤런트 김 양은 정 씨로부터 800만 원을 받고 박 씨와 함께 L백화점과 H호텔, 시내 여관 등지로 돌아다니며 접대한 것으로 밝혀졌다. 또 최 양과 진 양도 박 씨에게 속은 강남구 역삼동 R룸살롱 주인과 C갈비집 주인으로부터 돈을 받고 박 씨를 만나 접대한 것으로 드러났다. 김모 양은 현재 모 방송 드라마에 출연 중이고, 진모 양도 연예인이다.

기사를 송고한 뒤 10분쯤 지나 호출기가 울렸다. 동료 J였다.

"기사에 언급한 연예인들 실명이 누구냐고 부장이 여쭤보시는데, 누구야?"

L은 기록에서 본 대로 알려주었다. J는 "두 명은 알겠는데 진○○은 잘 모르겠다"며 어디에 나오는 탤런트냐고 물었다.

"나도 잘 모르는데, 모델로 좀 유명하다고 그러데."

오후 2시쯤 석간 〈문화일보〉 6월 9일자 신문이 기자실에 배달됐다. 기사는 사회 면 사이드 톱으로 실렸다. "연예인 술집 접대 또 물의"라는 큰 제목에 "여자 탤런트 3명 거액 받고 룸살롱 호텔 출입"이라는 작은 제목이 붙어 있었다.

신문기사 내용은 대부분 송고한 그대로였지만, 한 가지 결정적인 부분이 달라져 있었다. 기사의 마지막 줄 "연예인 진모 양" 부분이 "진모 양은 중견모델로 더 잘 알려져 있다"라고 바뀐 것이다. J는 "사회부장이 최종 데스크를 보면서 추가했다"고 알려줬다.

03

석간신문이 배달된 오후 2시 무렵, 서울지검 기자실은 발칵 뒤집혔다. '낙종'을 한 기자들은 각자 자기 회사 선배와 데스크들에게 혼쭐이 나고 있었다.

기자들은 양 검사에게 달려갔다. 양 검사는 한꺼번에 기자들이 몰려들자 당황했다. "김○○ 등은 피해자"라며 확인을 피하고 수사기록 열람도 거부한 채 곧바로 기자들을 피해 사라졌다.

확인되지 않은 내용의 기사를 받을 수는 없다. 대부분의 신문 방송들은 이를 더 이상 보도하지 않았다. MBC만 두루뭉술하게 보도했다.

오후 늦게 L을 찾는 전화가 기자실로 걸려왔다. 진○○ 씨와 그의 매니저였다. 진 씨는 "중견모델 진모 양이라고 하면 나밖에 없다. 나는 도대체 그 사람을 알지도 못하고 접대한 적도 없는데, 기사내용이 어디서 나온 것이냐"고 물었다.

이튿날 로펌 '김&장'의 최정환(崔正煥) 변호사가 전화를 했다. 최 변호사는 연예인 사건을 전문적으로 맡아온 '엔터테인먼트' 전문 변호사. L은 최 변호사와도 잘 아는 사이였다.

"오랜만이오. 어제 그 기사 맞아요? 진○○ 씨 얘기를 들어보니까 기사내용이 사실과 좀 다른 것 같은데 …."

몇 차례의 전화 끝에 최 변호사는 중재안을 제시했다. "문제의 기사에 언급된 '중견모델 진모 양은 진○○이 아니다"는 기사 한 줄만 보도해달라는 것이었다.

L은 어렵게 양 검사를 만났다.

"정정보도를 해달라고 하는데 어쩌면 좋지요?"

"실명을 거론하지 않았는데 그럴 필요가 있나요."

최 변호사에게 입장을 전달했다. 최 변호사는 "어차피 서로 잘 아는 처지에 내가 소송을 낼 수는 없다. 나는 사건에서 손을 떼겠다"고 했다.

며칠 후 진○○ 씨와 조○○ 씨가 L을 찾아왔다. 조 씨는 연예인 사진을 전문으로 찍는 유명한 사진작가였다. L은 회사 동료들에게 그가 꽤 유명한 작가라는 얘기를 들었다.

조 씨 일행과 L은 서울 서초동 법원 근처 다방에서 만났다. 진 씨는 "기자님의 잘못된 보도로 피해가 막심하다. 모델계약도 취소되고, 창피해서 돌아다니지도 못하겠다"며 울먹였다.

L은 "재벌과 고급술집과 유명 연예인들 간의 유착비리를 파헤치기 위해 기사를 쓴 것이지 특정 연예인을 매장시키기 위해 기사를 쓴 것이 아니다"고 말했다. "진 씨의 개인적 피해에 대해서는 '사실 여부를 떠나' 미안하다"고 말했다. 변명이었다.

조 씨가 다시 중재안을 제시했다. "정정보도가 어려우면 연예면 인터뷰기사로 근황을 소개하면서 자연스럽게 해명이 될 수 있도록 해달라"는 것이었다. L은 "노력해보겠다"며 조 씨 등과 헤어졌다.

L은 진 씨와 접촉한 내용을 데스크에 보고했다. 데스크도 그들의 요구를 수용하자고 했다.

이후 인터뷰를 하겠다던 진 씨 측에서 아무런 연락이 없었다. 대신 진 씨 측에서 편집국 연예담당 기자에게 팩시밀리 서류를 한 장 보냈다. 기자회견 일정을 알리는 것이었다. "〈문화일보〉 보도는 사실무근임을 밝히고 민형사상 책임을 묻겠다"는 내용이었다.

L은 조 씨에게 전화했다. 조 씨는 "얘기가 잘될 줄 알았는데 진○○이 강경해졌다. 나도 어쩔 수 없다"고 말했다.

예정된 그날, 진 씨는 예정된 내용의 기자회견을 하고 서울지검과 서울지법에 형사 고소장과 5억 원 손해배상 소송을 냈다. 정정보도 청구도 함께 냈다.

그 무렵, 기사에 언급된 탤런트 김○○ 씨에게도 전화가 걸려왔다. 억울하다는 것이었다. 그러나 김 씨의 태도는 진 씨와는 달랐다. '항의'라기보다는 '하소연'에 가까웠다.

그로부터 보름쯤 뒤 L은 서울지검 청사 로비에서 진○○ 씨와 우연히 마주쳤다. 고소인 조사를 받기 위해 들른 듯했다. 진 씨는 약간 당황한 듯했으나 먼저 말을 걸었다.

"미안해요. 저도 인간적으로 그러고 싶진 않았는데 …. 제가 받고 있는 오해를 풀기 위해 어쩔 수 없었어요."

"충분히 이해합니다. 저도 진상이 제대로 확인되길 바랍니다."

그러나 L은 불안했다. 이미 자신의 취재에 치명적인 결함이 있다는 것을 잘 알고 있었기 때문이다. 그것은 진 씨 본인을 상대로 확인취재를 하지 않았다는 것이다.

04
___

검찰수사가 시작됐다. 검찰과 검찰 출입기자들은 '불가근불가원'(不可近不可遠)의 관계다. 가까운 것 같으면서도 결코 가까운 사이가 아니다. 출입기자가 수사대상이 될 경우 검찰은 예의는 갖추지만 조사는 철저히 한다.

사건은 서울지검 형사4부에 배당됐고, 주임검사는 김진태(金鎭泰) 검사로 지정됐다. 김 검사는 경력 10여 년의 베테랑 검사였다.

L의 변론은 평소 가깝게 지내던 유선호(柳宣浩) 변호사가 무료로 맡아주었다. 수사는 철저했다. L은 1994년 8월 피고소인으로 검사실에 소환됐다. 매일 드나드는 검찰청이지만 기자가 아닌 피고소인으로 드나드는 검사실은 부담스러웠다.

조사는 오후 2시부터 시작됐다. 검사가 직접 신문을 했다. 김 검사는 가끔 커피와 담배를 권하며 배려하긴 했지만 긴장감은 더했다. 검사는 이리저리 옮겨 다니며 질문했고, L은 고정된 철제의자에 앉아 대답했다. 말 한마디 잘못하면 기소될 수도 있는 상황.

L은 취재과정에서 최선을 다했으며 명예훼손의 고의는 전혀 없었다는 점을 강조했다. L은 입술이 바짝 마르고 손에 진땀이 났다. 조사가 2시간을 넘기면서 L의 집중력도 점차 약해져갔다.

인간이란 얼마나 나약한 존재인가. 제대로 집중하면서 적의 공격에 버틸 수 있는 시간은 불과 두세 시간에 불과한 것 같았다. 대낮에, 그것도 커피대접을 받아가면서 조사받는 것도 이렇게 힘든데, 밤샘 조사를 받는 피의자들은 오죽할까. 그들이 새벽을 넘기지 못하고 자백하는 이유를 이제야 좀 이해할 것 같았다. 조사는 4시간 만에 끝났다.

수사가 한창 진행되던 그해 9월, 일이 벌어졌다. 김 검사가 '진범'을 찾아낸 것이다. 김 검사는 문제의 공소장에 나타난 '진○○'의 실제 인물이 '모델 이○○ 양(26)'이라는 사실을 밝혀냈다.

이 양은 대형 항공사 미스 스마일 출신의 전속모델이었다. 항공사 대형 입간판에 스튜어디스 모델로 나온 적도 있었다. 이 양은 검찰에 출두해 자신이 실제로 박 씨를 접대했다고 자백했고, 검찰은 그해 9월 16일 이 양을 '윤락행위 등 방지법' 위반혐의로 입건하라고 경찰에 지휘했다. 또한 이 양에게 윤락행위를 시킨 혐의로 서울 강남구 역삼동 C갈비집 주인 김○○ 씨도 입건하도록 했다.

검찰수사에서 나타난 진상은 이랬다.

김 씨는 1994년 5월 7일 J그룹 비서실 직원을 사칭한 박 씨로부터 "급히 접대할 손님이 있으니 지정하는 시간과 장소로 예쁜 아가씨를 보내라"는 전화를 받고, 이 양에게 현금 100만 원과 신용카드를 주고 접대를 시켰다. 이 양은 김 씨의 부탁을 받고 다음 날 오후 서울 S호텔 커피숍에서 박 씨를 만나 P호텔과 S호텔, C호텔 등을 돌아다니며 재일교포 사업가를 사칭한 박 씨를 접대했다는 것이다.

김 씨와 이 씨 모두 검찰에서 이 같은 사실을 자백했고 박 씨도 진상을 털어놨다. 박 씨는 "나를 접대해준 여자가 이 양이 맞다. 이 양이 자신을 '모델 진○○'이라고 소개해 그런 줄 알았다"고 진술했다.

이에 따라 박 씨 사건을 처음 수사한 양 검사는 공소장에 이 양의 이름을 '진○○'으로 기록했고, L도 이를 그대로 보도한 것이다.

05

검찰수사는 10월 말 종결됐다. 결과는 무혐의. 검찰은 L의 보도가 결과적으로 사실이 아닌 것으로 드러났지만, 진○○ 씨의 명예를 훼손할

의도가 없었고, 검찰 공소장을 근거로 담당검사의 확인을 거쳐 기사를 작성하는 등 진실확인에 충분한 노력을 했으며, 공소장 내용으로 보아 보도내용이 진실이라고 믿을 만한 상당한 이유가 있다는 이유 등으로 무혐의 결정을 내렸다.

진 씨가 낸 정정보도 청구사건도 곧 결론이 났다. 서울지법 민사51부는 그해 10월 말 기사내용이 일부 사실과 다르다는 점을 인정하면서 진 씨의 청구를 받아들였고, 재판부가 지정한 정정보도문은 11월 3일 보도됐다.

정정보도문 내용은 대부분 진 씨 청구대로 지정됐다. 재판부는 그러나 "보도로 인해 막대한 정신적·물질적 피해를 입혔으므로 사과한다"는 내용을 포함시켜달라는 진 씨 측의 청구는 기각했다.

형사사건은 그럭저럭 끝났지만 민사소송은 다른 문제였다. 형사사건에서 무혐의 처리되더라도 민사상 명예훼손에 따른 손해배상 책임이 인정되는 경우는 얼마든지 있다.

민사변론은 L과 개인적 친분이 있는 박성호(朴成浩) 변호사가 역시 무료로 맡아주었다. 민사사건은 서울민사지법 합의17부에 배당되어 1995년 6월 9일까지 7차례의 재판이 진행됐다.

변론요지는 대략 다음과 같았다.

① 기사내용이 신청인을 특정했는지 여부

문제의 기사는 원고인 모델 진○○을 특정하지 않았다. 기사에서 드러난 바와 같이 피고(L)는 익명성을 철저히 보장해 기사를 보도했다. 원고가 특히 문제 삼는 '중견모델'이라는 표현도 신인이 아니라는 의미에서 언론의 관행상 사용한 표현일 뿐 원고의 주장처럼 톱모델을 지칭한 표현이 결코 아니다.

뿐만 아니라 우리나라 모델계에서 활동하는 모델은 모두 4,500여 명에 이른다(이 사실은 MBC 텔레비전 뉴스기획 프로그램인 '시사매거진 2580'의 1994년 8월 28일자 '모델의 화려한 겉과 속' 편에서 상세히 보도됐다).

이들 모델들은 100~200명씩 모델 에이전시(모델대행사)에 소속돼 일하고 있으며, 각 모델 에이전시에는 보통 5~10명씩의 진 씨 성을 가진 모델이 있다.

실례로 중견 모델대행사인 '모델캐스팅서비스'에는 진 씨 성을 가진 모델이 확인된 숫자만 3명 있다. 또 한국모델협회에 소속돼 있는 모델 200여 명 중에도 진 씨 성을 가진 모델이 7~8명이나 된다.

이상과 같이 피고는 문제의 기사에서 원고를 특정해 명예를 훼손한 적이 없다. 일반인들이 기사에 언급된 '진모 양'이 원고를 지칭한 것으로 오해한 것은 오히려 원고 자신이 보도 직후 기자회견 등을 통해 "나는 술집 접대부로 나간 적이 없다"고 공표하고 피고와 피고 회사를 상대로 소송을 제기함으로써 비롯된 것이다.

② 기사작성의 취지(보도의 공익성)

피고는 특정 연예인의 사생활을 파헤쳐 대중들의 호기심에 영합하기 위해 흥미 위주로 기사를 쓴 것이 아니다. 문제의 사건은 우리나라 일부 재벌들의 그릇된 접대문화를 단적으로 나타내준 사건이었다.

피고는 이 사건 공소장을 보는 과정에서 재벌과 고급 룸살롱의 유착구조에 유명 연예인들이 개입해 있다는 사실을 발견하였다. 연예인은 우리 사회에서 정치인, 관료, 종교인, 학자, 언론인 등에 못지않은 공인(公人)이다. 연예인은 일반 대중, 특히 청소년들에 대해서는 막강한 영향력을 행사하고 있다.

이런 점에서 연예인은 막중한 사회적 책임을 질 수밖에 없으며 그들의 일거수일투족은 늘 언론의 관심과 감시의 대상이 되고 있다. 이 같은 상황에서 피고는 재벌과 고급 룸살롱의 비뚤어진 유착구조에 연예인이 기생하는 것으로 판단, 사회적 공분을 느끼며 기사를 작성했다.

피고는 1990년 1월 기자생활을 시작한 이래 사회부에만 있었으며 1992년 7월부터는 법조에 출입하기 시작, 만 2년 넘게 법조기자로 근무했다. 피고는 연예부 기자를 해본 적이 없으며 그 분야에 관심도 없다. 연예인들의 스캔들이나 사생활에 대해서는 처음부터 관심이 없었으며 문제의 기사도 그런 시각이 아니라 재벌-고급 룸살롱-연예인이라는 우리 사회 비리구조의 한 단면에 대한 문제제기 차원에서 작성한 것이다.

외국의 사례 및 판례도 연예인에 대한 사회적 책임과 공공성을 폭넓게 인정하고 있다. 피고는 기사작성 시 공소장에 나타난 연예인 중 김○○ 양이 누구인지는 알았으나 진○○ 양이 누구인지 본 적도 들어본 적도 없다. 당시 피고는 편집국 내의 선배기자에게 확인해본 결과 실제로 몇 년 전 공소장에 나와 있는 강남의 R룸살롱에서 김 양과 만나 술을 함께 마신 적이 있다는 이야기를 들은 데다, 담당검사로부터 진모 양이라는 연예인이 이 사건에 연루돼 있다는 말을 들어 '진모 양'이라는 익명으로 기사를 작성한 것이다.

따라서 특정 연예인을 비방하거나 사생활을 파헤쳐 명예를 훼손하려는 의도는 처음부터 전혀 없었다. 특히 피고는 김모 양이나 진모 양이 연예인이라는 사실에 주목해 기사를 쓴 것이지, 김모 양이나 진모 양이 실제로 누구인지에 대해서 비중을 두고 기사를 쓴 것은 아니다.

06
—

1995년 9월 15일 1심 판결이 내려졌다. 2천만 원 배상판결.

참패였다. 청구액수 5억 원에 비하면 작은 액수지만 당시까지의 명예훼손 사건 판결기준에 비춰보면 상당히 많은 액수였다.

진○○ 씨가 박 씨를 '접대'했다는 기사내용은 이미 검찰수사에서 사실이 아닌 것으로 드러났다. 따라서 쟁점이 된 부분은 크게 두 가지다.

첫째는 진○○ 씨가 특정됐는지 여부다. L의 변호사는 '중견모델 진모 양' 정도로만 표현했기 때문에 문제의 기사와 진 씨와는 무관하다고 주장했다.

그러나 재판부는 "기사에서는 26세의 진 씨 성을 가진 중견모델 정도로 표시하였으나, 원고가 방송이나 모델업계에 종사하는 26세의 여성으로서 적어도 그녀가 생활하는 범위 내의 주변사람들 사이에서는 기사에서 지칭하는 '중견모델 진모 양(26)'이 원고를 지칭하는 것이라 여기기에 충분하다"며 이 주장을 배척했다.

결국 6월 9일 처음 보낸 기사에서 '중견모델'이라는 부분이 추가된 것이 결정적 패인이었다. 연예인 진모 씨라고 했다면 이 문제에 관한 법원의 판단은 달라졌을 수도 있다. 물론 그 전에 진 씨 측에서 소송을 내지 않았을 가능성이 높았다.

두 번째는, 문제의 보도가 진실이 아니라고 하더라도 '진실이라고 믿을 만한 상당한 이유'가 있느냐 여부다. "보도한 기사가 사실이 아닌 경우, 그 취재행위에 관련된 자가 그 내용이 진실이라고 믿은 데 대해 상당한 이유가 있는 때에는 위법성이 없어 불법행위(명예훼손)가 되지 않는다"는 것이 명예훼손 사건에 관한 대법원의 확립된 판례였다.

이 부분에 대한 재판부의 지적은 L에게는 뼈아픈 것이었다.

"이 사건 기사의 내용(원고에게 미칠 영향, 아울러 게재 시각을 다툴 정도의 급박성이 없는 점)에 비춰 최소한 원고의 사진 등 관련자료를 찾아 수사기록에서 본 사진 등 인적사항을 확인하거나 본인에게 연락해 그 진위를 확인하는 시도를 한 다음에 기사를 작성하였어야 할 것인데, 수사기록의 일부 기재와 담당 수사검사의 말만 듣고 이러한 사실조사 의무를 게을리 하고 수사기록에 나타난 진○○을 원고의 예명이라고 오인하여 기사를 작성했다"는 지적이었다.

L은 항소했다. 항소 직후 L은 〈문화일보〉를 떠나 〈동아일보〉로 자리를 옮겼다. 1심 판결이 난 뒤 한 달쯤 지난 1995년 10월의 일이었다.

항소심에서도 공방이 치열했다.

1996년 7월 2일 서울고등법원은 "제1심 판결 중 피고들 패소 부분을 취소한다"고 판결했다. 1심 판결이 뒤집힌 것이다.

항소심 재판부는 우선 "이 사건 기사는 대기업의 접대 비리 및 이에 연루된 유명 연예인들의 잘못된 행태에 관한 것으로, 이러한 접대 비리에 편승하는 연예계의 풍토에 문제점이 있다는 점을 지적한 것이므로 이 기사는 오로지 공공의 이익을 위해 보도된 것"이라고 인정했다.

핵심 쟁점인 '진실이라고 믿을 만한 상당한 이유가 있었느냐'에 대해서 재판부는 비교적 상세히 설명했다. 재판부가 인정한 부분은 다음과 같다.

◇ 접대한 여자가 누구인가를 가장 잘 확인해줄 수 있는 박기진이 검찰수사 단계에서 원고의 사진을 보면서 자기를 접대한 여자가 그 사진 속의 여자라고 계속 진술하고, 그 여자의 이름과 직업도 실제 이름 및 직업과 같은 영화배우 겸 광고모델이라는 사실도 그 여자에게 확인했다는 진술까지 덧붙이고 있어 충분한 신빙성을 부여할 수 있었던 상황이다.

◇ 덧붙여 사건의 전모를 가장 잘 파악하고 있는 담당검사도 접대한 여자 중 하나가 중견모델이라고 확인해주었고, 공소장에도 '진○○(여·26세)'라고 기재한 점 등 그 취재원에 충분히 신빙성이 있었다.

◇ 이 사건 기사는 그 성격상 일간신문에 게재될 신속성을 요하는 보도기사이다.

◇ 이 기사의 피해자가 될 수도 있는 원고에게 기사의 사실 여부를 확인하려 해도 기사를 게재할 때까지의 시간 내에는 그 확인이 사실상 매우 어려웠을 뿐만 아니라, 설사 원고에게 사실 여부를 확인하려 했어도 원고로부터 곧바로 진실 여부를 확인할 수 있다고 기대하기는 어려웠다.

따라서 기사를 작성하면서 원고에게 진위 여부를 직접 확인하지 않았다 하더라도 원고가 박기진을 접대한 여자 중 한 명이라고 믿은 데에는 상당한 이유가 있다는 것이 항소심 재판부의 결론이었다.

07

항소심 판결에 대해서는 원고인 진 씨 측이 상고했다. 상고심 판결은 2년 가까이 흐른 1998년 5월 8일 내려졌다. 결과는 파기환송. 사필귀정(事必歸正)이었다.

대법원은 명예훼손의 위법성 조각 사유에 대해 그 후 선례(先例)가 된 의미 있는 판단을 했다. 이 판결은 그 후 법학 교과서에까지 인용되고 있다. 핵심 쟁점에 관한 대법원 판결 원문은 다음과 같다.

피고 L 기자가 열람한 수사기록은 박기진의 일방적 진술을 기재한 것에 불과한 것이고, 그 담당 수사검사로부터 입수한 정보 역시 관련 연예인들이나 그 소개인들에 대한 수사결과에 의해 뒷받침되는 것이 아닌 박기진의 진술만을 근거한 것으로 그다지 신빙성이 높다고 할 수 없으므로 이 사건 기사의 신빙성을 뒷받침할 만한 합리적인 근거 내지는 자료가 될 수는 없다.

또 피고들이 많은 발행부수를 가진 일간지에 원고를 비롯한 관련 연예인들에게 치명적 피해를 줄 수 있는 이 사건기사를 게재함에 있어 관련 연예인들이나 그 소개인들에 대한 사실 확인 등을 통해 비교적 용이하게 박기진의 진술이 진실인지 검토할 수 있었고 또한 기사의 성격상 신속한 보도를 요하는 것이라고 할 수도 없어 그러한 조사를 하기에 충분한 시간적 여유가 있었음에도 불구하고 이러한 조사절차를 거치지 아니한 이상, 기사 내용의 진위확인을 위한 충분한 조사를 한 것이라고 할 수 없다.

그러므로 피고들이 기사내용을 진실한 것이라고 믿었다 하더라도 이를 진실한 것으로 믿을 만한 상당한 이유가 있었다고 할 수 없다.

5개월 후인 1998년 9월 14일, 사건은 양쪽 변호사 간의 합의로 종결되었다.

제3장

오 판(誤判)

01

L이 그를 처음 만난 것은 1993년 12월 21일, 당시 그의 나이 41세였다. 그는 바지를 벗어 자신의 성기를 보여주었다. 그의 성기는 심하게 일그러져 있었다.

그의 이름은 김시훈(金詩勳). 그는 1981년 6월 28일 발생한 전북 전주시 효자동 2가 비사벌자립원 부근 살인사건의 범인으로 몰려 누명을 쓰고 구속되었다. 김 씨는 1심에서 무죄판결을 받았으나 2심에서 살인 혐의가 인정돼 징역 15년을 선고받았다. 김 씨는 상고심 재판 계류 중 진범이 잡혀 누명을 벗었다. 그는 1년 3개월 만인 1982년 9월 대법원 판결로 풀려났다.

L이 그를 만난 것은 그 사건으로부터 다시 12년이 더 지난 뒤였다.

김 씨는 자신의 성기가 그렇게 된 이유를 설명했다.

김 씨는 그 후에도 가끔 L에게 전화를 했다. 배가 고프다며 돈 몇 푼 받아가기도 했다. 언젠가 영구임대아파트에 들어가야 하는데 동사무소 민원처리가 잘 안 된다며 도와달라고 찾아오기도 했다.

8년이 지난 2001년 10월 29일. L은 우연히 김 씨의 소식을 전해 들었다. 수년 째 살던 서울 강서구 방화동 839번지 방화 2단지 도시개발아파트, 11평 영구임대아파트를 떠나 충북 음성의 정신병원에 수용됐다는 소식이었다.

아파트 관리사무소 직원들은 김 씨가 폐인처럼 아파트 놀이터 벤치에 멍하니 앉아 있거나 술에 취한 채 돌아다녔다고 말했다. 최근 들어서는 정신이상 증세가 심해져 사람도 못 알아보고 벌거벗은 채로 돌아다니기도 했다고 그들은 전했다.

김 씨의 유일한 혈육인 김 씨 누나에게 전화를 했다. 누나는 말을 제대로 이어가지 못했다.

02

인간이 인간을 재판한다는 것은 참으로 어렵고 힘든 일이다.

사형수의 아버지로 불렸던 사도법관(使徒法官) 김홍섭(金洪燮) 판사는 한때 인간을 심판하는 일에 회의를 느껴 법복을 벗고 뚝섬 토굴로 들어가 닭, 돼지 등을 키우며 산 적도 있었다.

이론(異論)이 있기는 하지만 고승(高僧) 효봉(曉峰)으로 더 유명한 이찬형(李燦亨) 판사도 어느 날 홀연히 인법(人法)을 버리고 불법(佛

法) 으로 회귀했다고 전해진다. 평양복심법원 판사로 있던 1923년 한 독립투사에게 사형을 선고한 뒤 3일 동안 식음을 전폐하고 번뇌를 하다 이른 새벽 아들딸과 아내가 잠든 사이 속세를 떠났다는 것이다.

판사들은 재판을 하면서 고뇌가 많다. 특히 사람을 단죄(斷罪)하는 형사재판에서 더하다. 서울지법에서 2년간 형사합의부 부장판사를 지내다 법원 정기인사 때 같은 법원 민사부장으로 옮긴 한 판사는, 옮긴 그 순간 지옥에서 벗어났다고 말한 적이 있다.

판사들도 인간인 이상 오판(誤判)을 한다. 또 오판의 멍에를 한 번 뒤집어쓰면 평생 고통을 받는다고 한다.

오판의 당사자는 어떨까.

김 씨 사건은 오판에 대한 근본적인 질문을 던진다.

김시훈 씨 사건은 1981년 6월 28일 전주 비사벌자립원 살인사건에서 비롯됐다. 그날 오전 10시 30분 전북 전주시 효자동 2가 비사벌자립원 부근 고추밭에서 이 동네에 사는 인쇄공 최현석 씨(당시 20세)가 끔찍하게 살해된 시체로 발견됐다. 밭을 매다 최 씨의 시체를 발견한 인근 주민의 신고를 받고 경찰이 현장에 나와 조사하고 수사에 착수했다. 사망 추정시간은 6월 24일 밤 12시.

경찰은 비사벌자립원에 수사본부까지 차리고 현장을 중심으로 피살자의 행적, 동일수법 전과자, 원한관계, 목격자, 부근 우범자 등에 대한 수사를 벌였다. 그러나 이들에게서 아무런 단서나 혐의점도 못 찾고 수사는 원점을 맴돌고 있었다.

그러던 중 경찰은 사건 발생 10일 만에 살해현장에서 1킬로미터 떨어진 전주대학 신축공사장에서 이 공사장 간부로부터 살인사건이 나던 날 성격이 포악한 전과자 김시훈이라는 사람이 고향으로 가겠다며 공사판을 떠났다는 말을 들었다.

경찰은 귀가 번쩍 뜨였다. 공사장 인부들과 식당 종업원들도 김 씨가 평소 일도 잘 하지 않는 데다 술을 자주 마시고 행패를 부려왔다고 진술했다. 경찰은 김 씨를 유력한 용의자로 지목했다. 그는 범인의 조건을 잘 갖추었다.

김 씨는 1981년 6월 16일 충북 청주에서 전주로 내려와 공사장에 취업한 인부였다. 그는 일주일 만에 노무자 숙소에서 "이 X같은 놈들, 살 곳도 준비해놓지 않았어. 죽여버리겠다"며 소란을 피우다 해고당했다.

6월 24일 오전 11시 30분쯤 김 씨는 노임 23,100원에서 식비를 공제한 3,700원을 받아 공사장을 떠났다.

오후 2시쯤 김 씨는 전주역에서 충남 조치원으로 가는 열차를 탔으나 신탄진에서 내렸다. 오후 5시 30분 김 씨는 신탄진에서 버스를 타고 청주로 가 오후 9시까지 친구 3명과 막걸리를 마셨다. 10시 30분쯤에는 친구가 농약을 사는 데 따라가 그 후부터 자정까지 중국집에서 MBC 텔레비전 6·25특집극을 보았다.

살인사건이 일어난 자정 무렵에는 중국집에서 TV를 보고 있었다는 것이 김 씨의 일관된 주장이었다.

1981년 7월 12일 오후 5시, 김 씨는 충북 청원군 미원면 옥화대 뒷산 벌목장에서 나무베기 작업을 하다가 전주경찰서 형사대에 의해 연행되었다.

형사들은 벌목장에서 일을 하는 김 씨에게 다가와 김시훈이 누구냐고 물었다. 김 씨가 대답을 하자 형사 3명이 달려들어 양손을 뒤로 해서 수갑을 채우고 포승으로 묶었다. 김 씨가 반항하며 왜 그러느냐고 물었지만 되돌아오는 것은 욕설과 주먹뿐이었다.

형사들은 김 씨를 미니버스에 싣고 청주경찰서 옆 국제여관으로 들어갔다. 형사들은 이 여관 2층에 방을 얻어 김 씨를 묶은 채로 이불장에 넣고 문을 잠근 뒤 고스톱을 쳤다.

이튿날 아침 9시 형사들은 김 씨를 이불장에서 꺼내 살인사건이 일어난 6월 24일의 행적에 대해 캐물었다. 김 씨는 형사들과 함께 청주시 남주동 중국음식점 대우반점으로 갔다.

김 씨의 질문에 주인은 고개를 끄덕였다. 형사들은 불쾌한 표정으로 김 씨를 밀쳐냈다.

7월 13일 정오 무렵, 형사들은 김 씨를 포니 승용차에 태우고 전주로 갔다. 형사들은 이때까지 김 씨에게 밥을 주지 않았다.

김 씨는 그날 오후 5시 전주시 진북2동파출소 숙직실로 끌려들어갔다. 박 형사와 최 형사가 김 씨의 옷을 발가벗겼다.

그들은 김 씨의 양손을 의자에 걸어 수갑을 채우고 양발은 포승으로 의자다리에 묶었다. 최 형사는 그동안의 행적을 똑바로 대라며 성기를 시퍼렇게 멍이 들도록 곤봉으로 내리쳤다.

잠시 후 그들은 김 씨를 의자에 앉힌 채 들고 2평 넓이의 목욕탕으로 옮겨갔다. 형사들은 김 씨에게 수갑을 다시 채우고 포승으로 묶고 그 사이에 2미터가량의 철봉을 끼워 거꾸로 매달았다.

김 씨의 얼굴에 수건을 덮고 비눗물과 고춧가루 물을 들이부었다. 김 씨가 물을 삼키자 형사들은 수건을 입안에 처박아 막고 다시 코와 눈에 고춧가루를 뿌렸다. 이번에는 아예 고무호스를 동원해 수돗물을 김 씨의 얼굴에 부었다. 기절했다 깨어나면 같은 일이 반복됐다.

그러기를 모두 4차례, 형사들은 김 씨의 등과 엉덩이에 알 수 없는 기구를 사용해 전기를 방전시켰다. 이튿날 새벽 6시, 이때까지 밥과 잠은 꿈도 꿀 수 없었다. 형사들은 잠시 고문을 중단하고 김 씨에게 24일 어디에 있었냐고 물었다.

김 씨는 대답할 기운도 마음도 없었다.

7월 15일, 고문이 3일째 이어졌다. 형사들은 교대로 들락거리며 주먹질을 해대고 곤봉으로 머리를 내리쳤다.

김 씨는 고문을 당하고 두들겨 맞는 이유를 모르겠다며 울부짖었다. 그때마다 돌아오는 것은 "아직도 정신을 못 차려" 하는 야유와 발길질뿐이었다.

형사들은 김 씨가 24일 오후에 전주에서 기차를 타고 청주로 왔다고 계속 알리바이를 주장하자 철제의자에 자전거 튜브로 김 씨의 몸을 꽁꽁 묶었다. 김 씨는 숨이 차 헐떡거리다 실신했다.

밤이 됐다. 한 형사가 잠든 김 씨의 눈을 억지로 까뒤집었다. 불이 꺼진 상태에서 형사는 플래시로 벽을 비췄다. 벽에는 죽은 시체를 찍은 컬러사진 3장과 유품들이 붙어 있었다.

박 반장이 녹음기를 들이대며 "내가 죽였다"고 말하라고 요구했다. 김 씨는 거부했다. 흐릿한 눈으로 벽을 바라보는 동안 발밑에서 연기가 피어올라왔다. 연기가 코로 스며들자 어지러워지기 시작했다. 옆에 섰던 형사가 머리를 움켜잡고 노래를 부르라고 소리쳤다.

머나먼 저곳 스와니 강물 그리워라
날 사랑하는 부모형제 이 몸을 기다려
이 세상에 정처 없는 나그네의 길
아, 그리워라 나 살던 곳 멀고 먼 옛 고향 …

중학교 때 배운 〈스와니 강〉을 부르는 동안 김 씨의 눈에서는 눈물이 흘러내렸다. 형사는 계속 노래를 부르라고 다그쳤다.

당신과 나 사이에 저 바다가 없었다면
쓰라린 이별만은 없었을 것을
해 저문 부두에서 떠나가는 연락선을
가슴 아프게 가슴 아프게 바라보지 않았으리 …

그렇게 7~8곡을 끝냈을 무렵 반장은 녹음기를 더 바싹 들이댔다. 김 씨는 시키는 대로 했다.

"현석아, 내가 너를 죽여 미안하다 … ."

다음 날 오전, 형사들은 김 씨를 살인사건이 일어난 전주시 비사벌자립원 창고 앞마당으로 끌고 나갔다. 형사들은 김 씨가 꾸벅꾸벅 졸자 곤봉으로 머리를 내리쳤다. 그러나 김 씨의 눈꺼풀은 이미 곤봉을 무시할 만큼 무거웠다.

형사들은 김 씨의 몸을 두꺼운 담요로 말아 창고 앞마당 한가운데 내놓았다. 한여름의 뜨거운 태양이 내리쬐었다. 땀에 몸과 담요가 범벅

이 됐다. 목이 탔다. 김 씨가 물을 찾자 형사들은 주전자로 김 씨의 얼굴에 물을 부으며 말했다.

"장물 하나만 내놓지."

7월 16일 오후 1시쯤 김 씨는 전주 시내 한의원에 가서 엉덩이주사 2대를 맞았다. 정신이 몽롱해지면서 환각상태로 빠져들었다. 박 반장이 "부르는 대로 적으라"며 시험지와 볼펜을 주었다. "못 쓰겠다"고 버텼다. 곧 버틴 대가가 돌아왔다. 형사 5명이 달려들어 김 씨의 머리를 양동이에 처박고 짓밟았다. 김 씨는 또 다시 실신했다.

밤이 돼서야 김 씨는 정신이 들었다. 반장이 "너는 어차피 사형을 당할 텐데 몸이나 성해서 사형을 당하라"고 달랬다. 김 씨는 부르는 대로 받아 적었다. 반장은 김 씨의 오른손을 끌어 인주를 묻힌 뒤 지장을 찍었다.

이튿날 새벽 김 씨는 형사들에 이끌려 병원으로 가 엑스레이 촬영을 했다. 의사는 김 씨의 오른쪽 무릎과 정강이에 금이 갔다고 말했다.

03

김 씨에 대한 첫 재판은 그해 10월 7일 전주지법 형사1부 심리로 열렸다. 재판장은 당시 영장 기각률과 무죄율이 높아 검찰과 경찰에서 악명이 높았던 김규복(金奎福) 부장판사였다.

L은 1993년 김 변호사를 만나 재판 당시의 상황에 대해 들었다.

김 씨는 첫 공판에서부터 범행을 완강히 부인했고 재판장에게 다리와 팔목의 상처를 보여주며 혹독한 고문을 받았다고 주장했다.

그러나 수사기록은 거의 완벽했다. 김 씨의 자백진술서도 준비돼 있었다. 그해 11월 4일의 3차 공판에서는 공사장 경비원 박모 씨가 증인으로 나와 사건 당일 밤 10시 30분쯤 순찰을 돌다가 노무자 숙소에서 잠자던 김 씨를 보았다고 진술했다.

　　그로부터 며칠 뒤 전주지법에는 그때까지의 상황을 반전시키는 편지 1장이 배달됐다. 경비원 박 씨가 보낸 것이었다. 경찰의 요청에 따라 거짓 진술과 거짓 증언을 했으나 양심의 가책을 느끼고 자백서를 써 법원으로 보낸 것이다.

　　김 부장은 백지상태에서 다시 심리하기 시작했다. 그러나 변한 것은 하나도 없었다. 박 씨도 자백서와는 달리 처음과 똑같은 증언을 했다. 김 부장은 검사와 변호인에게만 맡기지 않고 직접 신문을 했다. 기록도 처음부터 다시 꼼꼼히 검토했다.

　　— 피고인, 전주를 떠난 24일을 어떻게 기억하나?

　　"전주역에 6·25 기념 현수막이 분명히 걸려 있었습니다."

　　— 24일의 전주지방 날씨는 어떻고 청주지방 날씨는 어떠했나?

　　"전주에서는 날씨가 좋았는데, 청주에 오니까 흐렸습니다."

증인 박 씨에게도 물었다.

　　— 24일 밤 10시 30분 피고인이 잠자는 모습을 봤다고 했는데, 무슨 옷을 입고 있었나?

　　"기억이 나지 않습니다."

1981년 12월 30일, 김 부장은 김 씨의 살인혐의에 대하여 무죄를 선고

했다.

1993년 12월 김 변호사는 L에게 김시훈 씨 재판이 가장 기억에 남는다며 1981년 재판 당시를 이렇게 회고했다.

"경찰과 검찰의 수사기록은 형식상으로 유죄판결을 내릴 수 있는 요건을 갖추고 있었습니다. 더욱이 자필로 범행내용을 쓰고 손도장까지 찍은 자술서가 있었습니다. 그러나 피고인은 범행을 강력히 부인했습니다. 상처 난 손을 들어 보이며 참혹한 고문을 당했다고 주장했습니다. 피고인의 억울하다는 호소가 진실인 것처럼 느껴졌습니다. 물론 피고인은 행실이 그리 좋지 않은 전과자였습니다. 진범일 가능성도 있었습니다. 그러나 만에 하나라도 진범이 아니라면 어떻게 하겠습니까?"

검찰은 항소했다. 그리고 다시 사형을 구형했다.

해를 넘겨 1982년 5월 20일, 담당재판부인 광주고법 형사1부는 원심을 뒤집고 김 씨를 진범으로 인정, 징역 15년을 선고했다.

… 자술서에 의하면 피고인이 범행에 이르게 된 경위가 무리 없이 납득할 수 있도록 소상하게 진술돼 있다. 이 자술서가 고문이나 강요에 의해 작성된 것이라고 보이지 아니하고 달리 피고인의 변소 외에 자술서의 임의성을 배척할 자료를 찾아볼 수 없다 ….

이것이 판결 이유였다.

상고심이 대법원에 계류 중이던 그해 7월 20일, 전북 익산군 팔봉면 석왕리 이모 씨 집에 강도가 들어 현금 33만 원을 털어간 사건이 발생했다. 범인은 같은 마을 이종암(李鍾岩·당시 22세) 씨였다. 그는 추가 범행을 추궁받는 과정에서 1년 전 비사벌자립원 살인사건을 자백했다. 진범이 잡혔다.

1982년 9월 14일, 대법원은 이 사건을 다시 판결하도록 광주고법에 되돌려 보냈다.

그날 밤 김 씨는 광주교도소에서 풀려났다. 14개월 만의 일이었다.

04

1982년 9월 14일, 광주교도소 앞에서 어머니 김석분(金碩分) 씨가 누나 김을란(金乙蘭) 씨와 함께 이른 아침부터 김 씨를 기다리고 있었다.

해가 질 무렵 김 씨가 교도소 문을 나섰다. 2년 만의 만남이었다. 김 씨는 고향 청주를 중심으로 막노동판을 전전하고 있었고, 어머니는 남편을 잃은 뒤 서울에서 가정부와 노점상 생활을 하면서 떨어져 살았다. 살인범으로 몰려 교도소에 수감돼 있을 때도 김 씨는 면회 온 누나에게 절대로 어머니에게는 알리지 말라고 했다. 그냥 혼자 죽겠다고 했다.

2년 만에 만난 아들은 너무도 달라져 있었다. 고등학교 시절 육상선수를 할 정도로 탄탄했던 몸은 중풍을 맞은 노인처럼 쪼그라들었다. 무성했던 머리카락도 다 떨어져나가 민둥산이 돼버렸다. 절룩거리는 발걸음, 어머니는 더 이상 3대 독자를 바라볼 수 없었다. 그대로 실신했다.

김 씨는 대전시 가양동 누나 집으로 향했다. 누나는 보증금 100만 원에 방이 2개 딸린 허름한 연립주택을 전세 내 살고 있었다. 방 하나에 누나 부부가 살고 다른 방은 두 조카가 쓰고 있었다. 김 씨는 다락방으로 들어갔다. 다락방은 비좁았다.

나이 30에 이미 70대 노인이 돼버린 김 씨는 달리 갈 곳도 없었고 할 일도 없었다.

교도소에서 나와 대전 누나 집에 누워 지내던 이듬해 어느 날, 낯익은 손님 5명이 찾아왔다. 김 씨를 고문했던 형사들이었다. 이들은 김 씨를 고문한 혐의로 치안본부(지금의 경찰청)에서 파면당하고 형사 입건됐다.

형사들은 합의를 요구하면서 보따리를 하나 내놓았다. 300만 원이 들어 있었다. 김 씨는 연행 다음 날 청주 시내 중국집에서 형사들이 알리바이를 말해주던 식당주인으로부터 자신을 밀쳐버리던 기억이 떠올랐다. 김 씨는 보따리를 밀쳐버렸다.

며칠 뒤 전주로 내려갔다. 김 씨는 형사들이 재판받고 있는 전주지방법원에 이들을 엄벌해달라는 탄원서를 냈다.

이들은 모두 집행유예 판결을 받고 풀려났다.

김 씨는 국가에 형사보상과 손해배상을 청구하려던 생각을 포기했다. 자신의 애타는 호소를 무시하고 살인범으로 몰아 징역 15년을 선고한 법원, 고문한 형사들을 국가에 기여해왔다는 이유로 용서해준 법원에 더 이상 기대할 것이 없다는 생각이 들었다.

김 씨에게 유일한 위안이 되어준 것은 술이었다. 술을 마시는 순간만큼은 뼈마디까지 스며드는 고통을 잊을 수 있었다. 김 씨가 술을 마시면 대신 누나가 고통스러웠다. 술을 마신 뒤면 언제나 다락방에 누워 "이놈들을 죽여야 하는데 …" 하며 통곡했다.

말단 철도공무원 월급으로 생계를 꾸려가는 누나 형편에 250원 하던 두꺼비 소주는 큰 부담이었다. 김 씨는 소줏값을 벌기 위해 청주로 내려갔다. 피폐한 육신으로 소줏값을 번다는 것은 쉬운 일이 아니었다. 김 씨는 공사판을 맴돌다 열흘도 못돼 대전으로 다시 올라왔다.

다락방 생활이 무의미하게 이어지던 1984년 어느 날, 김 씨는 대전역 부근을 거닐다 역 골목에서 그림책을 하나 주웠다. 그곳에는 오랫동안 수음(手淫)의 상대가 돼주던 여인들이 있었다. 김 씨는 아무런 신체의 변화도 느낄 수가 없었다. 산송장이었다.

김 씨는 죽을 수가 없었다. 자신을 고문한 형사들과 자신을 살인범으로 재판한 판사들을 만나야 했기 때문이다.

1988년 추운 겨울 어느 날, 어머니가 서울에서 내려왔다. 어머니는 다락방에 송장처럼 누워 있는 아들을 보고 "죽어도 내 곁에서 죽어라" 하며 서울로 끌고 갔다.

김 씨가 중학교에 다닐 무렵 과부가 된 어머니는 곧바로 서울로 올라왔다. 남의 집 식모살이와 노점상을 하면서 그때까지 모은 돈이 200만 원. 서울 종로구 사직동 사직공원 옆 허름한 집에 방 한 칸을 빌렸다.

어머니 품은 따스했다. 소주도 어머니 나물장사가 잘 되면 배불리 얻어 마실 수 있었다.

어머니와 아들은 다시 헤어져야 했다. 1990년 들어 전셋값이 폭등하면서 집을 내주어야만 했다.

어머니는 공원 근처 빌딩에 자리를 잡았다. 낮에는 노점이나 영세민 취로사업장에 나가고 밤에는 사무실 소파에서 잠을 잤다. 김 씨는 어머니가 성당에 다닌 덕분에 정릉 임마누엘 집으로 들어갔다.

1992년 어느 날 어머니가 구파발 근처 야산에서 나물을 캐다 넘어지는 바람에 팔이 부러졌다. 어머니와 김 씨는 다시 만나 사직동 판잣집으로 들어갔다. 어머니는 팔이 다 낫기도 전에 취로사업장에 다녔다. 불쌍한 어머니, 그러나 김 씨는 그런 어머니를 도울 수가 없었다.

김 씨는 다시 그때 일이 생각났다. 그는 서소문으로 향했다. 대법원 옆 서울지법 서부지원. 그곳에는 1982년 5월 김 씨의 자백을 인정해 징역 15년을 선고한 항소심 재판부의 주심판사인 신 판사가 있었다.

그는 난처한 표정을 지었다. 김 씨가 신 판사로부터 들은 것은 "당시 나는 주심이었지만 배석(陪席)일 뿐이었다. 배석판사가 무슨 권한이 있느냐"는 얘기뿐이었다.

신 판사는 2001년 2월 서울지역 법원 원장으로 승진해 재직하고 있었다.

김 씨는 서울지법 북부지원에도 들렀다. 그곳에는 또 다른 배석판사였던 유 판사가 있었다. 그도 역시 같은 대답을 했다.

김 씨는 서초동으로 갔다. 김모 변호사(1992년 당시 56세). 그는 사건 당시 항소심 담당재판부인 광주고법 형사1부의 부장판사였다. 김 씨 사건 오판 때문이었는지는 몰라도 김 부장은 4년 뒤인 1986년 법복을 벗고 변호사로 개업했다.

김 씨는 김 변호사로부터 대답 대신 흰 봉투를 하나 받아들고 변호사 사무실을 나왔다. 그 속에는 10만 원짜리 수표 2장이 들어 있었다.

김 씨는 그 돈으로 600원짜리 소주를 매일 1병씩 1년 동안 사 마셨다. 그렇게 세월은 갔다.

1993년 12월 어느 날, 김 씨는 심한 각혈(咯血)을 했다. 1년이 훨씬 넘게 진행된 각혈이 이날따라 유난히 심했다. 김 씨는 어머니에게 이끌려 보건소에 갔다. 중증 폐결핵이라는 진단을 받았다. 다음 날 그는 새까맣게 탄 피를 토했다.

L은 1994년 2월 4일 서초동 법원 앞 중국음식점에서 김 씨를 만났다. 김 씨는 오래 살고 싶다고 했다.

"오래 살아야죠. 어머니보다 먼저 죽을 수는 없습니다. 그런데 제가 오래 살아야 할 이유가 또 있습니다. 복수하기 위해서입니다. 나를 고문하고 나를 오판한 사람들, 그들을 처단할 겁니다. 그게 제 필생의 소원입니다. 그리고 저도 죽어야지요. 지금은 못하죠. 어머니가 살아계시니까요. 어머니께 불효를 하고 싶지는 않거든요. 어머니가 돌아가시면 할 겁니다. 그러기 위해선 제가 더 오래 살아야지요."

김 씨는 밥을 열심히 먹는다고, 열심히 먹어야 한다고 말했다. 그러나 그는 앞에 놓인 우동을 서너 번 건드리고는 수저를 놓았다. 열심히 먹지도 않았고, 먹을 수도 없었다.

1998년, 김 씨의 어머니는 한 많은 한평생을 마감했다. 73세였다. 어머니가 돌아가신 후 김 씨는 정신이상 증세에 알코올중독까지 겹쳐 사람도 알아보지 못했다. 2001년 9월, 그는 정신병원으로 보내졌다.

1993년 12월 1심 무죄판결 판사인 김규복 변호사는 L에게 말했다.

"김 씨는 기록상으로 성행이 안 좋은 사람이었습니다. 그러나 기록에 나타난 전과자로서가 아니라 재판과정을 통해 한 인간으로 바라본 김시훈 씨는 그렇지 않았습니다. 불의를 보면 참지 못하는 성격 때문에 가는 곳마다 사고를 일으키기는 했지만, 그는 천성이 순수한 사람이었습니다. 사건이 일어날 무렵 그는 건달생활을 청산하고 노동판에 뛰어들어 잘 살아보려고 하던 참이었습니다."

05
—

L이 김시훈 씨를 만난 것은 1993년의 또 다른 오판사건 때문이었다.

L은 그해 12월 한 오판사건을 취재하고 있었다. 당시 세상을 떠들썩하게 한 김기웅(金基雄) 순경 살인누명 사건이었다. 김 순경은 1992년 11월 29일 새벽 서울 관악구 신림동 청수장여관 203호실에서 살해된 채로 발견된 애인 이모 양의 살인범으로 몰려 구속 기소됐다. 그는 1심과 2심에서 살인혐의가 인정돼 징역 12년을 선고받고 복역하다 1년여 만인 1993년 11월 24일 우연히 진범이 잡히는 바람에 풀려났다.

L이 김 순경 사건을 취재하고 기사를 쓸 무렵 서울 종로구 사직동 동사무소 사회담당 직원 박영주 씨가 L에게 전화를 했다. 김 순경 사건과 비슷한 사건이 있는데, 그 사람이 너무 불쌍하다며 도와줄 수 없냐고 물었다.

두 사건은 비슷했다. 오판(誤判)과 누명(陋名), 그리고 진범의 자백.

두 사건에서 김시훈과 김 순경을 구해준 것은 검사도 판사도 변호사도 아니었다. 두 사건은 수사 재판제도의 문제점을 적나라하게 보여주는 사건이다. 경찰은 범인을 잡기보다 범인을 만드는 데 급급했고, 검찰은 경찰로부터 사건을 받아 그대로 법원에 넘겨주는 지게꾼의 역할만 했다.

경찰이 김기웅 순경(당시 28세)으로부터 함께 여관에 투숙한 애인 이모 양(당시 18세)이 숨졌다는 신고를 받은 것은 1992년 11월 29일 오전 10시 15분. 김 순경은 이날 새벽 3시 30분쯤 함께 서울 관악구 신림동 청수장여관 203호실에 투숙한 이 양이 목이 졸려 숨져 있다고 112에 신고했다. 오전 7시쯤 혼자 여관을 나와 근무지인 신림9동파출소에 출근했다 다시 가보니 이 양이 숨져 있었다. 김 순경은 자살한 것 같다는 말을 덧붙였다.

신고를 받은 서울 관악경찰서 형사팀은 현장을 감식했다. 이 양은 목 졸려 숨져 있었고 침대시트 위에는 운동화 자국이 2개 눈에 띄었다. 도난품은 이 양의 핸드백 속에 있던 10만 원짜리 수표 4장이 전부였다.

경찰은 김 순경을 용의자로 지목했다. 김 순경은 이 양과 여관에 함께 투숙해 마지막까지 있던 유일한 인물이었다. 그는 이 양이 결혼을 요구했으나 술집 접대부라는 이유 등으로 가족이 반대하는 바람에 심하게 다투고 헤어진 사이였다.

목 졸린 흔적이 뚜렷한데 자살한 것 같다고 신고한 것도 수상했다. 김 순경의 동료들도 평소 행실이 좋지 않다며 거들었다.

김 순경은 범행을 완강히 부인했다. 사건 당일 밤을 새우고 다음 날인 30일 오후 3시까지 3차례나 진술조서를 작성했지만 김 순경은 자신은 이 양을 죽일 이유도 없었고, 죽이지도 않았다고 강변했다. 그 다음 날도 마찬가지였다.

그러나 경찰에 연행된 지 사흘째인 12월 1일 김 순경은 자백을 했다. 55시간 동안 잠을 한잠도 못 잔 데다, 빠져나갈 구멍이 없다는 경찰의 협박에 거의 모든 것을 포기한 상태였다.

곧 자백조서가 작성됐다. 카페 종업원인 이 양과 결혼하려 했으나 부모의 반대로 소원한 관계를 유지하던 중 사건 전날 이 양과 만나 데이트하고 사건 당일 여관에 투숙했으며, 결혼문제로 다투던 중 이 양의 모욕적인 발언에 격분해 새벽 4시 20분쯤 목을 졸라 살해했다고 했다.

경찰은 김 순경과의 약속을 지키기 위해 살인죄가 아닌 폭행치사죄를 적용했고, 그에게 유리하도록 이 양이 숨진 뒤 인공호흡까지 한 것으로 조서를 꾸몄다.

다음 날 수사팀은 직접 영장을 청구하지 않고 김 순경의 신병을 서울경찰청으로 넘겼다. 소속경찰서에서 직원을 수사하는 것이 좋지 않다는 이유였다.

사건을 넘겨받은 서울경찰청 강력계는 더 이상 상세한 수사를 하지 않고, 김 순경의 범행내용을 보강하는 데 그쳤다. 자백이 있었기 때문이다. 자백은 아직도 증거의 여왕이었다. 자백만 있으면 정황이야 어쨌든 구속영장이 발부되고 유죄가 인정되었다.

1992년 12월 4일 자정 무렵 김 순경에게 구속영장이 발부됐다. 김 순경이 경찰에 연행된 지 133시간 만의 일이었다. 법에 정해진 구금시간은 48시간, 김 순경은 87시간 동안 불법구금 상태에 있었다.

경찰은 정작 중요한 수사는 모두 외면해버렸다.

문제가 된 운동화 발자국. 당시 이 양이 목 졸려 숨진 침대시트 위에는 육안으로도 식별이 가능한 운동화 발자국 2개가 발견됐다. 경찰은 이 발자국이 누구의 것인지조차 알아보려 하지 않았다. 사건발생 이틀 후인 12월 1일 여관주인 김모 씨가 참고인으로 나와 사건 당일 새벽 3시 30분 김 순경이 이 양과 함께 투숙하기 직전 시트를 점검해보았는데 깨끗해서 갈지 않고 그대로 두었다고 진술했는데도 경찰은 이 발자국을 의심하지 않았다.

그러면, 제3자의 침입가능성에 대한 증거가 아니더라도 김 순경의 범행을 뒷받침할 물적 증거로서 꼭 필요했을 이 발자국에 대한 추적을 경찰은 왜 외면했나.

사건 당시 현장 감식을 담당한 수사팀 감식반의 김영길(金永吉) 경위는 김 순경이 풀려난 뒤 진상조사에 나선 검찰로부터 이 같은 질문을 받고, 발자국이 희미할 뿐 아니라 범인의 것이라면 2개밖에 없을 리가 없을 것이라고 생각했다고 대답했다. 그는 또 여관에 도착했을 때는 이미 4시간 이상 지난 뒤여서 현장에 다녀간 사람들이 침대 위에 올라갔을 것으로 생각했다고 말했다.

이 말은 수사과정에서 현장보존이 얼마나 엉망인지를 그대로 보여준다. 또한 김 경위 자신은 일반 수사를 담당하다 사건 발생 3개월 전에 아무런 사전교육도 없이 감식계로 배치받았다.

이 발자국은 뒤늦게 진범으로 붙잡힌 서진헌(徐鎭憲·당시 19세)의 것으로 드러났다. 사건 발생 직후 발자국만 정확히 추적했더라도 김 순경이 살인범이 아니라는 사실은 밝힐 수 있었다.

현장에서는 또 이 양의 10만 원짜리 수표 4장이 없어졌다. 이 수표는 사건 전날 이 양이 자신이 근무하던 카페의 여주인으로부터 빌린 것이었다. 수표는 12월 3일 은행에서 회수됐다. 회수된 수표에는 허진헌이라는 이름과 전화번호가 배서돼 있었다. 이들 중 허진헌이라는 이름은 나중에 진범으로 붙잡힌 서진헌과 성만 빼놓고 똑같은 이름이었다.

나중에 밝혀진 일이지만, 서 군이 훔친 수표를 당구장에서 사용하면서 불러준 이름을 당구장 종업원이 성을 틀리게 받아 적은 것이었다. 또 수표에 적힌 전화번호도 서군 친구의 전화번호였다. 서군이 무심코 친구의 전화번호를 배서한 것이다.

따라서 발자국과 마찬가지로 수표를 제대로 추적했더라면 진범이 바로 잡혔을 가능성이 높았다.

잃어버린 여관방 열쇠도 문제였다. 김 순경은 사건 당일 오전 7시쯤 여관방을 나왔다가 3시간가량 파출소 근무를 마치고 10시에 다시 여관으로 돌아가 이 양이 자고 있던 203호실 문을 두드렸다. 물론 아무런 응답이 없었다. 그 시간에 이 양은 이미 숨진 상태였기 때문이다. 김 순경은 1층 카운터로 내려와 여관 여주인으로부터 열쇠를 받아 올라갔다.

그러나 방문은 열리지 않았다. 여관주인이 203호 열쇠 대신 208호 열쇠를 준 것이다. 김 순경은 다시 1층으로 내려갔다. 그러나 203호 열쇠는 찾을 수 없었다. 분실한 것이다. 이는 누군가 203호 열쇠를 가지고 김 순경이 방을 나간 사이 침입했을 가능성을 말해주는 것이었다. 경찰은 이 부분에 대해서도 더 이상 조사하지 않았다.

김 순경은 사건 발생 12일 만인 12월 11일 검찰에 송치됐다. 담당검사는 서울지검 강력부의 김홍일(金洪一) 검사. 이 사건은 폭행치사 사건으로 형사부가 맡는 것이 관례였지만 피의자가 경찰관 신분이어서 강력부로 배당됐다.

김 검사는 충남 예산고를 거쳐 충남대 법대 4년 시절 사시 24회에 합격, 그 지방에서는 꽤 이름이 알려진 유명인사였다. 검찰 내에서도 점잖고 사람 좋기로 소문나 있었다.

김 검사는 12월 11일부터 26일까지 모두 4차례에 걸쳐 김 순경으로부

터 진술조서를 받았다. 조서는 처음부터 끝까지 김 순경이 범인임을 전
제로 이를 확인하는 식으로 작성됐다. 장황한 검사의 질문에 김 순경의
대답은 아주 짧았다. 짧을 수밖에 없었다. 검사가 계속 범인임을 전제
로 질문을 해갔기 때문에 "예" 또는 "아니오" 하는 식으로 답변할 수밖에
없었다. 게다가 김 순경은 심한 말더듬이었다.

김 순경은 조사를 받으면서 없어진 수표의 추적을 신신당부했다. 그
리고는 억울하니 진실을 꼭 밝혀달라고 애원했다.

그러나 검찰은 김 순경의 말을 귀담아 듣지 않았다. 왜 그랬을까. 진
범인 서 군이 범행사실을 자백한 뒤에 서울지검 강력부장은 그 이유를
묻는 기자들의 질문에 대해 "모든 감정(鑑定)과 감식(鑑識) 결과가 이
양의 사망시간을 김 순경이 여관에 함께 있었던 시간인 새벽 5시 30분
이전으로 추정하고 있어 김 순경을 범인으로 보지 않을 수 없었다"고 대
답했다.

실제로 이 양의 사체를 처음으로 검안한 경찰서 공의(公醫) 이상탁
(李相卓・당시 서울 성가병원 의사)은 사망시간을 오전 6~7시라고 추정
했다. 또한 국립과학수사연구소 이원태(李垣兌) 박사는 시체의 경직
도, 음식물의 소화상태, 항문의 온도 등을 종합해볼 때 이 양의 사망시
간이 새벽 3시에서 5시 사이로 추정된다는 감식의견을 보내왔다.

이 감정결과대로라면 범인은 김 순경이 거의 틀림없다. 김 순경은 사
건 당일 오전 7시 파출소에 출근했다가 3시간쯤 후 돌아와 이 양이 숨겨
있는 것을 발견하고 경찰에 신고했기 때문이다. 따라서 오전 7시 이전
에는 김 순경의 알리바이가 성립할 수 없었다.

그러면 이 같은 감정・감식결과는 검찰이 금과옥조(金科玉條)로 믿

을 만큼 신빙성이 있는 것이었을까.

감정과 감식과정을 자세히 검토해보면 검찰의 믿음은 오히려 어리석었다고 할 수밖에 없다. 이 양의 사체가 발견된 시간은 정확히 오전 10시 15분이었다.

그러나 공의(公醫) 이 씨가 검시를 시작한 것은 이보다 8시간이 지난 오후 6시쯤이었다. 112 신고 후 파출소, 경찰서, 시경 강력계 감식반이 모두 거쳐 간 뒤 사체를 병원으로 옮겨 검시를 시작한 것이다. 8시간이 지난 뒤의 첫 검시. 전문가들은 이를 두고 코끼리가 장님 만지는 격이나 다름없다고 지적한다.

국과수 이 박사의 의견도 마찬가지였다. 이 박사는 사건 다음 날인 1992년 11월 30일 사체를 부검했다. 이 박사는 부검 후 정확한 사망시간을 계산해내기 위해서는 15일 정도의 정밀검사가 필요하다고 밝혔다. 그러나 경찰은 김 순경의 구속을 위해 한시가 급하다며 경찰 자체 감식자료를 토대로 감식 의견을 말해달라고 독촉했다. 이 박사는 12월 4일 오후 새벽 3시 10분에서 5시 10분 사이에 숨진 것으로 추정된다는 의견을 통보했다.

당시 이 박사가 판단의 근거로 삼은 경찰자료는 항문온도 측정 시 온도계를 일정 깊이 이상 넣고 적어도 3회는 실시해야 한다는 가장 기본적인 수칙조차도 안 지킨 것이었다. 또 이 양이 여관 투숙 직전 술을 마신 사실도 누락했다. 이는 사망시간 추정에 중요한 영향을 미치는 내용이었다. 이 박사의 의견도 신뢰하기 힘든 것이었다.

검찰은 믿을 수 없는 믿음을 바탕으로 김 순경을 폭행치사가 아닌 살인혐의로 기소했다.

이 사건 1심은 서울형사지법 합의21부의 곽동효(郭東曉) 부장에게 배당됐다.

곽 부장이 이 사건을 맡은 것은 1993년 3월 초, 법원 정기인사에 따라 사법연수원 교수에서 서울형사지법 합의부로 옮기면서 전임 K부장으로부터 사건을 인계받았다. 김 순경에 대한 재판은 곽 부장이 인계받았을 때 이미 사실심리가 거의 끝난 상태였다.

김 순경은 법정에서 공소사실을 완강히 부인했다. 이 양과 여관에서 잔 것은 사실이지만 오전 7시쯤 자고 있던 이 양을 남겨두고 파출소로 돌아와 9시 30분까지 근무하고 다시 10시쯤 돌아가 보니 이 양이 숨져 있었다는 것이다.

경찰에서 자백한 것은 5일간에 걸친 잠 안 재우기 고문과 협박, 그리고 자백만 하면 살인이 아닌 폭행치사죄를 적용해 집행유예로 나오게 해주겠다는 회유 때문이었다고 주장했다.

5월 17일까지 4차례의 공판을 더 진행해보았지만 상황은 마찬가지였다. 곽 부장은 판결 선고를 앞두고 심각하게 고민했다. 유죄든 무죄든 결정적인 물증이 없었던 탓도 있지만 무엇보다 변호인과 가족들이 끝까지 무죄를 주장했기 때문이다. 특히 가족들은 사건현장에서 다른 발자국이 발견됐고 방 열쇠가 없어진 점, 이 양의 몸에서 김 순경의 혈액형과 다른 정액이 발견된 점 등을 일일이 지적하며 무죄를 주장했다.

혹시 주인공이 잠깐 나간 사이 누가 몰래 여관에 들어가 살인을 하고 뒤집어씌운 것은 아닐까? 곽 부장은 아주 오래전에 본 영화의 한 장면을 떠올려보기도 했다. 그러나 그가 배운 법은 합리적인 의심이 아니면 배척하라고 말하고 있었다. 영화 속의 한 장면은 합리적인 의심이 아니라고 그는 생각했다.

반면 국립과학수사연구소의 감식 의견은 김 순경이 진범이라는 심증을 굳혀주고 있었다. 여관주인도 7시쯤 김 순경 방으로 인터폰을 해보니 김 순경이 깨어 있었으며 김 순경이 나간 뒤에는 여관에 새로 들어온 사람이 없었다고 결정적으로 불리한 진술을 했다.

고문 주장에 대해서도 생각해보았지만, 경찰이 동료 경찰관을 수사하면서 그렇게까지 하지는 않았을 것이라는 생각이 우세했다.

고민에 고민을 거듭하다 곽 부장은 결국 유죄의 심증을 굳혔다. 배석판사 2명도 같은 의견이었다. 1993년 5월 27일 서울형사지법 318호 법정, 징역 12년이 선고됐다. 유죄가 선고되는 순간 김 순경의 어머니는 실신했다.

재판과정과 판결문을 자세히 들여다보면 1심 재판부는 나름대로 고민한 흔적이 있다. 특히 재판장은 마지막 순간까지 김 순경이 범인이 아닐 가능성을 놓고 인간이 인간을 재판하는 제도의 한계까지 생각하면서 고뇌를 했다.

그러면 재판부의 오판은 어디에서 비롯됐는가.

무엇보다 재판부는 검찰의 공소사실을 토대로 김 순경이 범인일 수밖에 없다는 예단을 갖고 재판을 진행한 흔적이 뚜렷했다. 그러다 보니 김 순경에게 불리한 정황이나 증언은 더 크게 잘 보이고 그 반대되는 내용은 파렴치한 범인의 거짓말 정도로 들렸던 것 같다.

1심 변호를 맡은 이명화(李明和) 변호사는 공판과정에서 △ 국과수의 사망시간 추정에 오차가 있을 수 있다는 점, △ 사건현장에서 혈액형이 AB인 정액이 묻은 휴지(김 순경의 혈액형은 B형)와 제3자의 것으로 보이는 족적이 나온 점, △ 없어진 이 양의 수표가 한꺼번에 배서돼 돌아온 점 등 수사과정에서 드러난 여러 의문점들을 지적했다.

또 이 양의 사체를 처음 검안한 공의(公醫) 이 씨도 법정에 증인으로 나와 시체의 경직상태로 보아 오전 6시 이전에 숨진 것으로 단정할 수 없다며 경찰에서의 진술과는 상반되는 증언을 했다.

그러나 재판부는 이 같은 내용을 모두 무시하고 검찰의 공소사실을 거의 그대로 인정했다. 특히 변호인과 가족이 △ 김 순경이 파출소로 돌아와 동료들과 고스톱을 친 것은 도저히 살인 후의 행동으로 볼 수 없으며, △ 김 순경이 돌아올 때까지 여관에 들어간 사람이 없었다고 한 여관주인 부부의 증언도 앞뒤가 안 맞는다고 주장했지만 재판부는 이를 모두 배척했다.

오판이 드러난 뒤 찾아간 L에게 당시 배석판사 중 한 명은 "결심 공판 때 김 순경이 숨진 이 양의 가족으로부터 욕설을 들은 뒤 돌아서서 억울한 표정으로 '나는 죄가 없다'고 말했는데, 당시에는 이를 보고 김 순경이 범인이 아닐 가능성이 있다고 생각하기보다는 그가 뻔뻔하다는 생각을 했다"고 말했다.

항소심은 서울고등법원 형사5부에 배당됐다. 재판장은 박용상(朴容相) 부장판사였다.

2심 변호인으로는 부장검사 출신의 반헌수(潘憲秀) 변호사가 선임됐다. 그는 검사 출신답게 △ 문제의 수표에 배서된 이름과 전화번호를 추적해 당시 다른 여관투숙객이 이 사건과 관련됐을 가능성을 제시하고,

△김 순경에게 불리한 참고인 진술을 한 20대 투숙객 3명이 14∼20년 간 같은 번지에 살았다는 사실을 새로 발견, 이들이 사전에 공모해 허위진술했을 가능성이 있다고 주장했다.

반 변호사는 또 1심에서 검찰 측 증인으로 나왔던 국과수 부검의 이원태 박사를 이번에는 피고인 측 증인으로 내세워 사망추정시간은 3∼4시간의 오차가 발생할 수 있으므로 절대적인 신뢰를 할 수 없다는 진술까지 받아냈다.

반 변호사는 미국 디트로이트 검시의학연구소에 유학 중인 이 박사가 모친 사망으로 잠시 귀국한 틈을 타 증인으로 출석해줄 것을 끈질기게 설득, 이 같은 증언을 받아내는 데 성공했다.

그러나 이 같은 변호인의 노력에도 불구하고 재판부는 항소를 기각하고 1심과 같이 징역 12년을 선고했다.

반 변호사는 최후변론에서 진범은 열쇠를 소지하고 수표를 사용한 인물이 틀림없으며 이 재판을 보고 어둠 속에서 웃고 있을 것이라고 호소했지만, 이는 공허한 외침이 되고 말았다.

항소 기각으로 김 순경이 교도소 안에서 실의와 좌절에 빠져 있던 1993년 11월 24일, 서울 관악경찰서에 강도상해 혐의로 붙잡혀 있던 서진헌은 담당경찰관에게 뜻밖의 자백을 했다. 그는 전날 밤 11시쯤 관악구 봉천8동에서 핸드백 들치기를 하다 붙잡혔다.

"작년 이맘때 일어난 신림동 여관 살인사건의 범인은 접니다. 그동안 사람을 죽였다는 괴로움 때문에 한강에 투신자살할 생각까지 했는데, 자수하고 나니 개운합니다."

경찰로부터 보고를 받은 서울지검 강력부는 곧바로 서진헌을 송치 받아 김 순경 수사를 담당했던 김 검사에게 수사하도록 했다.

검찰 조사결과 서진헌이 숨진 이 양의 핸드백에서 훔친 수표 2장을 성만 허 씨로 바꾸고 친구의 전화번호를 배서해 사용했다는 사실이 확인됐다. 서 군은 사건 당일 새벽 김 순경이 여관방을 나간 뒤 물건을 훔치러 여관방에 침입했다가 인기척에 잠을 깬 이 양을 목 졸라 살해한 뒤 빠져나간 것이다.

서 군은 부모와의 면회에서도 담담하게 범행사실을 털어놨다. 검찰은 몇 차례 논란을 겪기는 했지만 서 군이 진범이라는 결론을 내리고 자백하는 장면을 비디오 필름으로 녹화해두었다.

검찰은 김 순경에 대한 구속취소를 대법원에 신청했고, 대법원도 1993년 12월 16일 구속취소 결정을 내렸다.

오판이 확인된 1993년 12월 10일, L은 곽 부장을 만났다. 그는 몹시 곤혹스런 표정을 지었다. 오판 충격에 밤새 잠도 제대로 못 잔 듯 초췌한 모습이었다.

"국민께 죄송합니다. 면목 없습니다. 앞으로 겁이 나 재판을 제대로 못할 것 같습니다. 판사라는 직업에 회의가 들기도 하고⋯."

박 부장도 오판 사실에 곤혹스러워 했다. 그는 아직도 김 씨가 진범이 아니라는 사실이 쉽게 납득이 안 된다고 했다.

"어느 재판부가 이 사건을 맡았더라도 유죄판결을 내렸을 겁니다. 그 정도 정황이면 항소심 재판부도 항소를 기각할 수밖에 없었습니다."

"범행을 인정할 만한 직접적인 물증이 없지 않았습니까?"

"100% 확실한 증거를 가지고 하는 재판은 하나도 없습니다."

박 부장은 "사실 심리는 1심에서 거의 결정된다. 곽 부장이 몹시 충격을 받은 것 같다"는 말도 했다.

07

살인누명을 쓰고 1년 넘게 구속되었으며 1, 2심에서 유죄판결까지 받았던 김기웅 순경은 진범의 자백으로 누명을 벗고 1994년 5월 12일 경찰에 복직했다. 그는 한동안 수원 남부경찰서 태장파출소 등에서 근무하다 1997년 7월 22일자로 퇴직했다. 2001년 현재 그는 수원시 팔달구 매탄동에 살고 있다.

판사와 검사, 변호사를 대신해서 김 순경의 누명을 벗겨준 진범 서진헌은 그 후 강간살인 혐의로 구속 기소돼 1994년 3월 1심에서 징역 10년을 선고받았다.

서 씨의 항소심 판결 결과는 더 이례적이었다.

서울고법 형사4부는 1994년 6월 10일 서 씨에게 징역 7년을 선고했다. 강도살인죄는 법정 형량이 사형과 무기징역밖에 없다. 법관의 재량에 따라 감경(減輕)을 할 수 있는데, 그 최저선이 징역 7년이다. 서 씨는 법률적으로 가능한 최저(最低) 형량을 선고받았다.

L은 당시 서 씨의 항소심 주심판사였던 김종훈(金宗勳) 변호사를 만나 그 이유를 물었다.

"기록을 보니 서 씨의 자발적인 자백이 아니었다면 김 순경은 누명을 벗기 어려웠을 것 같다는 생각이 들었습니다. 서 씨 사건은 김 순경 사건과는 직접 관련이 없었지만 인간적으로 서 씨가 고맙다는 마음이 들었습니다. 판사 여부를 떠나 같은 인간으로 참 고마웠죠. 물론 범행사실 자체는 나빴지만. 그래서 형량을 최대한 낮춰 선고했습니다."

서 씨에 대한 극히 이례적으로 관대한 판결은 서 씨의 자백에 대한 재판부의 감사의 표시였던 것이다.

한 가지 아이러니는 이처럼 관대한 판결을 한 재판부의 재판장이 김시훈 씨 사건 항소심에서 오판을 한 바로 그 판사라는 사실이다. 김시훈 씨의 1심 무죄판결을 뒤집고 유죄를 인정해 징역 15년을 선고했던 신○○ 판사가 서울고등법원 형사부장이 되어 또 다른 오판사건의 진범에게 이례적으로 관대한 판결을 내린 것이다.

제 4 장

진 실 (眞實)

01
—

진범이라는 우연이 없다면 진실은 어떻게 될까.

무기수 정○○ 씨 사건은 '진범(眞犯)의 자백(自白)'이라는 우연이 없다면 진실이 얼마나 험난한 것인지 생생하게 보여주었다.

2001년 10월 중순, 경북 김천시 양천동 하교사 옆 나지막한 야산. 김천 시외버스터미널에서 택시를 타면 30분 정도 걸리는 한적한 곳이다.

얼마 남지 않은 머리카락마저 하얗게 센 한 노인이 무덤 앞에 앉아 있었다. 그는 고개를 숙인 채 뭔가 혼잣말을 하고 있었다. 기도를 하는 듯했다.

그는 기도가 끝난 뒤에도 멍하니 하늘만 바라보며 일어설 줄 몰랐다. 얼마쯤 지났을까. 그는 한참 만에 자리에서 일어나더니 가방 속에서 조그만 물건을 꺼냈다. 낡은 카세트녹음기였다. 테이프를 끼우고 버튼을 눌렀다. 시대에 뒤처진 듯한, 귀에 익은 멜로디가 흘러나왔다.

당신도 울고 있네요 잊은 줄 알았었는데
옛날에 옛날에 내가 울듯이
당신도 울고 있네요

1980년대 유행하던 〈당신도 울고 있네요〉란 노래였다. 첫 곡은 3～4분
만에 끝났다. 다음에도 똑같은 노래가 이어졌다. 그 다음에도, 또 그
다음에도. 앞면이 다 끝나고 뒷면으로 돌아가도 똑같은 노래가 이어졌
다. 노인은 테이프 전체에 똑같은 노래를 녹음해 틀어놓고 있었다.

그의 눈에는 눈물이 가득 고였다. 무덤 속의 당신도 울고, 노인도 울
고 있었다.

노인은 정○○ 씨(67). 1972년 9월 세상을 떠들썩하게 한 강원도 춘
천파출소장 딸 강간살인사건의 범인으로 구속 기소돼 1～3심에서 무기
징역을 선고받은 흉악범이다.

그는 15년 2개월간 복역하다 1987년 12월 모범수로 출소했다. 그
후 다시 15년 동안 산골에 숨어 혼자 사슴을 기르고 농사를 지으며 살
아왔다.

무덤의 주인은 고 이범열(李範烈) 변호사. 이 변호사는 1973년 정 씨
가 1심 재판에서 살인죄가 인정돼 무기징역을 선고받고 실의에 빠져 있
을 때 춘천까지 찾아와 얘기를 들어주고 항소심과 상고심 변론을 모두
무료로 맡아줬다. 이 변호사는 1971년 서울지법 부장판사 시절 전국의
판사들이 정권과 검찰에 맞서 집단사표를 냈던 제1차 사법파동의 주역

으로, 그 파동 끝에 불운하게 법복을 벗은 주인공이다.

이 변호사의 치열한 변론에도 불구하고 정 씨는 대법원에서 유죄가 확정됐다. 대법원 선고가 나던 날 이 변호사는 3일 동안 식음을 전폐하고 술로 날을 지새웠다. 그는 "확정된 판결은 진실로 추정된다"는 영국법 격언에 대해 "개똥 같은 소리"라면서 울분을 표했다.

1996년 암으로 죽기 직전, 이 변호사는 정 씨에게 사건기록을 넘겨주면서 재심을 신청해보라는 유언을 남겼다.

정 씨는 1999년 서울고등법원에 재심을 청구했다. 2년 가까이 모든 것을 바쳐가며 재심 재판에 매달렸다.

2001년 10월 5일, 재심결과가 나왔다. 기각!

정 씨에게 진실은 너무나 멀었다. 무덤 속에나 있는지도 몰랐다.

재심 기각 후 이 변호사 무덤을 찾았다. 좋든 나쁘든 소식을 알려드려야 했다. 녹음테이프의 노래는 이 변호사가 생전에 자주 부르던 18번이었다.

02
___

정 씨가 L을 찾아온 것은 2000년 11월 초, 대검찰청 기자실에 나타난 그는 낡은 콤비 양복 차림에 중절모를 쓰고 있었다.

정 씨는 2년 전 시작된 중풍증세로 왼쪽 팔을 제대로 못 쓴다고 했다. 그는 이 세상에서 자신에게 주어진 시간이 얼마 남지 않았다며 진실을 들어달라고 했다.

정 씨 사건은 L에게 낯설지 않았다. 1971년 사법파동의 주역으로 법복을 벗은 이범열 변호사가 1994년 서울변호사회가 발간하는 법조 월간지 〈시민과 변호사〉에 "정 씨 사건만 생각하면 창자가 부글부글 끓는다"며 기고한 글을 읽은 적이 있다. 이 변호사가 쓴 글의 제목은 "소금에 절인 잉어"였다. 왜 잉어를 소금에 절였을까.

소금에 절인 잉어

… 정○○은 대법원에서도 상고가 기각돼 결국 강간살인의 무기수가 되었다. 영국의 법 격언에 "확정된 재판은 진실한 것으로 추정한다"는 말이 있다. 나는 이런 격조 높은 격언을 개똥 같은 소리로 생각하고 있다.

정○○은 오랜 징역살이를 마치고 1987년 가석방으로 광주교도소에서 출소해 나를 찾아와 무기징역을 받게 해준 무능한 변호사에게 한없는 고마움을 말했다. 들으니 가족들과 헤어져 단신 전라도 어떤 두메산골 속에 들어가 개간사업을 하면서 초가집을 짓고 하느님의 말씀을 전도하는 사업을 하고 있단다. 전라도로 시집간 누이가 죽으면서 자기 것인 산을 동생이 징역살고 나오면 주라고 유언했다고 한다.

그 뒤 이 친구는 한 해에 한 번 두 번 어쩌다 찾아온다. 올 때마다 무엇을 가지고 온다. 처음에는 직경이 30센티미터는 될 듯한 구부러진 칡뿌리를 들고 왔는데 숙취에 좋다고 해서 집에서 도끼로 빠개다가 손을 다쳐 홧김에 마당 한구석에 던져 버렸다.

다음에는 제대로 익지도 않은 떫은 감을 한 상자 메고 왔다. 단감도 안 먹는 내가 그것을 달가워할 리가 없다. 어떻게 사무실에서 처리한 것으로 기억한다.

세 번째는 살모사를 됫병 소주 속에 담가가지고 가져왔다. 아주 오래

된 살모사여서 현지에서 5만 원 준다는 것을 영감님 생각해서 술에 담가 가지고 왔다고 했다. 한 6개월 놔뒀다가 자시면 크게 보신이 된다고 했다. 사무실 한구석에 놔뒀다가 어느 날 놀러온, 별명이 땅군인 초등학교 동창에게 말하니 시판하는 소주에 담근 것은 위험하다며 밖에 나가 배갈을 몇 병 사오더니 옮겨놓고 다시 봉인을 하고 갔다.

그 뒤 어떤 의뢰인과 얘기하다가 신경통에는 뱀술이 최고인데 자기 부인이 신경통으로 고생한다고 해서 청소도 할 겸 그 살모사 배갈을 하사했더니 춤추듯 좋아하며 가지고 나갔다. 살모사를 안 보게 된 사무실 여직원들도 좋아했다.

어느 해 초여름, 이번에는 잉어를 두 마리 잡아가지고 왔다. 아침 일찍 논 물 빼는 저수지에 손으로 만든 낚시를 담갔더니 삽시간에 잉어 3마리가 잡혔다고 한다. 걷고 버스 타고 또 기차를 갈아타야 하는 먼 길이기에 행여 가는 도중 상할까 싶어 배를 갈라 창자를 훑어내고 소금을 듬뿍 쳤다고 한다.

소금에 절인 고등어자반은 내가 특히 좋아하는 음식이지만 소금에 절인 잉어는 듣기도 처음이다. 가져가라고 고함을 질렀지만 매운탕으로 끓여 자시라고 끝내 놓고 갔다. 집에 가져가봤자 좋은 말 못 들을 것은 불을 보듯 하다. 사무실에서도 아무도 가져가겠다는 사람이 없다. 그래서 운전사를 불러 빌딩 경비실에 소줏값을 얹어 하사했더니 다음 날 경비실 대표가 와서 너무나 고맙다고 크게 인사했다. 맛이 기가 막혔다고 했다.

다음에는 또 무엇을 가져올지 불안해서 다시 뭣을 들고 오면 사무실 출입을 안 시키겠다고 했더니 그 뒤로는 아무것도 안 가지고 온다.

하루는 "영감님, 녹용이 체질에 맞습니까?" 묻는다. 그동안 모은 돈으로 꽃사슴을 두 마리 샀다고 들었다. 놔뒀다가는 애꿎은 꽃사슴 뿌리를 잘라올 것 같아 나는 녹용이 체질에 절대 안 맞는다고 했다. 사실 나는 인삼은 안 맞고 녹용만 맞는다고 한의사가 그랬었다.

근래 몇 해는 소식이 없다. 소식이 없는 것이 내게는 더 고맙다. 그 친구 얼굴을 볼 때마다 그때 그 사건이 생각나고 그러면 창자가 부글부글 끓어오른다 ….

정 씨가 L을 찾아온 데는 이유가 있었다. L은 이 변호사가 타계한 직후 〈시민과 변호사〉 1996년 3월호에 이 변호사를 기리는 글을 썼다. "가슴이 따뜻한 변호사"라는 제목의 글이었다.

정 씨는 이 변호사가 타계한 뒤 이 변호사가 남긴 글들을 수집하러 다녔다. 국립중앙도서관에 가서 《정동 언저리에서》라는, 절판된 이 변호사 저서를 찾아내 책 전체를 복사한 일도 있다. 그는 2000년 여름 서울 서초동 서울변호사회 도서관에 들러 〈시민과 변호사〉를 뒤적이다가 L이 쓴 글을 발견했다. 정 씨는 이 변호사를 존경하는 사람이라면 얘기가 되겠다 싶어 L을 찾아왔다고 했다.

마침 정 씨 재심사건을 맡은 박찬운·이백수·임영화 변호사는 L이 잘 아는 변호사들이었다. 박 변호사는 L의 법대 동창이었고 이 변호사와 임 변호사도 이런저런 인연으로 잘 알고 지내는 사이였다.

L은 팀 후배기자들과 함께 정 씨가 건네준 1천 쪽이 넘는 사건기록과 1~3심 판결문을 꼼꼼히 읽기 시작했다. 그리고 강원도 춘천과 충남 천안, 경남 진주 등 전국 각지를 돌며 사건 당시 증인들을 찾아 취재하기 시작했다.

L은 이 사건을 다시 검증해보기로 했다. 어두웠던 시절, 민초(民草)들이 겪은 고난의 편린을 기록하고 증언하고 싶어졌다.

03
—

1972년 9월 27일 발생한 강원도 춘천 초등학생 강간살인사건은 전국에 큰 충격을 던진 엽기적인 강력사건이었다. 파출소장의 딸로 11살 여학생이었던 피해자 장○○ 양은 주택가에서 멀지 않은 논두렁에서 발가벗겨진 채 강간당한 시체로 다음 날 이른 아침 근처 주민에 의해 발견됐다.

당시는 박정희(朴正熙) 정권이 10월 유신을 본격 추진하던 시기로, 전국에 비상계엄이 내려지기 직전이었다. 사건발생 직후 김현옥(金玄玉) 내무부장관은 10월 10일까지 시한을 정해 범인을 검거하라고 경찰에 지시했고, 경찰은 연수 중인 춘천서 수사과장까지 원대복귀시키는 등 범인 검거에 총력을 기울였다.

경찰은 검거시한 하루 전인 10월 9일 피해자 장모 양과 같은 동네에 사는 왕국만홧가게 주인 정 씨(당시 38세)를 범인으로 전격 발표했다. 정 씨는 지방의 2년제 대학을 나와 경북 청송 등에서 무자격 초등학교 교사 등으로 일하다 1968년 큰아들이 뇌수막염을 앓다 죽자 고향 춘천으로 돌아와 만홧가게를 운영해왔다.

정 씨는 사건발생 이틀 후인 9월 29일 동네 술집여자와 윤락을 했다는 이유로 즉심에 넘겨져 구류 5일을 선고받고 구금됐다가 10월 4일 석방됐었다. 경찰은 10월 7일 다시 정 씨를 연행해 조사한 뒤 9일 범인으로 발표했다.

정 씨가 범인으로 지목된 직접적인 이유는 그의 만홧가게 종업원 김 모 양(당시 16세)과의 내연관계 때문이었다. 당시 김 양은 김 씨와 내연 관계를 맺고 지내다 헤어져 경기도 문산으로 일자리를 찾아 떠났는데, 그곳에서 정 씨에게 보낸 편지가 경찰에 압수됐다. 정 씨는 경찰관들에 게 변태성욕자로 의심받으며 추궁당했다.

경찰은 정 씨의 만홧가게에 자주 드나들던 한○○(당시 10세)의 증언 도 확보했다.

정 씨에 대한 경찰의 최초 피의자 신문조서는 10월 9일 작성됐다. 경 찰에 연행된 지 이틀이 지난 뒤였다. 1차 피의자 신문조서에서 정 씨는 "피해자 장 양을 강간 살해한 사실이 있느냐"는 질문에 "그렇다"고 순순 히 자백한 것으로 기록돼 있다.

정 씨는 1973년 3월 춘천지법에서 유죄가 인정돼 무기징역을 선고받 았고, 그해 8월 서울고법에서 항소 기각됐다. 같은 해 11월 27일 대법 원에서 무기징역이 확정됐다.

1심 변호사로는 함○○ 변호사(당시 64세)가 선임됐다. 변호사 비용 이 없어 나이 많은 국선변호인에게 기댈 수밖에 없었다.

L의 팀 일행은 정 씨 사건의 진실을 밝히는 과정에서 1972년 당시 수사 검사, 1973년 피고인을 재판한 1, 2심 재판부 판사 4명을 2001년 4월 만났다. 후배기자 S가 2001년 3월 이들과 접촉했다. 대부분 직접 만났 고, 접촉을 꺼리는 수사검사만 전화로 통화했다.

당사자들은 대부분 변호사로 활동 중이었고 항소심 판사 한 명은 작고한 뒤였다. 28년 이상의 세월이 흐른 뒤여서 이들은 사건을 거의 기억하지 못한다고 했다.

수사검사였던 정○○ 변호사(60)는 최근 정 씨가 재심을 신청했다는 얘기를 듣고 기억을 더듬어보았지만, 워낙 오래된 일이고 다른 사건과 기억이 얽혀 말해줄 만한 것이 없고, 또 기억이 난다고 해도 검사는 기록과 공소장으로만 말할 뿐이라고 했다.

1심 재판장이었던 윤○○ 변호사(67)는 내내 연락이 닿지 않았다. 당시 초임 배석판사로서 재판을 지켜본 현직의 김○○ 판사(54)는 희미한 기억을 가지고 있었다.

"피고인이 잘생겼고 학식도 있어 보여서 정말 살인을 했을까 생각한 기억이 납니다. 그가 자신은 무죄라고 강변했지만, 만홧가게에서 일하던 소녀와 성관계를 맺은 사실이 드러나 재판부가 그의 무죄 주장을 믿지 못한 것도 같고요."

김 판사는 당시 정 씨가 고문을 당해 허위자백을 했다고 강하게 주장해 늦은 밤에 사건현장에 나가 검증도 하고, 재판도 1심 구속기간이 끝날 때까지 오랫동안 진행했다고 기억했다.

항소심 재판장이었던 박○○ 변호사(76)와 주심이었던 김○○ 변호사(68)는 "전혀 기억이 나지 않는다"며 미안하다고 했다.

특히 김 변호사는 S가 가지고 간 판결문을 꼼꼼히 읽어본 뒤, "도장을 보니 내가 주심을 맡았던 것은 맞는데 기억이 나질 않는다. 당시 고등법원에서 다루던 사건이 워낙 많아 충분한 심리를 하지 못했고, 1심 판결에 무리가 없었는지만 겨우 살폈던 것으로 기억한다"고 말했다.

배석판사였던 오○○ 변호사(64)는 당시 이범열 변호사가 사무실에 찾아와 "피고인은 정말 억울하다. 열심히 해서 무죄를 밝히겠다"고 말한 것이 생각난다고 했다.

04
—

수사와 재판기록에 나타난 정 씨의 공소사실은 비교적 단순하다. 정 씨는 사건 당일인 1972년 9월 27일 밤 8시경 춘천시 우두동 집을 나서 30분 뒤 280여 미터 떨어진 자신의 만홧가게에 도착했다. 정 씨는 만홧가게 앞에서 피해자 장 양을 우연히 만나 620여 미터 떨어진 농촌진흥원 옆 논둑으로 가 8시 50분경 강간한 뒤 살해했다는 것이다.

유죄판결의 근거는 비교적 단순했다. 정 씨의 검찰에서의 자백(검찰조서 1, 2회)과 자백 녹음테이프, 동네 주민인 한동○, 이계○, 김지○, 이상○, 김명○, 이성○, 유병○의 경찰과 검찰 법정에서의 진술이 있었다. 또 정 씨가 운영하던 만홧가게 여종업원인 김정○과 정 씨 아들인 정재○의 진술, 그리고 피해자의 장○○의 위(胃) 내용물에 대한 국립과학수사연구소의 감정서와 범행현장에서 발견된 음모에 대한 국과수의 감정서, 머리빗, 동아연필, 백색 팬티 등이었다. 결정적인 물증은 없었고 정황과 증언, 자백이 전부였다.

L은 수사와 재판과정에서 비중 있게 다뤄진 증거와 진술을 하나씩 검증해 나가기로 했다.

2001년 3월 13일, 29년 만에 찾아가본 현장은 사건 당시와는 많아 달라져 있었다. 범행 직전 정 씨와 피해자 장 양이 만났다는 정 씨의 만홧가게 자리에는 대규모 아파트 단지가 들어서 있었다. 정 씨의 집이 있던 자리엔 병원이 들어섰고 또 다른 주택가 만홧가게도 사라져 없었다.

장 양의 사체가 발견된 논둑은 그대로 있었다. 달라진 것은 논둑 넓이가 2~3배 넓어졌다는 것뿐이다.

사건 직후 목격자들이 정 씨가 발을 씻는 모습을 보았다던 개천 자리는 주택가로 변해 있었고, 그 자리와 연결돼 논둑까지 흐르는 개천은 그대로 있었다.

한동○ 씨는 정 씨 구속과 기소, 유죄판결에 결정적인 진술을 했다. 그는 사건 당시 춘천 S초등학교 4학년으로 피해자 장 양의 1년 후배였다. 사건 당시 범행장소인 정 씨의 만홧가게 부근에 살고 있었으며 정 씨와 장 양 모두 잘 알고 있었다.

한 씨는 경찰, 검찰, 법원에서 목격자 진술을 했다. 그는 "사건 당일인 1972년 9월 27일 저녁에 정 씨가 운영하는 왕국만홧가게에 TV를 보러 갔다가 보지 못하고 가게 앞에 있을 때 피해자 장○○가 아래 동양여관 쪽에서 올라오는 것을 보았으며 집으로 돌아가다가 되돌아보니까 장○○가 만홧가게 안으로 들어가는 것을 보았다"고 진술했다.

한 씨의 증언은 '범인' 정 씨가 범행 직전 피해자 장 양을 만나 자신의 만홧가게로 데리고 갔다는 공소사실을 결정적으로 뒷받침하는 것이었다.

한 씨는 1962년생으로 사건 이후 춘천시 퇴계동에 살다가 2000년 강원도 홍천으로 이주했다. 한 씨는 오래 전 자신의 집이 있던 땅에 아파트

단지가 들어서면서 땅을 팔아 마련한 돈으로 사업을 하고 있었다. 원래 춘천에서 목재상을 하다 정리하고, 홍천여고 옆에서 꽤 큰 규모의 B마트라는 창고형 슈퍼마켓을 운영 중이었다. 후배기자 M이 2001년 3월 13일 홍천에서 한 씨를 만났다.

한 씨는 당시 사건내용을 또렷이 기억하고 있었다.

"1972년 사건 당시 그렇게 진술한 것은 맞습니다. 그러나 그 내용은 사실이 아닙니다. 당시 장○○가 올라오는 것을 보지 못했고, 그가 만홧가게로 들어가는 것을 보지도 못했어요. 경찰에서 그냥 사람을 보았다고 했는데 경찰이 장○○를 본 것으로 유도신문을 해서 겁이 나서 그렇다고 말한 겁니다. 그때 경찰이 사탕을 사주었습니다.

나는 당시 너무 어두워서 누가 누군지 분간하지 못했고 또 사람이 올라오는 것만 보았지 그가 만홧가게로 들어가는지는 못 보았습니다. 검찰이나 경찰에서 똑같이 진술했는지는 기억이 잘 안 나지만, 그렇게 했다면 경찰에서 진술한 내용을 번복하기가 어려워서 그랬을 겁니다. 나는 일생에 딱 한 번 경찰조사를 받은 데다 어릴 적 충격이 너무 커 진술경위를 정확히 기억하고 있습니다. 분명한 것은 당시 나는 피해자 장○○를 본 사실이 없다는 겁니다."

한 씨는 M이 가져간 녹음기를 끄자 더 강하게 말했다.

"나는 (경찰이 수사결과로 내놓은 상황을) 본 적이 없어요. 양심의 가책을 느낍니다. 어리고 판단력이 떨어진다는 것으로 내 책임을 모면할 수는 없는 것 아닙니까. 물론 나는 당시 정말 어리고 아무 생각이 없었죠. 그러나 내가 만약 당시 '누군지 잘 못 봤고 그 사람이 만홧가게를 들어가는지 알지 못했다'고 말했다면 적어도 정 씨 아저씨가 진범이라는 혐의를 약하게 할 수 있었던 것 아닙니까. 정말 가슴이 무겁습니다."

이계○ 씨(여)는 1938년생으로 사건 당시 정 씨의 먼 친척이며 이웃 주민이었다. 춘천시 후평2동에 그대로 살고 있던 이 씨는 사건 당시 경찰과 검찰에서 다음과 같은 내용의 목격자 진술을 했다.

"사건 당일 범행현장 부근 식당의 가로등 건너편에서 정○○이 소변을 보고 있는 모습을 보았다. 사건 발생 8일 뒤인 10월 5일 정 씨의 부인이 출산 직전이어서 그 집 빨래를 해준 적이 있는데, 정 씨 팬티에 붉은 피가 묻어 있었다."

이 씨는 법정에서는 약간 말을 바꿨다. 팬티에 묻은 것이 붉은 피라고 했다가 과일 물 비슷한 것이라고 했다.

이 씨도 춘천에서 M이 만났다. 2001년 3월 13일 오후 2시 30분쯤 이 씨의 집을 찾았다. 그러나 집안에는 아무도 없었다. 근처 아파트단지 앞에서 슈퍼마켓을 운영하는 이 씨의 아들 김○○ 씨를 만났다. 김 씨는 "정 씨 입장을 이해하지 못하는 것은 아니다. 하지만 아들로서 내 어머니도 보호해야겠다. 어머니는 건강히 안 좋아 누구를 만나기 어려운 형편이다"고 말했다.

M은 "정 씨도 세상을 떠날 날이 얼마 안 남았다. 본인과 그 가족이 겪은 고초를 잘 알지 않느냐. 죽기 전에 명예회복이라도 해야 하지 않겠느냐"고 말했다. 한참 동안의 설득 끝에 M은 이 씨와 접촉, 증언을 들을 수 있었다.

"빨래를 할 때 얼룩이 있었으면 그냥 뒀겠나. 그때 빨래를 주로 시냇가 철조망에 널었는데, 널 때 얼룩을 봤다면 그냥 두지 않았지. 빨아서

지지 않으면 끓였겠지. 빨래에 여자들 달거리한 흔적 때문에 붉은 얼룩이 있으면 무조건 끓여서 없앴어. 그런데 나중에 경찰이 빨래한 팬티에 남아 있는 얼룩이라며 보여줬어. 말이 안 돼. 내가 얼룩을 봤다면 지웠을 것이고 못 봤다면 남아 있는 것일 텐데 ….

사건이 일어나고 며칠이 지나 밤중에 형사들이 갑자기 찾아와 파출소로 데리고 가서 파출소 뒷방에서 조사받은 일이 있지. 위압적인 분위기여서 겁이 많이 났어. 검사에게도 불려가 조사를 받았고. 조서에는 내가 정○○의 옷을 빨 때 팬티 앞부분에 붉은 것이 묻어 있는 것을 보았다고 돼 있는데, 사실이 아냐. 그때 험악한 분위기여서 사실대로 말할 수가 없었어. 지금도 분명히 기억하는 것은 당시 정 씨 팬티를 빨 때 빨간 것은 보지 못했다는 거야.

또 식당의 가로등 건너편에서 누군가 오줌을 누는 것을 보았지만 그것이 정 씨였는지는 몰라. 어두워서 누군지 알 수 없었어. 검찰에서도 사실을 말하지 않은 것은 동네사람들이 검찰에 가서 진술을 바꾸면 쇠고랑 찬다고 해서 겁이 나서 그런 거야.

법정에서는 팬티에 묻은 피를 보았냐고 묻기에 과일 물이 떨어져 있는 것으로 생각했다고 진술했지. 그렇게 말한 이유는 검찰 진술을 번복할 용기가 나지 않은 데다, 그렇다고 해서 사실과 다른 거짓말을 할 수도 없어 둘러댄 거야. 30년 가까이 지난 일이지만 60 평생 살아오면서 처음이자 마지막으로 겪은 일이기 때문에 선명하게 기억하지.”

사건 당시 정 씨의 만홧가게 여종업원이었던 김정○ 씨의 진술은 정 씨의 유죄 입증에 결정적 역할을 했다. 김 씨는 당시 중학교 3학년을 자퇴

하고 정 씨 만홧가게에 와서 종업원으로 일했다. 당시 장 양의 사체가 발견된 범행현장에서는 조그만 머리빗이 하나 발견됐는데, 김 씨는 문제의 빗이 자기가 가지고 있다가 정 씨에게 준 것이라고 진술했다. 이 빗은 정 씨의 범행을 입증하는 결정적인 증거였다.

김 씨는 1심 법정에서 이 진술을 번복했다. 검찰은 김 씨의 진술번복을 문제 삼아 김 씨를 위증혐의로 구속했다. 정 씨는 당시 자신은 머리숱이 거의 없어 빗을 가지고 다니지 않았다고 주장했다. 실제로 당시 〈강원일보〉에 실린 정 씨의 얼굴사진을 보면 머리숱이 적고 아주 짧은 모습이다.

2001년 3월 17일 충남 천안시에 살고 있는 김 씨를 만나 인터뷰했다.

— 범행현장에서 발견된 빗과 당신이 정 씨에게 준 빗이 똑같은 것인가?

"전혀 아니다."

— 왜 그 빗을 봤다고 진술하게 됐나.

"경찰들이 나를 잡아갔다. 사농동파출소 뒷방에 가둬놓고 경찰 4~5명이 들어와서 나를 둘러싸고 위협했다. 정말 겁이 났다. 그 공포심은 지금도 잊히지 않는다. '그 사람이 죽이는 것 봤냐'고 하면 '봤다'고 할 정도였다."

— 경찰이 빗을 보여줬나.

"기억이 잘 나지 않는다. 하지만 내가 그걸 처음부터 본 적이 없으니까 봤다고 할 수가 없었다. 그랬더니 경찰이 '네가 어떻게 그걸 못 볼 수가 있느냐. 분명히 봤지 않느냐'며 다그쳤다. 돌아가면서 무섭게 한마디씩 하는데 꼭 죽일 것 같았다."

— 경찰이 때렸나.

"머리채를 잡고, 흔들고, 거짓말을 한다고 욕하면서 사람 취급을 안했다. 그래도 나는 진짜 본 적이 없었다. 그러니까 경찰은 정 씨 본인이 시인하는데 거짓말을 한다고 하면서 진술을 강요했다. 그래서 할 수 없이 거기서 빗을 봤다고 하니까 그때부터 나를 대하는 태도가 완전히 180도 바뀌었다. 머리를 쓰다듬어주고, 귀여워하고 ⋯."

— 그래서 봤다는 진술을 검찰에 가서 그대로 했나.

"그랬다. 그때 같이 있던 경찰 두세 명이 나를 검찰에 데리고 갔다. 나한테 다짐 다짐을 하고 그래서 그대로 했다."

— 나중에 정 씨가 검찰에 불려왔을 때 당신은 검사 앞에서 빗을 보지 못했다고 말하지 않았나.

"그렇다. 정 씨가 끌려와 수의를 입고 있는 것을 보니 '정말 내가 이러면 안 되겠다'는 생각이 들었다. '내가 한 말이 크게 좌우됐구나' 이런 생각이 들었다."

— 재판에서는 빗을 봤다고 증언했는데.

"겁이 나서 그랬다. 봤다고 했다가 안 봤다고 하니까 경찰들이 나를 들들 볶았다. 다시 파출소로 데려가서 '왜 안 봤다고 하느냐'면서 봤다고 할 때까지 나를 놔주지 않았다."

— 그 뒤에 재판에서 원래 증언을 번복하고 못 봤다고 증언했다. 왜 그랬나.

"정 씨 면회를 갔었다. 가니까 정말 안 돼 보였다. 그래서 그냥 있을 수 없었다. 각오하고 말했다. 그 어린 마음에 위증한 것이 나를 계속 따라다녔다. 내가 평생 이것에 묶여서 사느니 차라리 말을 해야겠다고 생각했다. 그것만 밝혀졌으면 원이 없겠다 하는 생각에. 그래서 그 어린 나이에 징역 6개월을 살았다."

김 씨는 남편이 몇 년 전 암으로 죽는 바람에 화장품 외판원과 파출부 일을 하면서 어렵게 살고 있었다.

05
___

재판과정에서 정 씨 변호인과 검찰이 가장 치열하게 다퉜던 쟁점이 범행시간, 즉 피해자 장 양의 사망시간이다. 범행시간을 언제로 보느냐에 따라 정 씨의 알리바이(不在證明) 성립 여부가 달라지기 때문이었다.

사건 당일 장양과 정 씨의 행적
장 양의 어머니 이모 씨(1972년 당시 38세)는 장 양이 사건 당일인 1972년 9월 27일 어둑어둑할 무렵 저녁을 먹었다고 일관되게 진술했다. 당일 일몰시간은 6시 50분. 경찰은 이를 근거로 장 양이 저녁 7시 무렵 식사한 것으로 추정했다. 장 양 어머니는 장 양이 식사 후 30분이 지난 7시 30분경 집을 나섰다고 진술했다.
　정 씨의 행적에 대해서는 정 씨 본인의 주장과 수사기관의 조사내용이 크게 다르다. 정 씨는 법정에서 당일 밤 9시까지 자신의 집에 있다가 20분쯤 후 280여 미터 떨어진 만홧가게로 갔다고 주장했다.
　그러나 경찰과 검찰은 정 씨가 8시경 집을 나서 8시 30분경 만홧가게 앞에서 장 양을 우연히 만나 620여 미터 떨어진 농촌진흥원 옆 논둑으로 가 8시 50분경 범행을 저질렀다고 결론을 내렸다. 정 씨 본인도 경찰과 검찰에서는 8시경 집을 나섰다고 진술했는데, 정 씨는 이를 고문에 의한 허위자백이라고 주장했다.

정 씨 주장과 검찰조사에서 공통적인 것은 정 씨는 밤 8시까지는 자신의 집에 있었다는 점이다. 이 사실은 사건 당일 정 씨 집에서 공사를 했던 목수들의 증언에 의해서도 뒷받침된다.

장 양 사망시간(범행시간)과 정 씨의 알리바이

장 양의 사체는 범행 다음 날인 9월 28일 이른 아침 행인에 의해 발견됐다. 경찰은 이날 오전 사체를 춘천도립병원으로 옮겨 이 병원 외과과장 이양(李洋) 씨에게 부검을 의뢰했다. 이 과장은 서울대 의대를 졸업하고 인턴과 레지던트를 거쳐 1972년 춘천도립병원으로 부임했다.

이 과장은 부검 직후 감정서를 작성해 제출했는데, 그는 감정서에서 "위 내용물이 거의 원형대로 유지되어 있는 점으로 미뤄 식사 후 30~50분 사이에 사망한 것으로 추정된다"고 밝혔다. 이 과장의 부검감정이 정확하다면 장 양은 늦어도 7시 50분 이전에 사망한 셈이 된다. 따라서 정 씨의 알리바이가 입증된다. 경찰조사에 의하더라도 정 씨는 그 시간에 집에 있었기 때문이다.

그러나 경찰이 국립과학수사연구소에서 제출받은 감정서에는 사망시간이 다르게 기록돼 있다. 경찰은 부검 당일인 9월 28일 장 양의 위 내용물을 병(기록에는 초자병으로 돼 있음)에 담아 서울에 있는 국과수로 보냈다.

국과수에서 내용물을 감정한 정○○ 씨(당시 33세)는 고려대 생물학과 출신의 연구원이었다. 정 씨는 그해 10월 11일 작성한 감정서에서 "사체의 위 내용물로 미뤄볼 때 식후 1～2시간 사이에 사망한 것으로 추정된다"고 밝혔다.

정 씨가 실제로 감정한 때는 정확히 언제인지 알려지지 않았다. 정 씨는 법정에서도 감정 실시 날짜를 명확히 밝히지 않았다. 그러나 당시 교통사정 등을 고려해볼 때 정 씨는 사건발생 이후 시간이 한참 지난 뒤에 감정했을 가능성이 높다. L은 그의 소재를 파악할 수 없었다.

어쨌든 국과수 감정서에 따르면 장 양의 사망시간은 밤 8～9시 사이다. 경찰과 검찰은 이를 중요한 근거로 삼아 정 씨가 8시 30분경 장 양을 만홧가게에서 만나 8시 50분경 범행을 저질렀다고 결론짓고 기소했으며, 정 씨는 법원에서 유죄판결을 받았다.

결국 경찰과 검찰은 사건 다음 날 직접 부검을 한 외과 전문의의 부검소견서를 배척하고 생물학과 출신의 국립과학수사연구소 연구원이 사건발생 14일 만에 제출한 사체 내용물 감정서를 채택해 정 씨를 범인으로 단정한 셈이다. 경찰과 검찰의 수사결과는 국과수 연구원의 감정서를 토대로 했을 때만 가능하며, 이 원장의 부검 감정서에 따를 경우 공소사실은 근거를 잃게 된다.

이 원장의 부검 소견은 법정에서도 제대로 다뤄지지 않았다.

장 양의 사체를 부검한 당시 춘천도립볍원 원장 이양(李洋) 씨는 그 후 국군수도통합병원 외과과장 등으로 재직하다 1978년 고향 진주로 내려가 개인병원을 차렸다. L은 진주 고려병원장으로 재직 중인 그를 2001년 3월 진주 병원 사무실에서 만나 부검 경위와 내용에 대해 인터뷰했다.

― 부검과정과 소견은 어땠나.

"부검을 할 때 가장 먼저 피해자의 위 내용물을 확인했다. 저녁에 먹은 칼국수와 콩나물 등이 원형상태를 유지하며 거의 그대로 위에 남아 있었다. 보통 정상인의 경우 식후 4시간쯤이면 음식은 위에서 모두 소화돼 위에는 아무것도 남지 않는다. 또 1시간 이상 지나면 강한 위액에 소화돼 음식물의 원형이 거의 남지 않는다. 그런데 이 사건 피해자의 위에는 음식물이 소화되지 않은 채 그대로 남아 있었다. 나는 그것을 토대로 피해자가 저녁을 먹은 후 1시간이 넘지 않은 시간에 사망했다고 판단했고 좀더 면밀히 관찰해서 사망시간은 식후 30~50분이라고 소견서를 작성해 보고했다."

― 부검소견이 얼마나 정확하다고 보는가.

"나의 소견이 과학공식처럼 100% 들어맞는다고 확신할 수는 없다. 아주 예외적인 경우도 있을 수 있기 때문이다. 그러나 나는 나의 소견이 '특별한 사정이 없는 한' 객관적 진실에 부합하며 합리적이고 믿었다. 지금도 그 생각에는 변함이 없다."

― 30년 전의 일을 어떻게 기억하는가.

"당시 나는 의사가 된 이래 처음으로 부검을 실시했다. 그래서 당시 상황을 거의 소상히 기억한다."

― 사건 이후 법정에서 증언한 적이 있는가?

"부검 감정서 제출 이후 경찰과 검찰 법원에서 소환조사를 받거나 증언을 한 적이 없다."

그는 "통상 살인사건에서는 부검의사의 소견이 아주 중요하게 여겨져 부검의견을 설명하게 되는데, 그 사건에서는 그럴 기회가 없어 이상하게 생각했다"고 말했다.

06

경찰과 검찰은 사건 당일 정 씨가 자신의 집에서 밤 8시쯤 나와 30분 뒤 만홧가게에 도착했고, 그로부터 20분 뒤인 8시 50분 장 양을 강간 살해했다고 주장했다. 이 주장은 법원에서 그대로 받아들여졌다.

당시 기록을 보면 이 같은 공소사실을 간접적으로 증언하는 제3자들이 나온다.

첫 번째 증인은 송경○ 씨. 송 씨는 정 씨의 친척으로 사건 당일 정 씨 집에서 정 씨를 마지막으로 보았던 인물이다. 송 씨는 사건 당시 경찰과 검찰에서 "당일 정 씨 집에서 정 씨와 막걸리를 나눠 마시다가 밤 8시쯤 술자리를 끝내고 정 씨와 헤어져 집으로 돌아왔다"고 진술했다. 경찰은 이를 근거로 정 씨가 8시경 집에서 나온 뒤 8시 30분경 자신의 만홧가게에서 장 양을 만나 8시 50분경 600여 미터 떨어진 논둑에서 장 양을 강간 살해했다고 단정했다.

L 일행은 송 씨를 수소문해서 그의 주소를 알아냈다. 그는 2001년 3월 현재 79세의 할머니였고 서울 양천구 신월동에서 며느리와 함께 살고 있었다. 송 씨는 L 일행의 막내인 J가 만났다.

송 씨는 "사건 당시 경찰이 겁을 주면서 거짓말을 강요해 허위진술을 했다"고 말했다. 그는 "사건 당일인 1972년 9월 27일 정 씨에게 꿔준 돈을 받기 위해 정 씨 집에 오후 7시경 도착해 8시 30분~9시까지 정 씨와 함께 있었다. 따라서 경찰과 검찰이 범행시간이라고 밝힌 당일 밤 8시 50분경에 정 씨가 범행현장에서 강간살인을 했다는 것은 불가능한 일이다"고 말했다.

그는 6·25전쟁 당시 정 씨 부친과 잠시 함께 산 적이 있어 정 씨와 잘 알고 지내는 사이였으며, 사건 당일 오후 6시 10분경 춘천 소양로 2가 집을 떠나 버스를 타고 7시경 춘천시 우두동 2구 정 씨 집에 도착했다고 말했다.

그는 또 정 씨가 당시 집 개축공사를 도와주던 목수 두 명에게 술 접대를 하고 있었으며, 목수들은 7시 30분경 정 씨 집을 떠났다고 말했다. 사건 당시 목수 김모 씨와 이모 씨도 경찰에서 같은 진술을 했다.

송 씨는 "목수들이 떠난 뒤 정 씨와 함께 남은 술을 나눠 마시다가 8시 30분~9시경 정 씨 집을 떠났고, 정 씨는 그때까지 나와 함께 있었다"고 말했다.

송 씨는 "정 씨와 함께 남은 술을 마시던 중 벽시계가 한 번 '댕' 울리는 소리를 들었으며 당시 밤이 너무 늦어 '10시가 막차인데 지금 버스가 다닐지 걱정된다'는 말을 하고 정 씨 집을 나섰다"고 말했다.

"처음에는 경찰에 사실대로 말해줬어. 그런데 경찰들이 마구 몰아치면서 진술을 번복하도록 강요하고 자기들끼리 기록을 다시 꿰맞췄지. 아무리 사실대로 말하면 뭐하나. 아무 소용이 없었어. 조사받고 난 뒤 너무 겁이 나서 화장실에서 발 한쪽을 변기에 빠뜨렸지. 털신 한 짝이 빠졌는데 다시 줍지도 못하고 바로 딸네 집으로 도망갔네. 딸네 집까지 춘천에서 30리였는데, 맨발로 그냥 뛰어갔어. 경찰들이 나중에 딸네 집까지 또 찾아왔더라구. 그래서 집 근처 산속에 올라가 숨어버렸지. 그렇게까지 모질게 당했어. 그때 생각하면 정말 …. 지금도 가슴이 뛰네."

송 씨의 며느리 김○○ 씨(52)도 후배기자 J에게 "사건 당일 밤늦게까지 김치를 담근 뒤 방안에 들어갔을 때 10시가 넘은 것 같았는데 그때까지 시어머니가 집에 도착하지 않았다"고 말했다.

두 번째 증인은 이상○ 씨와 김명○ 씨.

이들은 사건 직후 경찰과 검찰이 확보한 목격자다. 이 씨 등은 사건 발생 당시 여고생으로 범행현장 부근을 지나고 있었다. 이들의 진술과 증언은 "집으로 돌아가던 중 범행현장 부근 개울에서 어떤 남자가 손을 씻는 모습을 봤으며, 바로 집에 들어가 보니 KBS 라디오 밤 9시 뉴스가 막 끝나고 있었다"는 것. 이는 곧 정 씨가 밤 8시 50분쯤 장 양을 강간 살해했다는 공소사실을 간접적으로 뒷받침하는 것이었다.

L은 당시 〈강원일보〉(석간)의 라디오 프로그램 안내표 등을 확인해 보았다. 그곳에는 사건 당일 박정희 대통령컵 쟁탈 국제축구대회 한국과 버마(미얀마)의 경기가 밤 9시 45분까지 계속돼 9시 뉴스 자체가 방송되지 않은 것으로 나와 있다.

2001년 3월 현재 김 씨(47)는 서울 상계동에 살고 있었고, 이 씨(47)는 경기 화성군에 주소가 있었다. 경기 화성군의 이 씨 주소로 찾아가 보았지만 이 씨는 그곳에 살고 있지 않았다.

김 씨는 직접 만나보았다.

"너무 오래 전 일이라 기억이 없다. 친구인 이상○와 영화를 보고 돌아오는 길에 어떤 남자를 보기는 봤다. 그런데 정말로 그게 전부다. 난 몇 년 전까지도 정 씨가 누구인지 개인적으로 전혀 몰랐다. 경찰서에서도 누구인지도 모르겠고 그냥 어떤 남자를 봤다고 이야기한 것 같다. 경찰의 고문이나 강압, 회유 같은 것은 없었던 것으로 기억한다. 하도 사소한 사건이라 기억할 이유도 없다. 그냥 딱 한 번 경찰서에 가서 몇 분 진술하고 돌아왔다."

'라디오 뉴스' 관련 진술에 대해 김 씨는 "당시 텔레비전이 없어서 라디오를 굉장히 많이 들은 것은 사실이다. 그러나 내가 라디오 뉴스를 들었다고 진술했는지 여부는 모르겠다. 기억이 없다"고 말했다.

경찰이 기록을 조작했을 가능성에 대해서는 "그럴 수도 있지만 난 모르겠다. 내가 착각했을 수도 있다. 어쨌거나 당시에는 거짓말할 이유 같은 것은 없었다"고 말했다.

07

"봄날 파란 새싹을 보고 무엇을 느끼세요. 아름다운가요?"

정 씨는 2001년 4월 초 경기 안산시에 L과 동행 취재를 다녀오다 문득 질문을 던졌다.

"그렇겠지요. 교도소에 있을 때 다른 재소자들은 운동시간에 나가 파란 풀이나 꽃을 보면 아름답다고 하고 그걸 뜯어가지고 오기도 했습니다. 저는 닥치는 대로 풀을 뜯어먹었습니다. 왜냐구요? 70년대의 교도소는 식사가 그리 좋지 않았습니다. 영양실조에 걸릴 지경이었죠. 저도 이가 다 빠져 잇몸에 고름이 차곤 했습니다. 저는 살기 위해 풀을 뜯어먹었죠. 필사적으로 살기 위해 … . 제가 그때 왜 그토록 살고 싶었는지 아세요. 살아나가서 반드시 진실을 밝혀야겠다는, 누명을 벗기 전에는 결코 죽을 수 없다는 생각 때문이었습니다. "

정 씨는 2000년 말 L을 만났을 때 이렇게 말했다.

"그 사건 이후 30년 동안 단 하루도 편하게 잠든 날이 없었다"고. "이제 죽을 때만이라도 편하게 잠들었으면 좋겠다"고.

그처럼 삶의 의지가 강하고, 그처럼 진실에 목말라하는 정 씨는 왜 '허위자백'을 했을까? 사건 당시 그의 자백은 곧 '자살'이나 다름없었다. 자백은 증거의 여왕이었고, 자백하는 그 순간 그는 진범이었기 때문이다. 그의 기소와 유죄판결에 결정적 역할을 한 것도 그의 자백이었다.

2001년 3월 말, L은 서울 서초동 법원청사 앞 지하 찻집에서 정 씨를 만났다. L이 먼저 물었다.

"아무리 어려웠어도 하지 않은 살인을 했다고 시인할 수 있습니까?"

그는 씁쓸히 웃으며 대답했다.

"하느님은 젊은 시절 방황하던 나에게 많은 것을 주셨습니다. 15년이라는 긴 반성의 시간도 주셨지요. 그러나 나에게 단 한 가지, 고문을 이겨낼 힘은 주지 않으셨습니다. "

그는 "유치장, 구치소, 교도소에서 하느님께 아무리 기도했지만 고문에 따른 육체적 고통은 참아낼 수 없었다"고 말했다.

정 씨가 주장하는 고문과 자백의 경위는 그가 1972년 9월 26일부터 10월 12일까지 겪은 일들을 당시 경찰서 유치장에서 원고지 30쪽에 깨알 같은 글씨로 기록한 '수난일기'(受難日記)에 자세히 묘사돼 있다. 그는 유치장에서 몰래 이 일기를 써 면회온 가족에게 건네줬다고 한다.

10월 7일 토요일

아침 11시쯤 나를 또 지서로 오란다. 가자마자 숙직실에 가두고 9월 26일부터 3일 동안의 행적을 쓰라고 한다. 밤 10시쯤 해서 본서 보호실로 끌려갔다.

10월 8일 일요일

새벽 1시쯤 형사실 고문실로 끌려갔다. 이○○ 형사와 진○○ 형사가 밤새도록 몹시 때리며 엎드려뻗쳐와 토끼뜀 등 참기 어려운 심한 강압신문을 했다. 아침 7시 반쯤 형사 3명이 나를 데리고 동면 지서로 갔다. 3일간의 행적을 썼다. 졸립다. 어제 오전 지서로 연행돼 아직 한잠도 못 잤다. 먹은 것도 별로 없는데 온종일 설사를 하면서 몇 번이나 다시 썼다.

그러나 시간별로 다시 쓰라고 한다. 다시 썼다.

어두워지자 이○○ 형사가 단독으로 심문하기 시작했다. 사실을 말해도 믿어주지 않는다. 엎드려뻗쳐!

그들은 나를 데려가 형사실 옆 골방 고문실에 집어넣었다. 주전자에 물을 떠오고 알 수 없는 준비가 착착 진행 중이다. 이 형사가 "이쯤 되면 어쩔 수 없으니 솔직히 자백하라"고 한다. "그러면 자수한 걸로 해서 죄를 가볍게 해주겠다"고 한다. 누군가가 나에게 5분간의 여유를 준다고 했다. 그들 말에 의하면 아무리 흉악범이라도 이 방을 거쳐 가면 순순히 다 불고 간다고 한다.

형사들이 옷을 갈아입었다. 위에는 군인 작업복이다. 나의 눈에 비치는 것은 마치 도살장에서 소 잡고 돼지 잡고 하는 칼잡이 같다. 모두가 다 살기등등하다. 나는 눈을 감았다. 주여, 이제라도 기적을 베푸셔서 이들이 나를 믿게 하여주소서. 힘없고 어린 양을 지켜주소서.

그러나 형사들은 옷을 벗으라고 했다. 양말까지 벗고 빤스 하나만 걸쳤다. 춥고 무서워 떨린다. 양쪽 팔목을 뻣뻣한 타올로 감고 넓적한 총 끈 같은 것으로 양손을 묶는다. 책상 위에 올라앉으라 했다. 양 무릎을 세우고 쪼그리고 앉게 하고 묶은 팔을 무릎 밖으로 씌운다. 양쪽 무릎 사이를 경찰 방망이로 꿰뚫어 씌운 팔이 벗어나지 못한다. 테이블 2개를 40센티미터 벌려놓고 양쪽 테이블에 방망이 끝이 걸치게 하니 나의 몸은 착 꼬부라진 채 거꾸로 대롱대롱 매달렸다. 이때 생각이 났다. 낮에 동면 지서에서 이 형사가 한 말. "정○○이 오늘 저녁 비행기 타고 제주도 가야겠어." 나는 이 말이 무슨 뜻인지 몰랐다. 흔들흔들 정말 괴롭다.

드디어 가슴에 찬물을 끼얹는다. 얼굴을 수건으로 가린다. 얼굴에 물을 붓는다. 숨을 쉴 수가 없다. 물을 마구 먹는다. 고통을 겪는 소리가 튀어나왔다. 아, 아, 무엇에다 비유하리. 정신이 흐려졌다. 나도 모르게 무슨 말을 어떻게 지껄였는지 모른다. 얼마나 시간이 지났을까. 나는 살기 위한 거짓말, 자백 아닌 허위자백을 되는 대로 내뱉고 있었다. 아, 아, 아, 꿀적 꿀적 푸우 푸우. 말한다. 말하겠어요. 내가 죽였어요. 그만하시오. 그만!

아! 내가 왜 살았던가. 왜 살기 위해 거짓말을 했는가. 그러나 때는 이미 늦었다….

범행동기를 대라고 한다. 그러나 나는 그 사건에 대해 아는 것이 별로 없다. 연극배우의 소질이라도 있으면 좋으련만. 술 때문이라고 둘러댔다. 범행경위는? 적당히 둘러댔다. 얼른 풀어주었으면. 방망이로 꽂아놓은 다리가 아팠다. 내 다리가 아니다. 물을 막 붓는다.

그러나 장○○이 입었던 옷을 알 수가 없다. 또 물을 붓는다. 장○○이 신은 신발이 무어냐고 물었다. 구두라고 했다. 또 물을 붓는다. 누군가가 "짤짤 소리 나고 끌고 다니는 것 있지 않냐" 하기에 "쓰레빠"라고 했다. 색깔을 물었다. 밤이라서 모른다고 했다. 하의를 물어 바지라고 했더니 아니라고 했다. 치마라고 했더니 물을 붓는다. 누군가 "핫팬츠"라고 해서 그대로 말했다.

아! 내가 왜 죽지를 못했는가. 이제 나는 강간살인범이다.

10월 9일 월요일

아침 7시쯤 후평동파출소 2층 숙직실에 감금됐다. 변 계장이 녹음을 했다. 어제까지 우락부락하고 나를 고문하던 형사들이 오늘은 친구같이 대해준다. 저녁에 서장님과 국장님이 다녀가셨다. 국장님이 물으시는 말씀에 지어준 각본대로 순순히 다 말했다. 술을 사다주어서 한잔 마시고 집 나온 이후 처음으로 잠이 들었다. 잠을 자다 꿈을 꾸었다. 아내가 딸아이를 등에 업고 작은아들을 가슴에 안고 목매달아 죽은 꿈이다. 안고 있는 아들이 떨어지는 바람에 그 애를 받으려다 그만 잠이 깨었다. 한없이 한없이 울었다.

10월 10일 화요일

… 나는 확신했다. 죄의 유무는 재판과정에서 공정하게 드러날 것이지만 지금은 우선 가족의 안전이 급선무였다. 잘못하면 그 무서운 몸서리쳐지는 고문이 또 내려질 것 같았다. 저녁에 담당검사라는 분이 찾아왔다. 형사들이 함께 있었다. 나는 묻는 대로 대답했다 … .

자백을 받아낸 경찰은 정 씨를 검사에게 넘겼다. 검사는 정 씨를 고문하지 않았다. 정 씨는 29년이 지난 지금도 그 사실을 인정한다.

정 씨는 검사 앞에서 자백을 유지했다. 왜 그랬을까.

정 씨의 변론을 맡았던 이범열 변호사는 《정동 언저리에서》라는 제목의 자전 에세이집에서 무죄판결이 난 살인사건을 예로 들어 '고문의 심리학'을 설명했다.

그 살인사건은 1950년대 말 서울에서 군용지프를 유인해 운전병을 살해하고 지프를 탈취한 사건이었다. 사건 발생 8개월 만에 군에서 제대한 뒤 막노동판을 전전하던 두 청년이 공범으로 붙잡혔다. 청년들은 경찰과 검찰에서 범행을 자백했고 자백을 근거로 구속 기소됐다.

두 청년은 재판과정에서 6개월 만에 무죄판결을 받았다. 공범이라고 범행을 자백한 두 청년이 사실은 사건 발생 2개월 후 처음 알게 됐고 범행 당시 시골에서 일하고 있었다는 알리바이가 증명됐기 때문이다.

결국 이들의 자백은 '허위진술'이었던 셈이다. 왜 허위진술을 했을까. 재판과정에서 고문과 자백을 둘러싸고 수사관들과 피고인들 사이에 오간 공방에 그 해답이 있다.

수사관: 우리는 고문하지 않았습니다. 사형판결이 예상되는 중대한 사건인데 어떻게 고문을 해서 무리한 자백을 끌어낼 수 있겠습니까. 여름이라 피고인들에게 러닝 팬티도 사주고 음식도 관식을 먹이지 않고 설렁탕과 육개장을 배달시켜 대접했습니다. 피고인들이 체포된 뒤 6일 동안 범행을 부인한 것은 사실입니다. 그런데 하루는 심경 변화가 생겼는지 서장을 불러달라고 하더군요. 서장님이 직접 나오니까 피고인이 물을 한

그릇 달라고 했습니다. '아, 이제 말을 하려는가보다.' 우리는 직감했습니다. 중대 사건의 범인들은 어떤 이유에서인지 자백하기 전에 물 한 그릇 청하는 것이 보통입니다.

피고인: 맞습니다. 저 형사 말이 거의 맞습니다. 설렁탕도 먹고 육개장도 먹었습니다. 그런데 재판장님, 저 형사한테 물어봐주십시오. 밥 먹고 난 다음에 물을 줬냐고요. 물은 한 번도 안 줬습니다. 내 생각에 설렁탕, 육개장에 소금을 많이 넣었던 것 같습니다. 몹시 짰거든요. 그런데 물은 한 번도 안 줬습니다. 지하실에서 조사받았는데 구석에 수도가 있고 그 수도를 틀어놔서 물이 좔좔 양동이에 흐르고 있었습니다. 정말 미치겠더군요. 며칠 동안 별별 사정을 다했습니다. 다른 나쁜 짓 한 것 다 자백할 테니 제발 물 한 그릇 달라고 그랬습니다. 형사는 그런 것 필요 없고 살인사건을 자백하면 물을 주겠다고 말했습니다. 그래서 서장을 불러달라고 했습니다. 물 한 그릇 얻어먹으려고요. 그런데 서장은 자백하면 물을 준다고 했습니다.

미칠 것 같아서 자백했습니다. 사건내용은 며칠 동안 형사들이 일러줘서 내가 직접 한 것보다 더 잘 알고 있었습니다. 지장을 찍고 나니까 물을 줬습니다. 어떻게 마셨는지 모릅니다. 물을 먹고 난 다음에도 자백을 했습니다. 이미 지장 찍었으니 부인해도 소용없다고 했습니다. 차라리 잘못했다고 용서를 빌면 검사가 동정해서 사형 대신 무기징역을 구형할 것이고, 그러면 법원에서 한 15년쯤 때릴 거라고 했습니다. 그러니 검사 앞에 가서 딴전 부릴 생각 말라고 했습니다. 기왕에 살인강도범이 됐는데 저같이 부모 형제 없고 오갈 데 없는 놈은 그게 수라고 생각했습니다. 팔자라고 생각하고 그 다음부터는 시키는 대로 했습니다.

피고인들은 검사에게 송치된 뒤 5차례에 걸쳐 진행된 검사 신문에도 그대로 자백을 유지했다. 마지막 검찰조서에는 이렇게 기록됐다.

— 모든 것을 자백한 피고인의 심경은 어떤가?

"네, 모든 것을 솔직히 고백하고 나니 마음이 한결 가볍습니다. 저의 심경은 현재 고인의 명복을 빌고 싶을 따름입니다."

1972년 10월 10일 정 씨는 구속됐다. 이날은 내무부장관이 경찰에 지시한 범인 검거시한 마지막 날이었다.

경찰은 검거령 시한인 10월 10일 자정을 불과 31시간 앞두고 전격적으로 범인검거를 발표했고, 시한 당일 정 씨를 구속한 것이다.

경찰은 왜 하필이면 정 씨를 범인으로 지목했을까. 사건 당시 정 씨는 '초등학생 강간살해범'이 되기에 적합한 '조건'을 갖추고 있었다. 정 씨는 사건 발생 4년 전 뇌수막염을 앓던 큰아들을 잃었다. 1960년 3년제 신학대학을 졸업한 그는 당시 청주에서 공민학교 교사를 하면서 교회 전도사로 일했다. 그러나 큰아들은 1968년 치료의 보람도 없이 어린 나이에 사망했다. 아들 병 수발로 재산을 거의 다 날린 정 씨는 다시 고향인 춘천으로 돌아와 단칸 셋방을 얻어 만홧가게로 생계를 꾸려갔고, 그때부터 하느님을 부정하고 방탕한 생활에 빠졌다는 것이다.

피해자 장 양이 사망한 당일에도 정 씨의 행실은 온전치 못했다. 그는 1972년 9월 27일 밤 10시경 만홧가게 문을 닫고 11시가 넘어 춘천 시내 사창가에 있는 '버드나무집'이라는 술집에 들렀다. 그는 그곳에서 접대부 김○○ 양과 술을 마신 뒤 동침을 요구해 성관계를 맺고 새벽에 집으로 들어갔다.

정 씨는 사건발생 직후부터 용의자로 지목됐고 사체 발견 다음 날인 1972년 9월 29일 경찰에 연행됐다. 경찰은 정 씨를 상대로 이 사건 관련 여부에 대해 추궁하면서 정 씨 신병을 확보했다. 이때 경찰이 이용한 것이 정 씨의 '행적'이었다. 경찰은 정 씨가 버드나무집에서 술집 여자와 동침한 것을 문제 삼아 윤락혐의로 정 씨를 즉심에 넘겼고 정 씨는 10월 4일까지 구류를 살았다. 정 씨로서는 '별건'으로 감금돼 조사를 받은 것이다.

정 씨에게는 이밖에도 치명적인 약점이 있었다. 자신의 만홧가게 여종업원이었던 중학교 중퇴생 김정○ 양(당시 17세)과 내연의 관계를 맺었던 것이다. 원래 가출소녀였던 김 양은 정 씨가 동네에서 야학으로 영어를 가르칠 때 동네 친구들과 함께 영어를 배우며 정 씨를 알게 됐다. 이후 김 양은 정 씨 만홧가게에 취직해 일을 보다가 정 씨와 내연관계를 맺게 됐다.

정 씨와 김 양은 당시 서로 고민하다가 관계를 정리하기로 합의하고 김 양이 만홧가게를 떠나 경기도 파주 문산으로 일자리를 찾아 떠났다. 그런 상황에서 김 양이 정 씨에게 편지를 보냈는데, 그것이 경찰에 압수됐고 이로 인해 두 사람의 관계가 탄로 난 것이다.

변태성욕자. 초등학생 강간살해범이 되기에는 그것만큼 적절한 조건이 없었다. 정 씨의 자백으로 이뤄진 피의자 신문조서에 나타난 범행경위는 변태성욕자의 우발적인 범행이었다.

사건 당일 저는 상당히 기분이 좋을 정도로 술을 먹고 오후 8시경 만홧가게 앞에 이르니 마침 장○○가 그 앞에서 저와 마주쳤습니다.

귀엽게 보여 뭐 사줄 게 없냐고 하면서 산보나 할 생각으로 제사(製絲) 공장 옆 브로크 담까지 이르렀을 때 순간적으로 욕정이 생겨 골목길로 접어들었습니다. 제가 앞서고 그 애는 뒤따라오면서 범행장소에 도착해 우측 논두렁으로 약 10여 보 들어가다 뒤로 돌아서면서 그 애 우측 팔을 좌측 손으로 꼭 잡고 바지를 벗기려고 하니까 "아저씨 왜 이래" 하면서 양손으로 저의 가슴을 완강히 미는 것을 강제로 안아 논두렁에 눕히고 옷을 벗기려고 하니까 "엄마" 하고 소리쳐 급히 좌측 손으로 막았으나 목소리가 크게 나기에 옷을 벗겨 던지고 손으로 급하게 입을 막는다는 것이 나도 모르게 목을 누르는 결과가 되었습니다.

그러고 보니 애는 축 늘어졌는데 길에서 가깝고 해서 통행인에게 발각될 것도 같기에 그 애를 안고 다시 깊숙한 곳으로 약 10여 미터 들어가서 논두렁이 열십자로 된 지점에 이르러서 눕히고 혁대를 풀고 단추를 끌러 음경을 꺼내 그 애 음부에 들이밀며 삽입했으나 애가 이미 죽은 것 같아 깜짝 놀라 음경을 꺼내 바지를 고쳐 입고 도망치듯 오던 길로 오는데 언뜻 정신이 들어 내 발이 논에 빠졌던 생각이 들어 제사공장 담장 입구 커브 지점 개울에 들어가서 양말은 겉으로만 씻고 고무신을 씻어서 다시 신고 만홧가게로 들어갔습니다.

공소장에는 정 씨가 만홧가게로 돌아와 숨어 있다가 다시 밤 10시경 만홧가게를 나와 사창가로 향한 것으로 되어 있다.

L은 이 무렵의 정 씨 행적을 취재하는 과정에서 한 가지 주목할 만한 사실을 찾아냈다. 경찰이 또 다른 사건으로 정 씨를 변태성욕자로 몰아갔

다는 사실이다.

사건이 발생한 지 열하루가 지난 1972년 10월 8일 당시 정 씨 집 부근에 살던 추교○ 씨(당시 43세)는 정 씨를 강제추행 혐의로 경찰에 고소했다. 자신의 딸 추혜○(당시 14세)을 정 씨가 강제추행했다는 것이다.

공소장에 의하면 정 씨는 초등학생을 강간살인한 뒤 겁에 질려 숨었다가 3~4시간 만에 다시 술집 여성과 성관계를 가졌다. 이것은 상식적으로 납득이 안 되는 것이다. 이런 수사내용을 납득시킬 수 있는 것은 단 한 가지, 정 씨가 '변태성욕자'가 되는 것이었다.

실제로 당시 신문기사와 기록을 보면 정 씨는 추 양 성추행 시비에 휘말려 파렴치범으로 몰렸고 이로 인해 정 씨에게 불리한 증언들이 마구 쏟아져 나온 흔적이 있다. 수사기록에 따르면 당시 담당검사는 정 씨에게 "추 양 쪽에서 고소를 안 해도 강간치상으로 처벌할 수 있지만 살인죄까지 지은 사람에게 문제 삼을 건 없다. 그러나 뉘우치지 않으면 입건하겠다"고 말한 것으로 기록돼 있다.

검찰은 그러나 어찌된 일인지 정 씨의 추 양 성추행 혐의는 기소내용에 포함시키지 않았다. L은 당시 상황을 정확하게 알아보기 위해 2001년 3월 27일 추 씨 부녀를 찾았다.

아버지 추 씨는 대전시 대덕구에 살고 있었고 딸은 경기도 안산시에서 결혼해 살고 있었다. 추 씨 부녀는 인터뷰에서 의외의 진술을 했다. 추교○ 씨는 "경찰이 정 씨가 내 딸을 강간했다는 내용의 고소장을 써가지고 와 도장을 찍으라고 해 찍었다"고 말했다. 딸 추혜○ 씨는 "정 씨에게 성추행당한 적은 전혀 없다. 경찰의 강압에 못 이겨 성추행 당했다는 진술을 했다"고 말했다

아버지 추 씨의 증언이다.

— 딸이 성추행당했다는 사실을 어떻게 알았나?

"경찰이 집에 찾아와 얘기해줘서 알았다. 그 전까지는 전혀 몰랐다. (딸이 정 씨가 운영하는) 만홧가게를 봐준 사실도 경찰에게 듣고 처음 알았다."

— 경찰이 찾아와 무슨 말을 했나?

"내 딸이 성추행 당했다는 사실을 인정했다고 말했다. 그들은 '딸도 시인하는데 아버지가 어떻게 가만히 있을 수 있느냐'고 했다. 그래서 생각을 해보겠다고 대답했다."

— 언제 고소를 했나?

"경찰이 어느 날 밤 세 번째로 집에 찾아와 파출소에 데려갔다. 파출소에 딸이 있었다. 딸에게 '네가 당한 게 맞냐'고 물었더니 기어들어가는 목소리로 '예'라고 대답해 고소하기로 했다. 경찰관들이 나와 딸이 얘기하는 것을 지켜봤다."

— 고소장을 직접 썼나.

"경찰이 써준 고소장에 도장만 찍었다. 나는 6·25전쟁 때 눈을 다쳐 당시 거의 실명상태였다."

— 왜 딸에게 미리 성추행 당했는지 물어보지 않았나?

"당시 가정문제로 딸과 떨어져 살고 있었다. 경찰이 얘기하지 않았다면 그런 사실을 몰랐을 것이다."

— 고소는 했지만 정 씨가 성추행 혐의로 기소되지 않았는데, 나중에 고소를 취하했나?

"고소장에 도장을 찍어준 뒤에는 그와 관련해 더 조사받은 일이 없다. 법정에 나가 증언한 적도 없고 고소를 취하한 기억도 없다. 경찰이 그 다음에 어떻게 했는지 모른다.”

— 딸은 경찰이 여관에 데려가 잠을 안 재우면서 성추행 당한 사실을 시인하라고 강요했다고 주장하는데?

“모르겠다. 기억이 안 난다.”

딸의 인터뷰도 아버지의 증언과 같은 맥락이었다.

— 정 씨에게 성추행당한 사실이 있나?

“그런 적이 없다.”

— 당시 만홧가게엔 자주 갔나?

“가정문제로 부모와 떨어져 혼자 살고 있었다. 정 씨 집과 우리 집이 가까워 정 씨를 잘 알고 지냈다. 마땅히 갈 데도 없고 해서 만홧가게에서 일을 시작했지만 2~3일 일하다 힘들어서 그만뒀다.”

— 왜 경찰에게 성추행 당했다고 말했나?

“여관에서 조사를 받았다. 안마시술소가 있었던 곳으로 기억된다. 방에 형사 한 명과 나, 단둘만 있는 상태에서 조사를 받았다. 잠을 못 자게 하면서 ‘예’라는 대답만 하면 재워주겠다고 했다. 무서웠고 집에 가고 싶어서 ‘예’라고 대답하자 금방 집에 가게 해줬다.”

— 경찰이 뭐라고 물었나?

“무슨 말을 물었는지 정확히 기억이 안 난다. 무섭고 졸려서 무조건 묻는 말에 시인했다.”

— 잠은 얼마나 못 잤나?

“잘 모르겠다. 아무리 어린 나이라도, 잠을 안 재웠어도 내가 똑바로 대답을 했어야 하는데 ⋯ . ”

— 아버지가 고소를 한 근거는 뭐라고 생각하나?

“내가 성추행 당했다고 시인했다는 말을 듣고 고소한 것으로 생각된다. 그 일이 이렇게 오랫동안 문제가 될지 몰랐다. ”

— 아버지가 원래 경찰과 친하게 지냈나?

“아니다. 주변 친인척을 경찰이 붙잡아가도 경찰에 부탁하는 것을 본적이 없다. ”

08

범인검거 뒤 춘천경찰서 경찰관 2명이 특진하고, 2명은 내무부장관 표창을 받았다.

L은 정 씨의 고문 주장 등에 대해 알아보기 위해 당시 수사에 관여한 경찰들의 행방을 찾았다. 기록에 나타난 수사경찰관은 모두 9명이었다. 29년이 흐른 2001년 3월 현재 2명은 사망했고, 3명은 소재가 파악되지 않았다. 어려운 추적 끝에 경찰에서 은퇴한 뒤 춘천에 살고 있는 4명을 인터뷰했다.

당시 춘천경찰서 수사과 순경이었던 김○○ 씨에게 중요한 진술을 들었다. 그는 당시 정 씨를 상대로 피의자 신문조서를 직접 받은 경찰관이다. 그는 2001년 현재 66세로 1980년대 경찰에서 퇴직한 뒤 춘천시 교외에 그대로 살고 있다. 3월 15일 춘천 자택에서 인터뷰했다.

김 씨는 정 씨를 고문했다고 명백히 말하지는 않았다. 그러나 “당시에는 부인하는 용의자에게 비행기태우기 등 고문을 했다. 정 씨가 그렇게 말한다면 맞을 것"이라고 말해 고문 가능성을 시인했다.

— 그때 수사상황이 어땠는지?

"아, 이○○ 형사가 아주 심하게 다뤘지. 그때는 다 그랬어. 당신 녹음하고 있는 것 아니겠지. 이런 말 함부로 하면 안 되는데."

— 이 형사의 성격은 어땠나요?

"아주 괴팍하지. 와일드했어."

— 얼마나 심하게 다뤘나요?

"내 얘기보다 정 씨 말 믿으면 돼. 그 사람이 없는 말 만들어냈겠어."

— 10월 8일, 10월 9일 비행기 태웠나요?

"나는 몰라. 날짜도 모르고. 비행기 태웠는지 몰라. 그거야 담당한 그 사람들이 아는 거고. 정 씨 말을 믿으면 될 거야. 사람이 급박한 상황에 처하면 다 기억을 한다고. 옛날에는 어디서 하는지 모르게 하려고 눈도 가리고 여러 군데 돌아다니다 다시 제자리에 갖다놓고 하고 그랬어. 당신, 녹음기 있는 것 아냐? 옛날엔 한 번 하고 나면 방(취조실)에 있는 가구 위치를 완전히 다르게 바꾸고 그랬어. 나중에 그 사람이 기억하는 것과 다르게 만들려고 그랬다고."

— 비행기 태우고 통닭구이 하고, 그때는 그런 고문이 그렇게 많았나요?

"자꾸 그런 얘기 하지 마. 내 얘기 한번 들어봐. 내가 옛날에 박카스에 쥐약 넣어 사람 죽인 놈을 하나 잡았는데, 그때는 영장 없이도 무조건 달아왔잖아. 달아와서 한 15분 하니까 바로 불더라구. 그런데 자백으로 끝나는 게 아니야. 자백을 뒷받침할 수 있는 증거가 필요해. 완벽해야지. 그렇지 않으면 우리가 거꾸로 말려들어가는 거야. 나는 박카스 쥐약 수사할 때 완벽하게 증거까지 만들어 꼼짝 못하게 했지."

— 통닭구이는 어떻게 하는 건가요?

"이런 얘기 아무나 해주는 것 아니야. 공중에 매다는 게 아니야. 에이 그것도 모르나. (직접 동작을 취하며) 양손을 묶어. 상처 나니까 흠집 안 나게 천으로 감싸고 그 뒤에 줄로 묶지. 그리고 양팔 사이에 양 무릎을 끼우지. 무릎 밑에 봉을 끼우는 거야. 그 봉을 탁자 위에 올려놓으면 사람 머리가 무거우니까 뒤로 빙 돌아갈 것 아니야. 함부로 비행기 태우는 것 아니야. 잘못하면 사람이 죽어. 코에서 큰 방울이 3개 이상 나오면 멈춰야 돼. 안 그러면 죽어."

— 왜 이 형사가 비행기 태웠나요?

"원래 결정적인 물증을 찾은 사람이 다 하는 거야. 한 사람한테 다 몰아주고 그 사람이 끝까지 하는 거지. 이 형사가 범행현장에서 빗을 들고 왔잖아. 이런 얘기 자꾸 하면 반역이 되는데."

— 이 형사가 원래 그쪽 전문인가요?

"그런 게 아니고 원래 옛날에 강력이라고 하면…. 선배들 보고 다 배우고 했으니까. 이 형사가 원래 와일드했어."

— 정 씨는 이 형사가 비행기 태우기 전에 4시간가량 기합을 줘 힘을 완전히 빼놨다는데, 그게 절차였나요?

"잠을 안 재우는 것도 고문이야. 3일만 안 재우면 부는 경우가 있어. 그래도 안 부는 경우도 있지만. 살인, 강간, 강도 등 강력범들은 절대 자기들이 범행을 시인하지 않아. 곱게 놔두면 시인하지 않는다고."

— 비행기 태우고 하는 것들이 언제부터 없어졌나요? 10년 정도 됐나요?

"옛날부터 하지 말라고 그랬어. 우리도 그랬어. 서울은 안 그러지만 지방은 강력범을 데려오면 검사, 판사, 서장 등이 모여 담배도 피우라 그러고 편하게 말하라, 진실로 얘기해보라고 하면서 진짜 진범인지 아닌지 살피고, 그래서 진범이라는 결론이 나오면 그때 기소하지. 그걸 왜 해야 되느냐 하며는 강요에 의해서 자백했나 알아보는 거라고. 형사들이 막 날뛰니까. 그런데 왜 그때 제대로 얘기하지 않았는지 물어봐라. 검사, 판사 앞에서 분명히 말할 기회가 있었을 텐데 왜 그때 말 안 했는지 물어봐. 그 당시에 녹음 다 해놨어."

― 정 씨는 검사가 와서 물어볼 때 형사들이 뒤에 서 있어서 그대로 말할 수밖에 없었다는데요?

"그때 검사, 판사, 서장, 수사과장 이렇게만 들어가. 직원들은 못 들어가."

― 그때 내무부장관이 빨리 잡으라고 특명을 내렸다는데요?

"일반 사건과 달랐지. 파출소장 딸이잖아. 다른 사건과 다르잖아. 내부 식군데. 다른 사건과 다르지."

― 물불 안 가렸나요?

"그럼, 물불 안 가린단 말이야."

― 그러니까 그때 고문이 있긴 있었다는 얘기군요.

"음…. 아 자꾸 왜 그래…."

― 하긴 한 거예요?

"하고 안 하고는 당신 판단에 맡기고…. 정 씨가 안 한 걸 했다고 할 수는 없잖아. 그럼 그 사람 말 믿어야지."

김 씨를 제외하고는 나머지 3명 모두 고문 사실을 부인했다.

내무부장관 표창을 받았던 황○○ 씨(74·당시 경사)는 고문 여부에 대해 "사건 자체가 기억이 잘 나지 않는다"고 말했다.

그는 당시 강원도경 소속으로 사건발생 직후 춘천경찰서에 파견돼 정 씨의 최초 자백을 받았다고 정 씨가 지목한 인물. 2001년 3월 15일 춘천에서 만난 황 씨는 "당시 현장인 춘천서와 강원도경의 연락업무와 서기 역할만 한 것으로 기억한다"며 "상부기관에서 파견됐기 때문에 상을 받은 것"이라고 주장했다.

― 정 씨가 비행기고문과 물고문 등을 당했다고 하는데.

"모르겠네."

― 정 씨는 황 선생님이 최초로 자백을 받아냈다는데.

"기억이 잘 안 나네요."

― 정 씨가 그런 주장을 할 아무런 이유가 없지 않습니까.

"재판받기 전부터 주장했어. 시대가 변천이 됐고. 지금 전라도 대통령이 됐고 하니까 자기가 전라도라서 그런 힘을 믿고 하는 거야 뭐야."

― 그분 지금 전라도에 살기는 하지만 원래 춘천 분인데.

"글쎄 나야 본국에 있었으니까. 그때 본국에 형사가 둘뿐이었어. 시골 경찰이라 그래서 여기는 인원도 없고. 수사본부 설치되면 둘도 못 나가고 혼자 나가. 과장이 본부장이니까 과장 지시에 따라 움직이고. 내가 수집해서 치안본부에 보고하고, 그렇게 처리하고 했지. 실제로 수사할 게 뭐가 있느냐."

― 최초 자백 당시 4시간가량 기합 줘 힘 빼더니 혹시 아는 사람, 친척 중에 힘 있는 사람 있느냐고 물었다는데. 그때 없다고 하니까 고문

을 받기 시작했다는데. 그 자리에 당신이 같이 있었다고 하는데.

"(고개 저음)"

— 이제 다 끝난 사건인데 문제될 것 있느냐. 공소시효도 끝났고.

"전혀 모르겠네요."

— 그래도 그 당시에 비행기태우기 등은 있지 않았느냐. 관행상.

"나한테 유도심문 하는 거요. 아, 왜 그러우. 거 기분이 좋지 않네요. 그런 일 없었어요. 내가 보는 앞에서는 그런 일 없었으니까. 상대가 어떻게 얘기하는지 몰라도."

— 공을 세웠으니까 표창을 받으신 건데.

"아, 그러니까 자기 맡은 업무에 충실했다고. 아, 다른 사람은 특진 했는데 왜 나는 표창장 한 장 달랑 받았겠어."

— 옛날 수사기록에도 보면 이○○ 형사와 황 선생님이 자백을 받았 던데.

"기억이 없어. 더 이상 얘기할 게 없다."

변○○(66) 씨는 사건 당시 춘천경찰서 수사과 계장(경위)이었다. 그는 총경으로 승진해 퇴직했다. 2001년 3월 15일 춘천에서 인터뷰했다. 그는 "정 씨가 범인이라고 단정할 물증은 없었으나 자백을 녹음한 테이프 때문에 심증을 굳히게 됐다"며, "녹음테이프 내용은 범행을 직접 하지 않았다면 할 수 없는 것이었다"고 말했다. 그는 "당시 기자들이 경찰서 에 진을 치고 있었고 고문은 절대 없었으며 아직도 정 씨가 진범이라고 생각하고 있다"고 덧붙였다.

— 당시 수사한 경찰을 만났는데, 명시적으로 고문이 있었다고 말하

지는 않지만 비행기태우기, 통닭구이 같은 게 있었다고 시인했다.

"그때 기자들이 경찰서에 와서 살았어. 기자들이 다 보는데 어떻게 고문을 해."

— 경찰서가 아니고 파출소 아닌가. 그 뒷방에서.

"내가 탄원서의 고문 부분 읽어봤어. 정말 황당한 이야기야. 고춧가루다, 물을 뿌렸다고 그러지. 내가 경찰생활 40년인데, 직원들도 전혀 못하게 했어. 차라리 범인을 못 잡는 게 낫지."

— 현장에서는 그런 일이 있었다는데.

"만약에 고문이 있었다고 한다면 어떻게 그렇게 범행을 시인하고 재연했겠는가."

— 당시 시대상황이 유신 직전이었다. 내무부장관이 10월 10일까지 시한을 정해 범인을 잡으라고 엄명도 내렸고.

"나도 그거 신문에서 봤어. 시한부 수사였다고. 언제까지 잡아라, 억지로…. 범죄자를 시한을 정해서 잡는다는 것은 있을 수 없는 거야."

— 검사도 자신이 없어서 기소를 10일 연기했고. 아까 말씀하셨듯이 뚜렷한 물증도 없지 않았습니까.

"생각을 해봐요. 그게 중요한 사건이었고 무기형까지 가능한데 어떻게 고문을 해서 조작하나."

— 검사, 판사도 다른 증거 가지고는 확신을 못하고 있다가 파출소 뒷방에서 녹음한 걸 듣고서야 좀 인정하기 시작했다는데.

"내가 볼 때 자백 녹음이 상당히 역할을 했어. 그런데 내가 보니까 진범 아니면 그렇게 얘길 못해요. 진범이 아니고서는. 검사와 대화하는 내용을 들어보면. 형사들 둘러앉아서 한 것이 아니야."

— 형사가 뒤에 서 있었다고 하는데.

"물론 뭐 그럴 수도 있지만. 검사가 진범이냐 아니냐 판단하기 위해 나온 것이거든. 기소한 다음에 검사, 판사, 변호사가 그 녹음테이프를 들었지. 그때 1심 변호사도 이걸 듣고서 '아 진범이 맞구나' 이렇게 나한테 얘기했어."

— 당시 공소사실에 부합하는 진술이나 증언을 한 사람들을 만났는데 그 사람들도 다 증언을 번복하고 있는데.

"그런 것들은 별로 필요 없었어. 그리고 사람의 말이라는 거는 바뀔 수 있는 거야. 자백 내용이 그냥 대화식으로 하는 게 아니야. 정확히 기억 못하는데, 물증 같은 직접 증거는 없었지. 사건 자체가 그런 물증 같은 것이 있을 게 없어. 논두렁에 지문이 있겠어? 범인을 못 잡았다고 누가 봉급을 안 주나, 진급을 안 시키나. 장관이 지시를 내렸다는데 그 지시에 따라 억지로 만든다는 건 말이 안 돼. 사건 수사를 어떻게 날짜 정해서 하나? 검사가 기소 전에 물증도 없고 걱정이 됐는지 나를 불렀어. 고문당했다고 한참 주장할 때지. 그때 검사에게 녹음한 것 들려줬지. 정 씨에게도 들려줬더니 한마디 안 하더라구.

그리고 검사에게 자백한 그것 때문에 진범으로 확인이 된 거야. 열 사람의 범인을 놓쳐도 한 사람의 억울한 사람을 만들지는 않아야지. 우리 수사하는 사람들은 그렇게 했어. 지금까지 내가 수사했는데 무죄 나왔다고 항의한 사람은 한 사람도 없었어."

이○○ 씨(64 · 당시 순경)는 "다른 곳에 파견 나갔다가 돌아오니 이미 다른 직원들이 분야를 나눠 수사 중이어서 깊이 관여하지 않았다"고 말했다.

당시 수사검사였던 정○○ 변호사(60)는 "당시 경찰관들에게 정 씨의 자백이 믿을 수 있는 것인지 물어본 기억은 있다. 정 씨는 법정에서도 고문과 허위자백을 주장했지만 재판부 역시 받아들이지 않았다"고 말했다.

09

자백은 증거의 여왕이었다.

1973년 3월 30일 춘천지방법원. 사건번호 72고합131, 재판부는 제1형사부. 재판부는 정 씨의 자백과 증인들의 진술 등을 근거로 유죄를 인정해 무기징역을 선고했다.

판결문은 간결했다. 공소사실을 거의 그대로 인정한 뒤 증거목록을 명시하고 양형(量刑) 이유를 설명했다.

피고인은 1960년 3월 ○○신학교를 졸업하고 같은 해 6월 6일 현재의 처인 공소외 이○○과 결혼한 뒤 교회 전도사, 중학교 교사 등을 역임하다가 1968년 11월 8일 장남이 사망하고 무자격 교사로 직장을 잃은 후 경제적으로 생활난에 부딪히자 종교를 버리고 타락한 생활을 하게 되었고 1969년 10월 중순경부터 춘천시 소양로 2가와 우두동에서 만홧가게를 경영하는 자인바, 1972년 9월 27일 19:00부터 막걸리 1되가량을 마시고 상당히 취한 상태에서 같은 날 20:30경 춘천시 우두동 2구 697번지 소재 피고인 경영의 왕국만홧가게 앞에서 평소 동 만홧가게의 단골로서 피고인을 곧잘 따르던 피해자 장○○을 만나 귀여운 생각이 들어서 동인을 데리고 같은 동 2구 186의 6 소재 강원도 농촌진흥원 제초제 시험답 논둑길을 거닐다가 같은 날 20:50경 동인이 무섭다고 하면서 오른팔로 동인의 상체를 감싸고 걸어가게 되었는바, 이때 순간적인 열정을 일으켜 동인을 강제로 강간할 것을 결의하고 옆 논둑으로 데리고 가서 갑자기 동인을 강제로 안아 논둑에 눕힌 다음 동인의 하의를 벗겨 던져 버리고 소리를 지르지 못하도록 하려고 입과 코를 덮어 누름과 동시에 동인의 배 위에 엎드려 간음을 하려고 하다가 그곳은 사람이 통행하는 길에서 들여다보이는 지점이고 동인도 실신상태에 빠져 반항이 없으므로 동인을 약 18미터 떨어진 옆 논둑으로 안아다 눕힌 다음 그 위에 엎드려 자신의 음경을 동인의 음부에 삽입하던 중 그때까지 실신상태에 있던 동인이 갑자기 소리를 지르자 한편으로는 손으로 입을 덮어 누르는 일방 한편으로는 이 삽입행위를 계속하다가 동인이 또 다시 소리를 지르자 이를 제지하기 위하여 손으로 입을 막는다는 것이 동인의 목을 누르게 되어 경동맥 혈류의 정지 및 질식으로 사망에 이르게 한 것이다.

증거의 요지

위 판시사실은,

1. 동인 김지○, 이계○, 이상○, 김명○, 한동○, 이명○ (피해자의 어머니), 이용○, 이성○ (사체 발견자), 유병○ (사체 발견자) 의 법정에서의 판시사실에 부합하는 내용의 각 진술.
1. 검사작성의 피고인에 대한 제 1, 2회 피의자 신문조서 중 판시사실에 부합하는 내용의 각 진술기재.

1. 검사 및 사법경찰관 작성의 김정○, 정재○(정 씨 아들), 이계○, 이상○, 김명○에 대한 각 진술조서 중 판시사실에 부합하는 내용의 각 진술기재.
1. 사법경찰관 작성의 김지○, 한동○, 이성○에 대한 각 진술조서 중 판시사실에 부합하는 내용의 각 진술기재.
1. 사법경찰관 작성의 검증조서 중 판시사실에 부합하는 검증결과 기재 부분 및 현장 약도 2매, 현장사진 13매의 영상.
1. 당원 72초127 증거보전 청구기록 중 김정○, 정재○에 대한 증인신문조서 가운데 판시사실에 부합하는 진술기재와 검증조서 중 검증내용과 범행 실연사진 28매의 영상.
1. 당원이 시행한 녹음테이프 검증조서 중 판시사실에 부합하는 기재.
1. 국립과학수사연구소 감정인 조달○ 작성의 감정서 중 감정기재 부분.
1. 국립과학수사연구소 감정인 정성○ 작성의 감정서 중 감정기재 부분.
1. 의사 이양 작성의 사체부검 감정서 중 판시 사망원인에 부합하는 기재 부분.
1. 압수된 머리빗 1개, 동아연필 1자루, 백색 팬티 1점, 쥐색 하의 1점의 각 현존 등을 종합하여 인정할 수 있으므로 판시사실은 그 증명이 충분하다.

법령의 적용

법률에 비추건대 피고인의 판시 소위는 형법 제301조(강간치사) 제297조(강간)에 해당하는바, 형의 양정에 앞서 피고인의 정상을 검토하건대 피고인은 ○○신학대학 3년을 수료하고 전도사와 중학교 교사 등의 직에 종사하였던 지식인으로 슬하에 2남 2녀의 자녀를 둔 가장인 점, 비록 판시사실의 모두에 기재된 바와 같이 아들과 직장을 잃은 후부터 신에 대한 실망으로 신앙심을 버리고 전에 몰랐던 술, 담배, 여자를 가까이하게 되었다 하더라도 1969년경부터 당시 나이 불과 16세밖에 안 되는 공소외 김정○이란 소녀와 피고인 경영 만홧가게에서 내연관계를 맺고 이중생활을 해오고 있는 점, 이 사건 피해자도 불과 10세인 어린이를 자신의 성적 욕구 충족의 도구로 삼았던 점, 공판과정에서 시종 범행을 부인하면서 개전의 빛을 보이지 않는 점 등으로 미루어 피고인에 대하여는 무기징역형을 선택하여 처단하기로 한다.

1심 판결에 대해서는 정 씨와 검찰 양쪽에서 항소했다. 정 씨에 대해 사형을 구형한 검찰은 양형(무기징역)이 부당하다는 주장이었다.

1심 판결 후 구치소에 수감돼 있는 정 씨에게 낯선 변호사가 찾아와 접견을 신청했다. 그는 자신을 '이범열 변호사'라고 소개했다. 이 변호사는 정 씨에게 몇 가지 물어본 뒤 무료로 항소심 변론을 맡아주겠다고 했다. 1심 재판에서 돈이 없어 60세가 넘은 국선변호사에게 변론을 맡겨야 했던 정 씨에게는 기적 같은 일이었다. 더구나 당시 이 변호사는 부장판사를 하다 개업한 지 얼마 안 되는 상황이었다.

정 씨는 2000년 11월 L에게 28년 전 이 변호사와의 첫 인연을 이야기하면서 "이 변호사가 구치소의 다른 재소자들한테서 내 이야기를 듣고 직접 찾아와주신 것 같다"고 말했다.

이 변호사는 다른 사건은 거의 팽개치고 정 씨 사건에만 매달렸다. 이 변호사의 장남 이재승 씨(고려대 교수)는 2001년 여름 L에게 이렇게 말했다.

"저희들도 정 씨 사건을 기억합니다. 제가 초등학교 다니던 시절이었는데 아버님은 어머니와 저희들을 데리고 여러 차례 춘천을 방문하셨어요. 아버님은 춘천에서 저의 가족들에게 조그만 호텔에 방을 잡아주시고는 며칠 동안 사건현장 등을 직접 찾아다니시며 수사관처럼 조사하시고 증인들을 찾아 물어보곤 하셨습니다."

정 씨의 항소심 재판은 6월에 이르러서야 첫 공판이 열렸다. 구속만기(1심 선고 후 4개월)까지는 두 달 정도밖에 남지 않은 상태였다. 재판이 충실히 진행될 수 없었던 것은 당연한 일이었다. 이 변호사는 최초 부검을 맡았던 의사 이양 씨를 증인으로 신청했으나 구속만기에 쫓겨 증인신청을 철회할 수밖에 없었다. 결국 3, 4차례의 공판밖에 진행하지 못하고 선고기일을 맞았다.

항소심에서 이 변호사는 자백의 임의성을 집중적으로 따졌다. 거의 유일한 증거인 정 씨의 자백은 경찰로부터 조사받을 때 고문을 당하며 강요된 허위진술이며, 검사 앞에서 작성된 피의자 진술조서도 경찰 자백이 기초가 된 것이므로 이것들은 모두 임의성이 없는 자백으로서 증거능력이 없다고 주장했다.

검사는 정 씨가 살인의 고의를 가지고 피해자 장 양의 목을 눌러 살해한 것이므로 강간치사죄를 적용한 1심 판결은 잘못되었다며 살인죄를 적용해 사형에 처해야 한다고 주장했다.

1973년 8월 9일, 서울고등법원 형사2부는 정 씨에 대해 1심대로 무기징역을 선고했다. 피고인과 검사의 항소가 모두 기각된 것이다.

항소심 판결의 주요 부분은 다음과 같다.

피고인이 검사로부터 조사받을 때 고문을 당한 일이 없음은 본인이 자인하는 바이고, 피고인이 전문학교 정도를 졸업하고 중학교 교사까지 지낸 바 있는 경력을 가진 38세의 남자인 점에 비추어 상당한 자기방어 능력이 있다고 보이는 점, 각 조서상의 피고인의 서명과 무인, 동 조서의 내용 등에 비추어보면 피고인의 위 검사 앞에서의 자백은 임의성이 있는 진술로 보이고, 그 밖의 범행실연을 한 검증조서의 검증결과 기재나 녹음 내용 중 피고인의 자백진술도 그 내용이 위 검사 작성의 피고인에 대한 제 1, 2회 피의자 신문조서 중의 피고인의 진술내용과 같은 점, 앞에서 설시한 바와 같이 피고인에게 상당한 자기방어 능력이 있다고 인정되는 점 등에 비추어 임의로 진술 또는 재연을 한 것이라고 보이고 달리 임의로 진술한 것이 아니라고 의심할 만한 이유 있음을 찾아볼 수 없다.

이 변호사는 당시로서는 파격적인 16절지 51장 분량의 장문의 상고이유서를 썼다. 상고이유서에는 1, 2심 판결이 유죄판단의 근거로 제시한 정 씨의 자백과 각 증인들의 진술의 모순점, 압수물품과 현장검증의 허구 등에 대한 예리하고 상세한 지적이 제시돼 있다. 이 변호사는 특히 정 씨 자백 자체의 모순점을 집중적으로 부각시켰다. 상고이유서 가운데 자백과 관련된 내용의 요점은 다음과 같다.

피고인의 자백 경위
◇ 피고인은 사건 발생 후 용의자 가운데 1인으로 지목돼 1972년 9월 29일 경찰에 연행돼 사농동파출소에서 본 사건에 대한 추궁을 받은 뒤 즉시 수사편의를 위해 즉결심판에 회부돼 구류 5일의 처분을 받고 10월 4일

밤 12시경 석방될 때까지 춘천경찰서에 수감돼 있으면서 별건 구속수사로 팬티검사, 음모채취(3회), 김OO과의 불륜관계, 사건 당일의 행적 등에 관해 계속적으로 폭력이 수반된 불법수사를 받으면서 자백을 강요당했다.

◇ 피고인은 1972년 10월 7일 10시경 재차 연행돼 사농동파출소를 거쳐 춘천경찰서로 옮겨진 뒤 당일 심야부터 5, 6명의 수사관들로부터 폭언, 구타, 발로 걷어차기, 엎드려뻗쳐, 목봉을 끼운 채 무릎을 꿇리고 구둣발로 밟기, 토끼뜀, 비행기태우기, 물고문 등 갖은 가혹행위를 당하면서 자백을 강요받았고 수사관들의 이러한 가혹행위는 1972년 10월 9일 새벽 피고인 입에서 "내가 죽였다"는 절규가 터져 나올 때까지 계속됐다.

◇ 특히 위와 같은 수사는 구속영장이 발부되기 전 불법구금상태에서 이뤄졌다. 또한 피고인이 1972년 10월 7일 아침 자기 집에서 일어나 연행된 후부터 "내가 죽였다"고 절규한 1972년 10월 9일 새벽까지, 아니 그 뒤 현장에 이르러 그럴 듯한 범행재연을 마칠 때까지 만 60시간 동안 단 한숨의 잠도 자지 못한 상태에서 이뤄졌다. 이와 같은 조사는 1, 2, 3차 피고인의 자백내용이 이미 밝혀진 객관적 사실, 심지어 의사 작성의 사체해부 결과에까지 완벽하게 부합된다고 수사관이 느낄 때까지 집요하게 반복되면서 수정됐다. 이리하여 피고인의 자백은 시간의 경과에 따라 점차 구체화되고 객관적 사실에 어김없이 부합되어갔다.

◇ 경찰수사과정에서 수사지휘검사의 이례적인 피의자 신문은 첫째, 구속영장도 없이 강제로 연행된 후평동파출소에서 이뤄졌고 그 장소는 다름 아닌 극심한 고문의 현장이었으며, 둘째, 피고인에게 자백을 강요하며 가혹행위를 한 경찰관 4명이 동석한 가운데 이뤄졌고, 셋째, 피고인

이 종전 자백을 번복해 결백을 호소하면 또 다시 극심한 고문이 반복될 것이라는 상황이 예견된 상태에서 이뤄졌다.

자백의 신빙성 여부

피고인의 진술(자백)을 자세히 살펴보면 그가 진범이 아니기 때문에 어쩔 수 없이 드러날 수밖에 없는 허다한 모순과 부조리를 내포하고 있어 그 진술 자체로도 도저히 사실이라고 할 수 없다. 진실성의 담보는 객관적 사실에 부합됨을 전제로 하는 것이다.

◇ 정 씨가 사건 당일 밤 8시에 집을 나와 약 300미터 떨어진 만홧가게 앞에 이르러 피해자 장 양을 만났다는 자백에 대해,

― 피고인의 집과 만홧가게는 도보로 1천 보 정도이므로 피고인이 만홧가게에 도착한 시간은 밤 8시 10분 전후가 되었을 것이다. 그런데 장 양은 당일 저녁 7시경 저녁식사를 하고 7시 반경 집을 나왔으므로(장 양 어머니의 진술) 이 두 사람 간의 시간 차이는 적어도 30분이라는 계산이 나온다. 30분의 시차 동안 두 사람이 각자 어디서 어떻게 헤매다가 만홧가게 앞에서 조우하게 됐는지에 대해서는 전혀 조사되지 않았다. 이는 두 사람이 서로 만나지 않았기 때문에 생긴 모순이다.

― 의사 이양의 감정결과에 따르면 사망시각은 식후 30분 내지 50분이라는 것이므로 피해자 장미희는 저녁식사를 한 오후 7시부터 30분 내지 50분 후인 오후 7시 30분 내지 7시 50분경에 사망했다는 결론이 나오는데, 이는 피고인이 피해자와 만나고, 걸어가고, 실랑이하고, 범행하는 시간은커녕 피고인이 자기 집을 나오기도 전에 피해자가 사망했다는 결론이 된다.

— 국립과학수사연구소 감정인 정성○의 감정결과에 따르더라도 비슷한 결론이 나온다. 그의 감정결과에 따르면 사망시각은 식후 1시간 내지 2시간이라는 것이므로 피해자 장미희는 저녁식사를 한 오후 7시부터 1시간 내지 2시간 후인 오후 8시 내지 오후 9시에 사망했다는 추측이 가능하다. 식후 1시간을 사망시간으로 추정한다면 그때는 피고인 정씨가 자기 집을 나서기 시작한 때에 불과해 피고인이 피해자를 사망케 할 수 없다는 결론이 된다. 식후 2시간을 사망시간으로 추정한다면 피고인이 집을 나온 지 1시간 만에 범행을 끝냈어야 하는데, 이 사건내용과 피고인 및 피해자의 행적에 비춰보면 이것도 현실적으로 불가능하다.

범행 내용과 모순되는 피고인의 자백

◇ 피고인은 도주하려는 피해자와 실랑이를 벌이다가 피해자가 논에 빠져 이를 끌어올리면서 한쪽 발이 논에 빠졌다고 했는데 이는 이치에 맞지 않는다.

— 만일 그 자백이 사실이라면 한쪽 발만 빠진 피고인은 범행 후 도랑에서 신발을 씻을 정도로 많은 진흙이 묻어 있었고 이 진흙이 다시 피해자의 목에 묻을 정도였는데, 양쪽 발이 다 빠진 피해자 장 양은 진흙이 묻지도 않았고 오직 발가락 끝에 현장의 흙이라고는 보기 어려운 미량의 흙이 묻어 있음에 그쳤다는 점을 도저히 설명할 수 없다.

— 피고인의 발에 묻은 진흙이 피고인의 손으로 옮겨져 묻었다고 했는데 그렇다면 피고인에게 안겨 16미터나 옮겨진 피해자 장 양의 옷이나 몸에도 진흙이 묻었어야 하는데 장 양 몸에는 진흙이 전혀 없었다.

◇ 피고인이 욕정을 느껴 강간을 결의하고, 피해자가 돌연 끌어안은 피고인의 소행에 공포를 느껴 반항하고, 서로 밀치고, 도주하고, 이를 쫓아가 다시 끌어안고 하는 실랑이가 있었다면 범행현장에는 피고인과 피해자의 발자국이 어지럽게 나 있었을 것이고 현장 주위에 그러한 상황을 추측하게 하는 상황이 남아 있어야 할 것이다. 그러나 정작 현장에는 그러한 어지러운 상황이 전혀 나타나 있지 않았고 현장에서 발견된 피해자의 슬리퍼는 마치 곱게 벗어놓은 것처럼 가지런히 놓여 있었다는 점을 설명할 수 없게 된다.

성교에 관한 자백도 신빙성이 없다.

피고인은 "한 손에 음경을 잡고 한두 번 내려 누르다가"라고 자백했는데, 이와 같은 성교는 객관적인 피해상황과 전혀 맞지 않는다. 감정결과에 의하면 피해자의 국부에는 처녀막 완전 파열, 국부 하부의 2센티미터 정도의 열상, 현장의 풀에 다량의 혈흔이 발견될 정도의 출혈, 심한 국부 내부의 충혈과 부종 등이 발생하였으며, 범인의 음모 또한 부착되어 있었다. 이 감정결과는 바로 성인 남자의 완전한 성교가 있었음을 의미하는 것이다. 따라서 피고인의 성교와 관련된 자백은 객관적 상황과 모순된다.

범행 직후의 행적

피고인은 "정신없이 뛰다 보니 발이 질퍽질퍽했다"고 자백했으나, 이는 사실에 반한다. 범행 당시는 9월 말이어서 범행현장인 논에는 물이 없었다. 검증 당시의 사진을 보면 구두를 신고 범행재연을 하는 피고인의 구두 밑 흙은 굳은 흙이다.

16절지 51장에 이르는 장문의 상고이유서. 그러나 상고심 판결문은 너무 짧았다. 판결 이유는 단 1문장에 6줄이었다.

원심 판결이 인용한 제1심 판결이 든 증거들을 기록에 의해 검토하여 보면 피고인의 판시와 같은 본건 강간치사 사실을 인정할 수 있으니 같은 취지로 판시한 원심 판결은 정당하고 거기에 채증법칙 위배나 경험칙 위배의 위법이 있음을 인정할 수 없고 또 일건 기록을 검토하여 보아도 심리미진의 위법이 있음을 인정할 수 없다. 논지는 모두 이유 없다.

상고기각은 대법원 판사 4명의 일치된 의견이었다.

10
—

1973년 11월 27일, 기결수가 된 정 씨는 광주교도소로 옮겨졌다.
　교도소에서 정 씨를 지켜준 것은 신앙이었다. 그는 시련을 준 신에게 오히려 감사드리며 수감생활을 견뎠다고 말했다.
　1980년, 그의 나이도 40대 후반으로 접어들었다. 비상계엄이 선포되고 5·17, 5·18 사태가 터졌다. 조직폭력배와 전과자, 재소자들을 상대로 한 신군부정권의 '삼청교육'도 시작됐다. 정 씨도 당연히 대상이었다. 6개월 이상을 거의 매일 불려나가 군대 유격장 같은 곳에서 목봉체조 등 단체기합을 받으며 지냈다. 군인들이 입다 폐기처분하는 군복을 얻어 입고 비가 오나 바람이 부나 '교육'을 받았다. 정 씨는 경찰관들의 '고문' 이후 가장 혹독한 육체적 시련을 겪었다. 더구나 40대 후반의 나이에 젊은 '조폭들'과 똑같은 훈련을 받는다는 것은 견디기 어려웠다.

정 씨가 삼청교육에서 빠질 수 있는 유일한 방법은 신병 핑계를 대는 것. 교육장에서 "몸이 움직이지 않는다"고 그냥 누워버리는 것이다.

그러나 정 씨는 단 한 번도 핑계를 대지 않고, 단 하루도 교육을 거른 날이 없었다고 말했다.

"하느님이 내게 주신 시험과 고난을 달게 받기 위한 것이었습니다."

1987년 12월 24일, 정 씨는 성탄절을 하루 앞두고 모범수로 가석방됐다. 정 씨가 갈 곳은 없었다. '강간살인범'이 다시 고향으로 돌아간다는 것은 생각할 수도 없었다.

정 씨 가족은 산산이 부서졌다. 정 씨가 유죄판결을 받으면서 가족들도 더 이상 고향에서 살 수 없게 됐다. '흉악범의 아내'와 '흉악범의 자식'이 됐기 때문이다. 정 씨 가족은 무작정 서울로 이주했다. 얼마 후 아내는 교통사고를 당해 다리 한쪽을 무릎 위쪽까지 절단했다. 아들 둘은 모두 중학교만 졸업한 뒤 학업을 포기했고 각자 살길을 찾아 뿔뿔이 흩어졌다.

정 씨는 남도 지리산 자락 두메산골로 들어갔다. 그곳에는 누이가 남겨놓은 땅이 있었다. 정 씨는 땅을 일구고 가축을 치기 시작했다. 그는 모범수에서 모범 농민으로 변해갔다.

주경야독(晝耕夜讀). 정 씨는 농사일을 끝마친 뒤 밤에는 다시 신학을 공부했다. 몇 년 지나 목사가 됐고 동네에 교회도 세웠다. 교회는 건

축헌금 한 푼 받지 않고 스스로 농사짓고 가축을 쳐서 번 돈으로 세웠다. 그의 교회는 매주 걷히는 헌금이 1만 원을 넘어선 적이 거의 없다. 1주일 헌금을 모두 합하면 보통 2천 원 정도. 신도는 30명 남짓. 정 씨는 스스로 일해서 번 돈으로 오히려 교회 신도들에게 베푼다.

L은 2001년 8월 정 씨 집을 찾았다. 서울에서 고속버스를 타고 4~5시간 걸리는 곳이다. 정 씨 마을에는 '강간살인범 정○○'은 존재하지 않았다. '목사 정△△'만 있었다.

2001년 7월 중순 비가 몹시 내리던 날, 정 씨가 오랜만에 다시 서울로 올라왔다. 정 씨는 L과 만나 얘기를 하다 갑자기 얼굴이 창백해지고 입이 굳어버렸다. 중풍증세가 다시 도진 것이다. 정 씨는 한방병원에 가서 침을 맞고 안정을 취한 뒤 겨우 정상을 찾았다.

"중풍증세로 두 번 쓰러졌습니다. 오늘은 그렇게 심한 것은 아니에요. 이제 살 만큼 살았는데…. 그렇지만 이렇게 그냥 죽을 수는 없는데…."

정 씨는 이전의 중풍증세 때문에 한쪽 팔을 제대로 움직이지 못했다.

그날 정 씨는 L에게 '유서'(遺書)를 보여줬다. 그는 아들을 위해 유서를 미리 써서 가지고 다닌다고 했다. 언제 어떻게 될지 모르는 상황, 아들에게 마지막 말을 전해야 하기 때문이라고 그는 말했다.

그의 유서에는 이렇게 쓰여 있었다.

"… 평생 짐만 지워주고 아무것도 해준 것 없이 다시 부탁을 해 미안하구나. 내가 죽으면 나를 묻지 말고 화장하면 좋겠다. 타고 남은 뼛가루는 강에 뿌리지 마라. 누명을 벗지 못한 살인범의 더러운 흔적으로 강물을 오염시키고 싶지 않다. 차라리 산에다 뿌려 거름이나 되게 해줬으면 좋겠다 … ."

정 씨는 좀더 살고 싶다고 말했다. "좀더 살아서 아들에게 진실을 물려주고 죽고 싶다"는 것이었다.

'진실'을 물려주기 위한 정 씨의 노력은 1999년 11월에 본격적으로 시작됐다. 그는 사건발생 27년 만에 다시 재판해 달라고 서울고등법원에 재심을 청구했다.

정 씨는 1987년 12월 석방 직후부터 재심을 생각하고 있었다. 그러나 산골 마을에 숨어 사는 처지에 재심을 내는 것은 쉽지 않았다. 정 씨는 땅을 개간해 농토를 만들고 가축을 기르며 교회를 세웠다. 정식으로 목사가 돼 예배를 인도하고 설교도 했다. 그렇게 세월은 갔다.

그러다가 1996년 2월 정 씨의 변호인이었던 이범열 변호사가 식도암으로 세상을 떠났다. 이 변호사는 세상을 떠나기 얼마 전 정 씨를 불러 창고에 보관해온 사건기록 전부를 건네줬다.

"정 목사, 내가 왜 이것을 당신에게 주는지 알아? 나보다는 당신이 오래 살 것 같기 때문이야. 이 기록을 가지고 꼭 재심을 청구해 보라구."

이 변호사는 정 씨가 목사가 됐다는 소식을 들었을 때 "축하한다"는 말보다 "부럽다"는 말을 먼저 했다.

"목사가 됐으니 술 담배는 안 하겠네. 그러면 오래 살겠지? 나도 자네처럼 술 담배를 안했으면 좋을 텐데 … . 부럽네."

1973년 11월 대법원이 정 씨의 상고를 기각했을 때 이 변호사는 3일 동안 집에 들어가지 않고 통음(痛飮)했다. 정 씨는 자신의 사건으로 인한 상심이 이 변호사의 명을 재촉한 것 같다고 언젠가 L에게 얘기했다.

이 변호사가 세상을 떠난 뒤 정 씨는 여기저기 변호사들을 찾아다니며 재심을 부탁했다. 그러나 변호사들에게 돌아온 대답은 한결같이 "현실적으로 어렵다"는 것이었다. 몇몇 변호사들은 "진범을 잡아오면 재심을 맡아주겠다"고 말하기도 했다. 정 씨는 낙담했고, 그렇게 다시 몇 년이 흘렀다.

1999년 초, 교도소에 있을 때 알게 된 한 지인(知人)이 정 씨에게 '민주사회를 위한 변호사 모임'이라는 단체가 있다고 알려줬다. 가난하고 불쌍하고 억울한 사람들을 도와주는 변호사들이라는 설명과 함께.

정 씨는 무작정 민변 사무실을 찾아가 자신의 사정을 이야기했다. 민변에서는 이 사건을 박찬운(朴燦運) 변호사에게 맡겼다. 당시 박 변호사는 미국과 유엔 등에서 인권연수를 마치고 막 귀국한 상태였다. 박 변호사는 이범열 변호사에 대한 기억 등을 되살리며 사건기록을 꼼꼼히 살펴보았다. 곧 민변의 '맹장'(猛將)인 이백수(李白洙) 변호사와 임영화(林營和) 변호사에게 연락해 협조를 구했다. 이렇게 해서 '이범열 변호사'의 젊은 후예들이 다시 모였다.

문제는 정 씨 케이스가 형사소송법상의 재심청구 사유에 해당하느냐는 것이었다. 형사소송법은 재심청구 사유를 △ 판결에 결정적인 영향을 미칠 만한 새로운 증거가 발견된 때, △ 판결에 영향을 미친 증인의 증언이 위증으로 확정된 때 등으로 엄격히 제한하고 있었다. 특히 재판 실무에서는 두 번째 사유의 경우 문제의 증인이 위증죄로 기소돼 유죄 확정판결이 난 때에만 인정하고 있었다.

정 씨의 경우 이계○, 한동○ 씨 등 사건 당시 증인이 위증죄로 확정판결을 받으면 재심이 가능하다. 다행히 이들 두 사람은 모두 박 변호사 등과 만나 당시 증언이 사실이 아니었다고 시인했다. 따라서 이들을 위증죄로 고발해 유죄판결을 받게 하면 재심이 가능했다.

그러나 이것은 원천적으로 불가능했다. 이계○ 씨의 경우 위증죄의 공소시효가 지났고, 한동○는 당시 형사미성년자로 공소권 자체가 없었다.

박 변호사 등은 머리를 맞대고 궁리를 한 끝에 궁여지책으로 당시 진술과 증언이 허위였다고 말한 이계○ 씨의 대화내용을 문서로 작성해 공증을 한 뒤 이 씨를 춘천경찰서에 위증혐의로 고소했다. 물론 이 씨에게 미리 양해를 구했다. 경찰은 이미 공소시효가 지났는데도 이례적으로 이 씨를 불러 진술서를 받은 뒤 검찰의 지휘를 받아 공소시효 만료로 인한 '공소권 없음' 결정을 내리고 이 사실을 정 씨에게 통보했다.

박 변호사 등은 이 통보내용을 근거로 서울고법에 재심을 청구했다. 이계○ 씨의 사건 당시 증언이 위증이었음을 사실상 확인했다고 주장한 것이다.

정 씨 재심사건은 서울고법 형사5부에 배당됐다. 담당재판부는 고심에 고심을 거듭했다. 도중에 재판장이 바뀌기도 했다. 정 씨의 재심청구 사유가 형사소송법이 정한 엄격한 요건에 딱 들어맞지 않는 데다, 비록 30년 가까이 지난 일이기는 하지만 대법원의 판결을 하급 법원이 스스로 부정해야 하는 부담 때문이었을 것이라고 변호사들은 추정했다. 재심을 청구한 이후 해가 두 번째 바뀌도록 법원에서는 아무런 소식이 없었다.

11

2001년 5월 18일, 정 씨는 다시 서울로 올라왔다.

정 씨의 이날 상경은 특별한 의미가 있었다. 그는 30년 만에 처음으로 서울 면목동의 큰아들(정재호·38)과 함께 잤다. 아들은 택시를 운전하면서 월세 20만 원짜리 지하 사글셋방에서 어렵게 살고 있었다. 아들은 '살인범' 아버지 때문에 학교도 제대로 못 다니고 한때 주먹세계에 빠져 방황하기도 했지만 이제 아버지와 화해했다. 아들은 아버지를 이해하고 억울함을 푸는 일에 적극적으로 나서겠다고 말했다.

아버지는 말했다.

"네가 도와주니 법원에 낸 재심이 잘될지도 모르겠다. 그러면 유서를 고쳐 써야 하지 않겠니? 내 뼈를 강에다 뿌려달라고."

한 달 후 정 씨는 L에게 팩시밀리로 글을 보내왔다. 한 달 전 화해한 아들로부터 받은 편지라고 했다.

아들 재호 씨는 1972년 사건 당시 초등학교 3학년이었다. 사건발생 직전 왕국만홧가게를 지키다 아버지와 교대했다. 그는 사건 직전 아버지를 마지막으로 본 목격자였다.

편지는 아들 재호 씨의 친필로 쓰여 있었다. 그는 당시 경찰조사에서 강간살인사건 현장에서 발견된 연필이 자신이 쓰던 연필이라고 진술, 아버지의 유죄판결에 결정적 역할을 한 사연을 고백했다.

"당시 형사들이 아무것도 모르는 어린 나를 지서로 끌고 가 며칠씩 잠도 안 재우고 몰아붙이면서 '이 연필이 네 것이냐'고 해서 얼떨결에 '맞다'고 대답했는데, 이것이 아버지를 살인범으로 만드는 결정적 증거가 됐습니다."

정 씨 구속 이후 아들은 고향 춘천에서 더 이상 살 수 없어 어머니, 동생과 함께 서울 할머니 댁으로 이주했다. 아들은 씨름부 주장으로 지역대회에서 우승도 하고 웅변대회에서 상도 타는 등 모범생으로 지냈다고 했다. 그러다가 서울 K중학교 2학년 때 단체 관람한 영화가 자신의 운명을 바꿨다고 아들은 고백했다. 영화제목은 〈방랑시인 김삿갓〉.

"김병연은 선천부사였던 김익순이 자신의 할아버지라는 사실도 모르고 홍경래의 난을 막지 못했다며 격렬하게 비난하는 글을 썼습니다. 그는 나중에 김익순이 자신의 할아버지였다는 사실을 알고 하늘 보기가 부끄럽다며 삿갓을 쓰고 방랑을 시작했습니다. 그 순간부터 저는 책가방을 집어던져버렸습니다."

아들은 아버지를 살인범으로 만들었다는 자책감에 괴로워하다 폭력세계로 빠져들어 젊은 시절 허송세월을 보냈다고 말했다. 아들은 지난 세월에 대한 참회와 함께 아버지에게 용서를 빌었다.

아버지와 아들이 화해할 무렵 변호사단체도 아버지의 일을 돕겠다고 나섰다. 대한변호사협회가 정기 인권위원회 회의에서 정 씨 사건에 대해 법률구조를 해주기로 의결했다. 변협은 정 씨 재심청구사건이 최종적으로 끝날 때까지 소송 수행에 필요한 지원을 해주기로 했다.

12

2001년 6월 4일 오후 3시 서울고법 404호 법정. 정 씨가 법정에 다시 섰다. 1973년 6월 서울고법 항소심 법정에 선 이후 28년 만의 일이었다.

"30년 맺힌 한을 어떻게 5분 동안 이야기할 수 있겠습니까. 여기 정성스럽게 써온 것이 있으니 받아주시고 부디 좋은 결정을 내려주시기 바랍니다."

28년 전 수의를 입고 포승에 묶였던 30대 후반의 피고인은 양복을 어색하게 차려입고 머리가 하얗게 센 60대 후반의 노인이 돼 있었다.

이날 공판은 정 씨 재심사건 재판부가 재심을 받아들일지 여부를 결정하기 전에 사전심문을 직접 해보겠다고 해서 이뤄진 것이었다. 형사소송법 제 431조의 '사실조사'에 해당하는 것이었다. 이 조항은 "재심의 청구를 받은 법원은 필요하다고 인정한 때에는 재심청구의 이유에 대한 사실조사를 할 수 있다"고 규정하고 있다. 사실조사는 재심사건 주심인 조용준(趙庸準) 판사가 맡아 진행했다.

"정말 오랫동안 기다렸습니다. 반드시 진실이 밝혀지리라 믿습니다."

정 씨는 이렇게 말하며 감격의 눈물을 흘렸다. 28년 전 "증인을 다시 심문해달라"는 이범열 변호사와 자신의 간청을 배척한 서울고법이 자신의 억울한 사연에 다시 관심을 기울였다는 것 자체가 너무나 큰 감격이었다.

정 씨는 이날 법정에서 변호인이 어렵게 얻어낸 5분간의 진술시간을 스스럼없이 반납했다. 그는 대신 이틀 동안 엄지손가락 두 개만을 이용해 타이핑한 A4용지 두 장짜리 '진술서'를 재판부에 제출했다. 그는 두 번의 중풍 발병으로 팔과 손을 제대로 쓸 수 없는 상태여서 손가락만으로 타이핑한다. 정 씨는 얼마 전 L과 대검찰청 구내식당에서 점심을 함께한 적이 있는데, 그때 숟가락을 제대로 들지 못했다.

진술서에서 그는 이렇게 말했다.

"모든 것을 정리하고 하나님 품으로 돌아갈 준비를 하고 있는 지금, 이 사건의 진범을 비롯해 고문자도, 조작자도, 재판을 잘못한 법관들도, 자기 잘못을 인정하면 모두 다 용서하고 저도 평안히 눈을 감고 싶습니다."

정 씨는 "당시 항소심은 내가 '조그만 여자애를 좋아하는 변태성욕자'라는 선입견을 가지고 있었다. 검사의 구형대로 가장 완벽하고 합법적인 증거인멸인 '사형'을 선고하지 않은 것이 항소심의 가장 큰 잘못이다"라고 말하기도 했다.

그러나 이날 재판은 예정대로 진행되지 못했다. 사건 당시 정 씨에게 불리한 증언을 했다가 최근 진술을 뒤집은 이계○ 씨를 증인으로 불러 심문할 예정이었으나 이 씨의 남편이 하루 전에 갑작스럽게 사망하는 바람에 무산된 것이다.

재심 여부를 결정할 첫걸음인 이날 재판은 10분 만에 끝났다.

첫 사실조사 심문이 끝난 뒤 정 씨는 "제가 진술서를 그냥 제출할 것이 아니라 판사님께 직접 읽어드릴 걸 그랬나요?"라고 말했다.

정 씨는 28년 만에 다시 선 법정에서 감정을 억누를 수 없을 것 같아 포기해버린 5분을 내내 아쉬워하며 법정을 나섰다.

재심청구사건 사실조사 2차 공판은 2001년 6월 25일 열렸다.

2차 공판에는 지난번 공판 때 남편의 갑작스런 사망으로 못 나왔던 이계○ 씨가 나와 증언했다. 그는 "당시 정 씨를 불리하게 한 증언은 경찰이 두려워서 한 거짓말"이라고 진술했다.

이 씨는 "사건 당일 저녁 전봇대에 소변을 보는 정 씨의 뒷모습을 보았다"고 진술한 것에 대해, "날이 너무 어두워서 그 남자가 정 씨인지 확실하지 않았는데 강압적인 경찰 조사과정에서 정 씨라고 말한 것"이라고 증언했다.

이 씨는 또 "사건발생 8일 뒤 정 씨 집에서 빨래를 해주다가 정 씨의 팬티에 붉은 피가 묻어 있는 것을 봤다"고 한 당시 진술에 대해서도, "경찰의 강압수사에 못 이겨 허위진술을 했을 뿐, 정 씨의 팬티에서 빨간 것을 본 적이 없다"고 말했다.

이 씨는 진술을 번복하게 된 이유에 대해서도 말했다.

"나중에 진술을 바꾸면 감옥에 간다는 주위 사람들의 말이 두려워 최근까지도 사실을 사실대로 이야기하지 못했습니다. 그렇지만 나 때문에 정 씨가 평생 강간살인범으로 낙인찍힌 채 사는 데 대한 죄책감을 견디기 어려웠습니다."

검사는 "어떻게 29년 전의 일을 생생하게 기억하느냐"고 물었다.

"밤중에 아이에게 젖을 먹이다가 갑자기 경찰에 불려가 조사를 받았습니다. 인생에서 처음 당한 일이라 절대로 잊을 수 없습니다."

이날 재판을 위해 아들과 함께 강원 춘천시에서 상경한 이 씨는 허리디스크로 거동이 몹시 불편해 보였으나 비교적 차분하고 정확한 어조로 판사의 심문에 응했고 판사는 이 씨에게 당시의 상황을 1시간 반 동안 자세하게 질문했다.

정 씨도 이날 아들 재호 씨와 함께 법정에 나와 재심청구를 하게 된 이유 등에 대해 판사의 직접 심문을 받았다.

재판부는 변호인단이 가진 정 씨의 사건기록과 법원에 제출된 기록이 같은 것인지에 대해서도 확인절차를 거쳤다.

2001년 7월 13일 열린 3차 공판에는 사건 당일 정 씨 만홧가게 앞에서 피해자 장모 양을 봤다고 진술한 한동○ 씨가 나왔다.

한 씨는 법정에서 예상대로 "장 양을 본 적이 없다"고 증언했다.

"당시 정 씨의 만홧가게 앞에 서 있다가 사람 3명이 반대편에서 걸어 오는 것을 잠깐 본 적은 있지만 거리도 100미터 이상 떨어져 있었고 날도 어둑어둑해 누구인지 알아보지는 못했습니다."

한 씨는 "당시 어린 나이에 경찰조사를 받게 돼 겁이 났으며 그냥 경찰이 주는 사탕을 받고 물어보는 대로 '예, 예' 대답만 했다"며, "그 후 장 양이 만홧가게에 들어가는 것을 내가 봤다고 진술한 것으로 경찰이 짜 맞춘 것 같다"고 말했다.

그러나 한 씨는 법정에 선 것이 긴장된 듯 당시 상황이 너무 오래돼 잘 기억나지 않는다며 간간이 말문이 막히기도 했다. 그는 "당시 장 양을 봤다고 진술한 기억이 없다"는 부분은 분명히 말했다.

공판 진행을 맡은 서울고검의 이부영(李富榮) 검사는 "지금의 기억보다 생생한 기억이 있을 당시의 경찰 진술에 더 신빙성이 있지 않느냐"고 물었다. 한 씨는 "태어나서 처음으로 경찰서에 갔기 때문에 당시 진술 내용만큼은 정확히 기억하고 있다"고 답변했다.

재판부는 이날 심리를 끝으로 사실조사를 마무리했다.

13

2001년 10월 4일. 추석 연휴 마지막 날. J가 L에게 전화로 알려왔다.

"내일 정○○ 씨 재심신청 인용 여부 결정하겠다고 합니다."

드디어 '심판'의 날이 왔다. 진실은 밝혀지기 마련. L은 결과를 낙관했다.

"판사를 직접 만나봤니?"

"예. 그런데 주심판사는 '사건의 실체에 대한 판단은 하지 않았다'고 말했습니다."

J의 대답이 마음에 걸렸다. 사건의 실체에 대한 판단을 하지 않았다면 혹시 …. 그러나 의심을 하기에는 그동안 전국을 누비며 취재해온 이 사건의 실체가, 진실이 너무 뚜렷했다.

다음 날 오전 11시, J가 휴대전화로 알려왔다. J는 주심판사인 조용준 판사한테서 결과를 전해 들었다.

"기각이랍니다."

"……."

그날 정오 서울 서초동 박찬운 변호사 사무실.

"……."

"……."

변호사는 아무 말도 할 수 없었다. 의뢰인도 더 이상 물어보지도 않았다. '기각'이라는 말을 차마 주고받을 수 없었다. 정 씨에게는 29년간 힘들게 이어온 희망이 무너지는 순간이었다.

이백수 변호사가 입을 열었다. "변호사는 사건만 수임하고 고통까지 수임하지는 않는 법인데 이번에는 의뢰인의 고통까지 떠맡아 괴롭네요."

고통의 당사자는 말이 없었다. 할 말을 잊은 것인지, 아니면 할 말이 너무 많은 것인지…. 정 씨는 재심청구와 공판과정에서 툭하면 눈물을 흘리곤 했지만 이날은 표정조차 메말랐다.

"어떠시냐?"는 물음에 그는 힘겹게 한마디 했다.

"변호사님들 너무 상심하지 마세요. 세상사 다 그런 것 아닙니까…."

'세상사 다 그런 것.' 그의 말은 이날 결정의 의미를 함축하였다. 인간이 인간을 재판하는 현실 재판제도의 한계를 말하는 것 같았다.

재판부가 밝힌 기각이유의 핵심은 30년이 흐른 뒤에 이뤄지는 증인들의 진술번복을 믿기 어렵다는 것이었다.

진실은 누가 판단하고 누가 밝히는가. 1981년 7월 전주 비사벌자립원 앞 살인사건의 범인으로 몰려 구속 기소됐다가 항소심에서 징역 15년을 선고받은 뒤 대법원 재판 진행 중 진범이 잡혀 풀려난 김시훈 씨. 1992년 11월 서울 신림동 여관 살인사건으로 구속 기소돼 1, 2심에서 살인죄 유죄판결을 받은 뒤 역시 진범이 잡혀 풀려난 김기웅 순경.

김시훈 씨는 지금 고문의 후유증으로 폐인이 돼 정신병원에 있고, 김 순경도 누명을 벗은 후 복직했다가 적응을 못하고 다시 떠났다.

L은 묻고 싶었다.

"진범을 잡지 못하면 진실이라도 잡아야 하지 않는가. 법은, 법원은 왜 존재하는가?"

정 씨는 다시 산골로 떠나면서 말했다.

"하느님만이 나의 누명을 벗겨줄 것입니다."

14

다시 하루가 지났다. J는 재심사건 재판장인 이종찬(李鍾燦) 부장판사를 직접 만났다.

— 재심청구를 기각한 이유는.

"이계○와 한동○ 두 사람의 증언이 30년 전에 비해 더 구체적이고 명확하다고 볼 증거가 없다. 이런 상황에서 재심을 개시할 법적인 근거가 없었다."

— 그렇다면 두 사람이 현재 거짓말을 하고 있다는 것인가?

"그렇다고 단정할 수는 없다. 그러나 과거 재판 당시 진술이 틀렸다고 볼 근거가 없다는 말이다. 그리고 현재 진술이 그것보다 더 신빙성 있다고도 보기 어렵다는 뜻이다. 정 씨 본인이 정말 억울하다고 계속 주장하고 있으니 무죄일는지도 모르겠다. 그러나 그것 자체의 실체를 규명하고 판단하는 것은 우리의 역할이 아니다. 우리는 재심 개시 사유가 되느냐를 판단하는 것이다. 증인들의 번복된 진술에 신빙성이 있는지를 집중적으로 봤다."

— 결정에 2년이나 걸렸는데.

"기록 정본이 없는 상태였다. 본인들이 복사한 자료를 가지고 와서 본인들에게 유리하게 판단해 달라고 하는데, 이 자료를 인정할 것인지 여부부터 따져야 했다. 그런 과정에서 시간이 걸렸다."

— 그 부분은 재판부가 받아들였다. 신빙성이 문제였다면 결국 지난 6, 7월에 한 사실조사 증인신문이 결정적으로 작용한 것인가?

"…. 두 사람의 진술이 명백하게 허위라고 볼 근거가 있다면 당연히 재심을 받아들였을 것이다. 그 신빙성을 직접 따져보기 위해 그들을 불렀다. 그러나 그 과정에서 우리에게 당시 증언이 잘못됐거나, 혹은 지금 진술이 명백하다는 확신을 주지 못했다. 그 법정진술은 기록보다 오히려 구체적이고 믿을 만하다고 생각되지 않았다. 위증 확정판결을 받을 수 없는 상황에서 이에 버금갈 정도의 확신을 줘야 하는데, 그 부분에 대해 법원을 설득하지 못했다."

— 두 사람이 스스로 위증이었다고 자백하는 상황에서 이보다 명백한 증거라는 것이 가능한가?

"그 사람들을 믿는다는 전제가 있다면 가능하다. 그러나 사람이라는 것이 어디 그런가. 정 씨와 인척관계에 있는 사람도 있고⋯. 이런 상태에서 그들의 진술이 번복됐다는 이유만으로 다시 재판을 열 수는 없다. 법적 안정성도 물론 고려했다."

— 그래도 본인이 무죄를 주장하고 증인들도 위증을 자백하고 있다면 재판을 다시 받을 수 있는 기회 정도는 줄 수 있는 것 아닌가?

"영화나 소설이라면 가능한 이야기다. 이것은 현실이 아닌가. 현실적으로 우리는 법적 테두리 안에서 판단할 수밖에 없는 상황이다. 그런 것까지 고려해 판단할 수는 없다. 3번의 재판을 거쳐 유죄가 확정된 사안이 아닌가. 사실 판사들의 수준이라는 것은 비슷하다. 당시 법관들이 지금보다 실력이 없다거나 지금 법관들이 당시보다 낫다고 보기 어렵다. 3번의 재판이 모두 잘못됐다고 현재 재판부가 확신할 만한 명백한 증거가 없는 사건이다."

— 그렇다면 정 목사가 범인인가?

"우리는 모른다. 우리는 실체 판단을 하지 않았다. 본인이 정말 아니라면 억울할 수도 있을 것이다. 그런 점은 우리도 안타깝게 생각한다. 일반 항소심이고, 사건의 실체를 판단하는 입장에서 그 기록을 꼼꼼히 다시 봤더라면 결과는 달라졌을지도 모른다. 그렇지만 재심사유 요건이 되는지 판단하는 재판부가 기록을 일일이 보면서 이를 판단할 입장은 아니다. … 무엇보다 재심청구 시기가 안 좋았다. 시간이 너무 오래됐다. 정 씨가 석방된 것이 80년대 말인데, 법원의 공식기록은 94년 폐기된 것으로 알고 있다. 복역 중에 재심을 청구했다거나 석방된 직후에 냈더라면 기록이 있었을 것이고, 시간상 재판부 판단도 달라졌을 가능성이 있다."

— 결정하기까지 기간이 길었다. 상당히 고민한 것으로 알고 있는데 반대 결론도 가능했던 것인가?

"고민을 많이 했다. 어려운 사건이었다. 열심히 취재했는데 좋은 기삿거리 주지 못해서 미안하다. 법적으로 어쩔 수 없는 점 이해해달라."

L은 소설의 한 대목을 생각했다. 카프카의 《심판》이다.

소설 첫머리에는 '죄명(罪名) 없이' 체포된 요세프 카 얘기가 나온다.

"누군가 틀림없이 요세프 카를 모략한 것 같다. 나쁜 일을 한 적이 없는데도 어느 날 아침 체포됐기 때문이다."

요세프 카는 발버둥 친다. 나중에 감시인이 말한다.

"이 사람이 법도 모르고 죄가 없다고 주장하는군."

소설의 결론은 이렇다.

사람으로 태어나서 살아가는 세월이 죄를 짓는 과정이고, 동시에 법의 심판을 받는 과정이기도 하다고.

| 후기 |

진실, 그 후

서울고법에서 재심청구가 기각됐지만, 정 씨는 포기하지 않았다. 2005
년 진실·화해를 위한 과거사정리위원회에 진실 규명을 요청했다.

2006년 초, 진실화해위원회의 서광범 경감이 L을 찾아왔다. L은 취
재기록과 자료를 다 넘겨주었다.

다시 2년 가까이 세월이 흘렀다. 정 씨 주변의 거의 모든 사람이 망각
하고 포기하고 있을 무렵, 기적이 일어났다. 진실화해위원회는 2007년
11월 경찰이 고문과 가혹행위를 하고 증거를 조작했다는 흔적을 발견
하고 사건 1심 재판을 맡았던 춘천지법에 재심(再審)을 권고했다. 법원
으로서는 타의(他意)에 의해 재심에 나선 셈이 되었다.

1년간의 재심 재판을 거쳐 춘천지법은 2008년 11월 28일 정 씨에게
무죄를 선고했다. 재판부는 "신의 눈을 갖지 못한 재판부로서는 감히
이 사건의 진실에 도달했다고 자신할 수 없다"면서도, "수사경찰의 감
금·폭행·회유 등 위법한 수단이 동원된 것으로 보이는 만큼 공소사실
에 대한 범죄의 증명이 없다"고 밝혔다.

정 씨는 허리를 깊이 숙여 재판부에 인사했다. 정 씨는 실명(實名)으
로 세상에 나왔다. 정원섭 목사. 전북 남원 지리산 자락 시골교회(충절
교회) 목사였다.

2009년 2월 서울고법에서 열린 항소심에서도 무죄판결이 내려졌고,
2011년 10월 27일 대법원은 정 목사의 강간치사 및 살인 혐의에 대해

무죄를 확정했다.

무죄 확정판결 후 정 목사는 다시 김천의 고 이범열 변호사 묘소를 찾았다. 그는 대법원 판결문을 펼쳐놓고 큰절을 올렸다.

"변호사님, 아직도 울고 계신가요? 이젠 너무 기뻐서 우시겠죠…."

제 5 장

연 민(憐憫)

"이 세상에서 가장 아름다운 것은 약자(弱者)를 위해 흘리는 연민(憐憫)의 눈물이다."

어느 시인의 말이라고 한다. 2003년 안경환 교수가 어떤 신문에 쓴 칼럼에서 보았다.

정원섭 목사의 '진실'이 속세(俗世)에서 가능했던 것은 이범열 변호사의 연민의 눈물 덕분이었다.

이 변호사는 법조의 풍운아(風雲兒)였다. 1970년대 초 전국 법관들의 무더기 사표사태를 불러왔던 제 1차 사법파동의 당사자였다. 그로부터 20여 년이 흐른 2000년 9월에는 "대법원장은 의연히 법복을 벗어던질 생각을 못하는가"라는 글을 발표해 파문을 일으키기도 했다.

《법조인 대관》(法曹人 大觀)이라는 두꺼운 책자가 있다. 법률신문사에서 펴내는 법조 인명록이다. 《법조인 대관》에 실리는 법조인 이력은 해당 법조인 스스로 제출한 자료를 기초로 만들어진다. 이 인명록에 나타난 각 법조인의 경력이나 이력은 해당법조인 스스로 작성한 '자술서'이다.

법조인들의 그 이력서를 보면 간혹 공백기간이 나타난다. 그 이유는 법조인들 스스로 자신들의 '부끄러운 역사'를 일부러 뺀 탓이다. 특히 유신시절과 5, 6공화국 군사정권시절 요직에 참여했던 많은 법조인들은 세상이 바뀐 뒤 그 시절의 경력을 기록하지 않고 건너뛰었다.

이 변호사는 달랐다. 그는 1980년 신군부 출범 직후 국가보위 입법의회에 입법의원으로 참여했다. 그는 이 경력을 일생일대의 수치(羞恥)와 한(恨)으로 안고 살았다. 이 때문에 그는 1980년대 이후 공직을 맡지 않았다. 변호사협회 회장으로 나가도 충분할 만큼 경륜과 실력을 갖추었으면서도 한 번도 회장직에 연연한 적이 없다. 그는 《정동 언저리에서》라는 제목의 수상집 첫머리에서도 "어쩔 수 없이 엎어지고 자빠지며 괴로운 인생을 살았다"고 고백했다. 《법조인 대관》의 이 변호사 란(欄)을 보면 입법의원으로서 그의 이력이 또렷이 기록돼 있다. 부끄러운 경력을 숨김없이 그대로 자신의 공식적인 이력서에 기록했다.

그는 1995년 9월 변호사협회지 〈인권과 정의〉에 "삼권분립의 현주소"라는 글을 쓴 일이 있다.

그는 이 글에서 "현재의 사법부는 청와대로부터 법 집행권을 신탁받은 뒤 오직 사법절차라는 재판의 장을 빌려주는 '헌법성 대여업자'로 전락했다"며 사법부를 정면 비판했다.

그는 이어 "사법개혁이 사법부와는 전혀 무관한 사람들에 의해 진행되고 있어 100년 역사의 사법제도를 서툰 푸줏간 머슴이 소 내장 끊어내듯 하고 있다", "징역 5년을 선고받은 피고인이 1년이 지나기도 전에 국민화합의 명분으로 전원 석방되는 현실로 볼 때 사법부의 권위는 온데간데없이 사라져버렸다", "사법부의 재판권이 산산이 무시당한 마당에 대법원장은 의연히 법복을 벗어던질 생각을 못하는가"라며 사법부와 그 수장을 정면 비판했다.

이런 말이나 글을 보면 참 차가운 사람이라고 생각하기 쉽다. 그러나 그는 실제로 아주 따뜻한 사람이다. 사법부에 대한 열정이 뜨겁지 않고서는 이런 얘기를 할 수가 없다.

사형수 오휘웅 사건은 이범열 변호사의 인간적 열정을 가장 깊이 느낄 수 있는 사건이었다.

이 변호사는 1, 2심에서 사형이 선고된 오휘웅 사건의 상고심 국선변호를 맡았다. 사건내용은 오 씨가 어느 해 겨울 유부녀 두모 씨와 공모해 두 씨의 남편과 두 아이를 살해했다는 내용이었다. 사건 직후 두 씨는 오 씨가 범행을 공모했다고 진술했고 오 씨는 부인했다. 이후 두 씨는 자살했다.

이 사건은 목격자도 없고, 공범도 죽은 상태에서 혐의를 부인하는 피의자만 있는 기이한 사건이 되어버렸다. 오 씨는 1, 2심에서 사형을 선고받았고, 이 변호사는 담배 몇 보루 값만 받고 국선변호인으로 오 씨의 상고심을 맡았다.

이 변호사는 거의 매일 인천교도소로 가서 오 씨를 접견하고 사건 관계자들을 만났다. 그는 또 범행현장을 수십 번도 더 찾아가 검찰 공소장에 기록된 범행이 실제로 가능한지를 따져보았다. 결국 그는 오 씨가 무죄라는 사실을 확신하게 되었고, 장문(長文)의 상고이유서를 대법원에 냈다.

대법원은 오 씨의 상고를 기각하고, 오 씨는 사형이 확정됐다.

이 변호사는 이 사건결과에 승복할 수 없었다. 그는 상고이유서를 인쇄해 2심 재판 주심판사에게 전하기도 했다. 이 변호사는 그 주심판사에게 전해진 상고이유서가 곧바로 그 판사의 쓰레기통으로 들어갔다는 사실을 나중에 알게 되었다.

이 변호사는 사형수 오휘웅에 관한 글을 쓰면서 무죄인 형사사건이 우리 법정에서 실제로 무죄판결을 받기 위해 갖춰야 할 3가지 요건을 제시했다.

첫째는 사건의 진실이다. 사건 자체가 무죄인 사건이 아니면 무죄가 될 수밖에 없다는 당연한 이야기다.

다음은 변호사의 열성과 능력. 이것 역시 당연한 것이다.

세 번째로, '운'이 좋아야 무죄가 가능하다고 그는 지적했다. 그 운이라는 것은 '판사를 잘 만나는 것'이다. 오 씨 사건을 맡으면서 그가 얼마나 열정적으로 일을 했고 또 그 판결결과로 인해 얼마나 마음이 상했는지를 잘 보여주는 얘기다.

이 변호사는 후배 법조인들을 만나면 늘 "법전 대신 연예잡지를 보라"는 말을 했다. 다양한 사람들의 다양한 삶을 다루어야 하는 법조인이 다양한 경험이나 이해가 없이 법조문에만 매달리다 보면 혜안(慧眼)을 지닐 수 없으므로 다양한 경험과 지식을 갖추라는 뜻에서였다.

이 변호사는 기억력이 좋기로 유명했다. 메모라는 것을 해본 일이 없고 수첩이라는 것을 갖고 다녀본 적이 없다고 한다. 모든 일을 기억에 의

존했다. 그러면서도 그는 법정을 잘못 찾아가거나 재판기일을 잊은 적이 거의 없다.

이처럼 기억력에 관한 한 '신의 경지'에 올랐던 이 변호사도 전날 있었던 일을 몽땅 잊은 적이 종종 있었다. 술 때문이다. 그는 폭음을 자주 했고 폭음할 때면 가끔 '필름'이 끊기곤 했다고 동료 법조인들은 전한다. 동료 법조인들은 이 술이 결국 이 변호사를 일찍 잃게 만들었다고 말한다.

이 변호사는 1980년대 초 가장 친하게 지냈던 허규 판사의 장례식장에서 소리 내어 엉엉 운 적이 있다. 허 판사의 관이 영구차에 실릴 때 그는 관을 두드리며 "형! 잘 가" 하고 소리치기도 했다. 그만큼 정이 많고 가슴이 따뜻한 사람이었다.

2001년 11월, 정 목사는 L을 처음 찾아왔을 때 L에게 이 변호사에 대한 두 가지 의견을 전했다.

첫째, 이 변호사가 '필름'이 끊길 정도로 술을 마신 것은 자기 때문이라는 것이다. 자기 사건에서 상고가 기각돼 무기징역이 확정되던 날부터 이 변호사는 3일간 집에 들어가지 않고 통음(痛飮)을 했다고 한다. 정 목사 자신보다도 더 억울해 했던 것 같다고 그는 전했다.

둘째, 이 변호사가 1980년 신군부가 들어섰을 때 입법의원이 된 것도 자신 때문이라고 정 목사는 생각했다. 1971년 사법파동의 주역일 만큼 군사독재정권에 대해 부정적이었던 그가 신군부정권의 '들러리'라는 비난을 받아가면서도 입법의원이 된 것은 정 씨 사건을 겪으면서 맺힌 한이 너무 컸기 때문이라고 정 씨는 말했다.

정 씨 사건을 겪으면서 변호사로서 한계를 느꼈고, 그 때문에 입법의원 등으로 현실 정책결정에 참여하면서 고문에 의한 사건조작 등 사법폐해에 대한 해결을 시도했다는 것이다. 정 목사의 해석은 그랬다.

1996년 설날을 하루 앞둔 2월 18일, 이범열 변호사는 식도암으로 타계했다. 향년 63세였다.

제6장

탈고 안 될 진실

오프 더 레코드

01
___

1999년 11월 24일 서울 서초구 반포동 팔레스호텔 3층 '티볼리' 바
(BAR). 밤 11시를 넘어서고 있었다.

　L은 구석진 방 한쪽에서 4시간째 실랑이를 벌이고 있었다. 상대는 신
동아그룹 박시언(朴時彦) 부회장. 그는 김대중(金大中) 정부가 출범한
직후인 1998년 3월 신동아그룹 부회장으로 영입돼 최순영(崔淳永) 회
장의 핵심 측근으로 일하고 있었다. 전남 목포 출신으로 1970년대 미국
으로 이민을 떠난 그는 1980년대 김 대통령의 미국 망명시절 인연으로
김대중 정부 주요 인사들과 오랫동안 친분을 맺어왔다.

　L은 그곳에서 박 부회장을 만날 때까지 1년 가까이 옷 로비 의혹사건
을 추적하고 있었다. 옷 로비 의혹사건은 그 전해인 1998년 12월, 김태
정(金泰政) 검찰총장의 부인 연정희(延貞姬) 씨 등 고위공직자 부인 여

러 명이 서울 강남구 청담동의 고급 의상실에 들러 고가(高價)의 옷을 사고 옷값을 신동아그룹 최 회장 부인 이형자(李馨子) 씨에게 대납하라고 요구했다는 소문으로 불거진 사건이다.

신동아그룹 최 회장은 그 당시 외화 밀반출 사건으로 검찰수사를 받던 상황이었다. 최 회장과 부인 이 씨 등 신동아그룹 고위층은 옷 로비 의혹사건의 한가운데 있었다.

L은 박 부회장이 옷 로비 의혹사건과 관련된 중요 문건을 가지고 있다는 소식을 듣고 며칠째 박 부회장을 쫓아다니고 있었다. 팔레스호텔에서 박 부회장과의 만남은 그런 과정에서 운명적으로 이뤄졌다.

"이제 밝힐 때가 되지 않았습니까?"

"나도 그러고 싶지. 미국 시민이 된 내가 조국에 더 무엇을 바라겠어. 나도 내가 나라에 기여할 수 있는 길은 진실을 말하는 것뿐이라고 생각해. 하지만 그 이전에 나는 최 회장과 이 여사의 신변을 더 걱정해야 하는 처지야. 좀더 두고 봅시다."

저녁 7시부터 시작된 대화는 "보여달라"는 L과 "때가 아니다"는 박 부회장의 동어반복이 거듭되며 진전이 없었다. L은 박 부회장 양복 안주머니에 있는 문건을 보지 않고는 자리를 뜰 수 없었다. 박 부회장은 그룹의 운명이 걸린 문건을 함부로 보여줄 수 없었다.

밤 11시 30분. L은 휴대전화를 꺼냈다. 02-782-12XX. 여의도 광장아파트 11동에 사는 '그분'이었다. 심재륜(沈在淪) 고검장. 1999년 1월 검찰 수뇌부를 향해 "정치검사 물러가라"는 성명서를 발표하고 면직됐던 그 사람.

"고검장님. 지금 제 앞에 고검장님을 존경하는 분이 앉아 있습니다.

170

고검장님은 진실을 말씀하지 않으셨습니까. 저를 위해서 이분께 한 말씀만 해주시죠. 진실을 밝히라고 말입니다."

L이 심 고검장 카드를 꺼낸 것은 한 달 전인 10월 초 심재륜 고검장과 박시언 부회장과의 만남을 기억했기 때문이다.

그해 10월 초 어느 날 오후 4시, L은 서울지검 청사 정문 앞에서 심 고검장을 마주쳤다. 당시 그는 면직(免職) 후유증으로 변호사 개업도 못한 채 서초동 후배 변호사 사무실에 들러 바둑을 두곤 했다. 이날도 검찰 후배인 유제인(柳濟仁) 변호사 사무실에 바둑을 두러 가던 길이었다.

"오늘은 좀 늦으셨네요."

"오전에 집에 일이 있어서 …. 그런데 방금 신기한 일이 있었어. 저 아래 큰길에서 올라오는데 낯선 사람이 나를 알아보더니 '고검장님 존경합니다'라면서 명함을 건네주고 인사를 하던데. 자기는 미국 시민권자라고 하면서 집에 발렌타인 30년짜리 양주가 있는데 보내드리겠다며 주소를 물어보더라구."

심 고검장이 건네준 명함에는 '신동아건설 고문 박시언'이라고 쓰여 있었다. 박시언 부회장이다. 그가 왜 심 고검장을 존경한다고 했을까.

박 부회장은 김태정 검찰총장과 아주 가까웠다. 김 총장의 딸이 미국에서 유학할 때 직접 보살펴준 인연이 있고, 한국에 들어와서는 검찰총장 집무실을 거리낌 없이 출입했다.

심 고검장은 그 당시 김 총장과 돌이킬 수 없는 악연(惡緣)을 맺고 있었다. 두 사람은 20여 년 특수부 검사의 계보를 함께 이어오면서 가까운 사이였다. 그러나 1999년 1월 대검의 대전 법조비리 사건 수사 때 심 고검장이 비리검사로 몰리고 심 고검장이 이에 반발, 김 총장을 직접 겨냥해 '정치검사'라고 비난하면서 두 사람의 관계는 끝장났다.

김 총장과 친밀한 박 부회장이 왜 심 고검장을 존경한다고 했을까?

L은 그 이유를 곧 알아차렸다. 적(敵)의 적은 나의 동지.

당시 박 부회장은 최순영 회장 구속 등으로 김 총장과 사이가 틀어진 것이었다. 김 총장의 최대 '정적'(政敵)이라고 할 수 있는 심 고검장과는 동병상련의 심정을 느꼈을 것이다. L이 심 고검장에게 '지원사격'을 부탁한 것은 이 때문이었다.

L이 건네준 휴대전화로 심 고검장과 박 부회장이 대화를 시작했다.

"아이고, 고검장님. 안녕하십니까. 잘 지내시죠. 지난번에 약속한 술 한 병 보내드렸는데 받으셨습니까?"

"아, 예. 이렇게 다시 연결이 될 줄 몰랐습니다. 반갑습니다."

"고검장님. 기운을 잃지 마십쇼. 국민의 검사 아닙니까."

"고마워요. 그런데 무슨 영문인지 모르지만 할 말은 하셔야지요. 하고 싶은 말을 못하고 지나면 다 후회합니다. 인생 두 번 사는 것 아니지 않습니까."

"물론이죠. 옳으신 말씀입니다."

'물론', '옳으신 말씀'. 심 고검장의 지원사격은 박 부회장의 가슴을 관통했다.

통화가 끝난 뒤 박 부회장은 양복 안주머니에 있는 문건을 꺼냈다. A4용지 4장짜리 문서였다. "검찰총장 부인 관련 비위첩보 내사결과"라는 제목이 눈에 띄었다.

박 부회장은 문건의 입수경위를 설명했다. 박 부회장이 문제의 문건을 입수한 것은 1999년 2월 말이다. 그는 당시 김태정 검찰총장과 아주 가까운 사이였다. 그러나 그의 노력에도 불구하고 신동아그룹 최 회장은 구속됐다. 박 부회장은 김 총장 집무실로 찾아가 구치소에 수감 중인 최 회장의 안부를 물었다. 이어 최 회장의 부인이 연루된 옷 로비 의혹사건 등에 대해 얘기했다.

김 총장은 대통령 법무비서관실 산하의 경찰청 조사과(일명 사직동팀) 조사로 자신의 부인 연정희 씨에 대한 오해가 해명됐다며 문건을 보여줬다. "검찰총장 부인 관련 비위첩보 내사결과"였다.

박 부회장은 보고서를 보고 깜짝 놀랐다.

"내가 아는 옷 로비 사건의 실체와 너무 달랐지요. 연정희 씨는 아무 관련이 없고 이형자 씨가 일방적으로 로비를 시도하다 실패한 자작극으로 몰고 있었거든요."

김 총장은 대화 도중 바쁜 일이 생겨 잠시 자리를 비웠다. 그 사이 박 부회장은 총장 부속실에 얘기해 문건을 슬쩍 복사했다. 그는 "언젠가 진실을 밝히는 데 도움이 될지도 모른다는 생각에서 문건을 복사했다"고 말했다.

박 부회장은 문건입수 후 누구에게도 말하지 않고 비밀리에 간직하고 있었다. 문건 자체가 극비문건인 데다 김 총장의 허락을 받지 않고 복사한 것이기 때문이다. 김 총장과의 개인적인 인연도 공개를 망설이게 했다. 그는 그러나 옷 로비 의혹사건을 둘러싸고 진실이 은폐되고 거짓말이 난무하는 것을 보고 분개하기 시작했다고 말했다.

박 부회장은 L에게 문건을 건네줬다. "단, 내가 OK 할 때까지 기사는 쓰지 마라"는 단서가 붙었다. L은 문건을 받아 주머니에 넣었다. 이제 게임은 끝난 셈이었다.

02

L이 문건을 입수하기 이틀 전인 1999년 11월 22일, 옷 로비 사건의 주역 가운데 한 명인 강인덕(康仁德) 전 통일부장관의 부인 배정숙(裴貞淑) 씨가 최병모(崔炳模) 특별검사 수사팀에 출두하면서 파란이 일었다. 옷 로비 사건에 대한 사직동 팀의 조사결과 보고서를 공개했기 때문이다.

배 씨는 문건 제공자를 드러내지 않기 위해 문건의 원본은 따로 보관하고 '아래아 한글' 워드프로세서로 문건을 새로 작성했다고 말했다.

배 씨가 공개한 문건은 두 가지 면에서 메가톤급 폭발력을 지니고 있었다.

첫째는 문건의 형식과 내용이다.

문건에는 사건 관련자들의 진술내용과 당시의 정황이 상당히 구체적으로 기록돼 있었다. 문장 형식도 기존의 수사기관 문건과 거의 똑같았다. 특히 '대통령님' 등 권력 핵심기관에서 사용하는 표현들이 들어 있어 옷 로비 사건에 대한 사직동 팀 조사보고서로 판단됐다.

A4용지 12쪽 분량의 이 문건은 △ 조사과 첩보내용, △ 검찰총장 부인 관련 유언비어, △ 유언비어 조사상황이라는 3개의 제목으로 구성되어 있고, 라스포사 의상실과 앙드레김 의상실, 페라가모 등 고급의상

실을 중심으로 한 각종 옷 구입 관련 유언비어 및 첩보와 이를 확인하기 위해 관련자들을 조사한 결과 등을 담고 있다.

또한 정식보고서 형식은 아니지만 사건 관련자들의 진술내용을 짤막하게 요약하는 방식으로 작성돼 있었고, 문건에 명시된 1999년 1월 14일, 1월 18일 등의 작성일자는 사직동 팀의 내사 착수시점과 일치했다.

두 번째는 문건의 유출경위다.

배 씨는 "1999년 1월 21일 내가 서울 안국동 한국병원에 입원하고 있을 때 연 씨와 김정길(金正吉) 전 행자부장관의 부인 이은혜(李恩惠) 씨로부터 전달받았다"고 구체적으로 얘기했다. 1월 21일은 사직동 팀의 내사가 끝난 직후였다.

그렇다면 문제는 이 같은 극비문건을 어떻게, 그것도 내사가 끝난 직후 바로 연 씨가 입수했느냐는 것이었다. 결국 연 씨가 남편 김태정 검찰총장을 통해서 입수했다고 볼 수밖에 없었다.

김 총장은 어떻게 입수했을까.

화살은 박주선(朴柱宣) 대통령 법무비서관에게로 쏠렸다. 그가 사직동 팀을 직접 지휘했던 데다 김 총장과는 고교와 대학, 검찰 선후배로 가까운 사이였다. 박 비서관이 청와대로 파견나간 것도 김 총장의 권유와 추천에 의한 것이었다.

박 비서관은 문건의 존재 자체를 부인했다. 배정숙 씨가 공개한 것이 옷 로비 사건에 대한 사직동 팀의 조사보고서와 다르다는 것이었다.

11월 23일 배 씨 문건내용이 보도된 후 박 비서관은 청와대 출입기자들과의 기자회견에서 의혹을 모두 부인했다. 박 비서관의 전면 부인으로 사건은 미궁 속으로 빠지는 듯했다. 바로 그 시점에 박 부회장의 문건이 입수된 것이다.

문건을 입수한 직후인 1999년 11월 25일 새벽, L은 박 부회장과 헤어져 당시 법조팀장이었던 최영훈 기자를 만났다. 자정이 한참 지난 시간이었다. 문건내용을 분석했다.

문건은 "검찰총장 부인 관련 비위첩보 내사결과"라는 제목에 A4용지 4장으로 된 보고서였다. 보고서는 ① 내사경위, ② 첩보요지, ③ 첩보 취득 경위, ④ 내사결과(사실관계), ⑤ 관계자들의 행적, ⑥ 의견 등 여섯 부분으로 구성돼 있었다.

• 검찰총장 부인 관련 비위첩보 내사결과 •

1. 내사경위

○ 검찰총장 부인이 신동아그룹 최순영 회장의 부인 이형자로부터 서울지검에서 수사 중인 최 회장의 외화 밀반출 사건 선처청탁을 받고 수천만 원대의 고급의류를 선물받았다는 첩보 취득하여 1999. 1. 15부터 내사착수.

2. 첩보요지

○ 검찰총장 부인이
— 1998. 12 중순 최 회장의 부인 이형자로부터 최 회장 사건의 청탁 명목으로 앙드레김 의상실에서 2,200만 원 상당의 의류를 선물받고
— 1998. 12 하순 라스포 의상실에서 3,500만 원 상당의 밍크 롱코트를 외상구입한 후 이형자에게 위 대금의 지불을 요청하였으나 이형자가

거절하여 검찰총장 부인이 현금 3,500만 원을 라스포 의상실에 지불.

3. 첩보취득 경위

O 1999. 1월초 이형자가 원장으로 있는 횃불선교센타의 교회신도들 사이에 유포되어 있는 위 첩보내용을 취득.

4. 내사결과(사실관계)

〔첩보내용 사실무근인 것으로 확인됨〕

O 앙드레김 의상실 2,200만 원 의류 구입 관련

— 1998. 12. 16 검찰총장 부인(연정희, 52세), 통일부장관 부인(배정숙, 62세), 전 행자부장관 부인(이은혜, 45세) 등이 통일부장관 부인의 제안으로 동인이 오랫동안 거래해온 앙드레김 의상실에 가서 검찰총장 부인이 할인 판매하는 옷 2벌을 120만 원에 맞추고 1998. 12. 27 수표로 대금 지불.

¤ 검찰총장 부인 계좌에서 출금한 수표 120만 원 확인.

¤ 검찰총장 부인, 통일부장관 부인, 전 행자부장관 부인은 국민의 정부 출범 후 국무위원 자선 바자회에서 알게 된 후 독실한 기독교 신자로서 호형호제하며 절친하게 지낸 사이.

O 라스포 의상실 3,500만 원 밍크코트 구입 관련

— 1998. 12. 9 검찰총장 부인이 "사랑의 친구들" 자선모임에서 알게 된 정일순 경영의 라스포 의상실에 통일부장관 부인 등 3명과 함께 가서 양장 2벌, 모직코트 1벌을 할인가격으로 200만 원에 구입하고 소지하

고 있던 상품권으로 대금결제.

— 1998. 12. 26 검찰총장 부인은 통일부장관 부인 등 4명과 함께 라스
포에 가서 위 모직코트를 반품한 후 재킷 1벌을 구입하였고, 밍크반
코트를 입어봤는데 일행들이 잘 어울린다고 하자 정일순은 밍크반코
트를 위 재킷과 함께 포장하여 줌.

— 정일순이 다음 날 검찰총장 부인에게 전화하여 밍크 반코트 가격이
700~800만 원인데 400만 원만 받겠다고 하자 검찰총장 부인이 고가
인 옷을 입을 수 없다며 위 코트를 반환하겠다고 말하고 며칠 후 정일
순에게 반환.

5. 관계자들의 행적

〔이형자가 라스포 의상실 정일순, 통일부장관 부인 등을 통하여 검찰총
장 부인 등에게 최 회장 사건의 선처 노력을 하였으나 여의치 않자 유언
비어 유포〕

○ 이형자와 검찰총장 부인과의 관계

— 검찰총장 부부가 1994년부터 최순영 회장이 설립한 횃불선교센타에
다니면서 1997. 8 총장이 되기 전까지 최 회장 부부와 인사를 나눈 사
실도 없었음.

— 검찰총장 부부가 1997. 10경 최 회장 부부 초청으로 검찰총장 취임
축하 명목의 저녁식사.

— 1998. 6~7월 검찰총장 부인, 통일부장관 부인, 전 행자부장관 부인
등이 이형자가 원장으로 있는 횃불선교센타 성경공부모임에 참석하

면서 이형자와 접촉.

— 1998. 7경 최순영 사건 수사가 시작되자 검찰총장 부부가 횃불선교센타에 나가는 것을 중단.

— 98. 10 추석 전 이형자가 검찰총장 부인에게 '전복'을 보냈으나 반려.

　¤ 횃불선교센타 원장인 이형자는 동 센타 내에 있는 할렐루야교회 신도였던 검찰총장 부인을 자신이 평소 홀대한 데 대한 보복으로 최 회장을 사법처리하려 한다고 언동.

○ 최순영 회장 부인 이형자가 라스포 정일순 및 통일부장관 부인을 통하여 최 회장 사건 무마 기도.

— 1998. 10. 22 이형자가 정일순에게 "최 회장이 모함을 받아 억울하게 당하고 있으니 영부인께 결백하다는 것을 말씀드려달라"고 부탁, 정일순이 영부인님께 최 회장이 결백하다더라는 취지의 설명.

　¤ 영부인님께서 기업하는 사람들 말을 믿거나 관여하지 말라고 주의.

— 이형자는 정일순의 환심을 사기 위해 1998. 11. 7일 3,500만 원, 동월 13일 2,500만 원하는 밍크코트 2벌 등 그동안 1억 3,700만 원 상당의 의류 구입.

— 1998. 11. 7 이형자가 정일순에게 위 밍크코트 1벌을 영부인님께 선물해달라고 부탁하였으나 정일순이 거절.

　¤ 정일순이 이 밍크코트를 이형자에게 인도.

— 1998. 12. 17 이형자가 정일순에게 "영부인께 육포와 편지를 전해드려달라"고 부탁하였으나 정일순이 거절.

　¤ 1998. 12말경 최 회장 사건이 언론에 보도되자 정일순은 이형자에

게 "최 회장 일로 내가 사모님(영부인님)께 거짓말한 것으로 됐다"며 상호 언쟁하는 등 관계 악화.

— 1998. 12. 15 이형자가 통일부장관 부인에게 최 회장이 선처될 수 있도록 검찰총장 부인에게 부탁해달라고 요청.

— 1998. 12. 16 통일부장관 부인이 이형자에게 검찰총장 부인의 선심을 살 수 있는 방안을 강구하라고 암시.

¤ 통일부장관 부인, 검찰총장 부인은 상호 부탁하거나 부탁받은 일 없다고 진술.

— 1998. 12. 21 정일순은 이형자로부터 "검찰총장 부인이 오면 좋은 옷을 보여주지 말고 통일부장관 부인에게 두 분 옷값을 내가 지불할 수 없다고 하더라"는 말을 전해주라는 전화를 받고, "내가 왜 그런 말을 전하느냐"고 반문하였더니 "통일부장관 부인이 알고 있으니 그렇게 전하기만 하면 된다"고 하여 위 내용대로 전화했더니, "그 여자 미쳤구만, 누가 자기보고 옷값을 내라고 했나, 돈을 내도 내가 내지"라고 통일부장관 부인이 대답.

¤ 통일부장관 부인은 칭병을 하며 중요 부분 진술을 거부한 채 위 내용을 부인하나 이형자, 정일순은 상호 통화내용을 시인.

¤ 이형자는 통일부장관 부인으로부터 검찰총장 부인이 구매한 옷값을 지불하라는 제의를 받고 정일순에게 부탁하여 옷값을 못 내겠다는 말을 대신 전하도록 했다 하는바, 통일부장관 부인의 진술 거부로 이형자에게 옷값을 부담케 하려 했던 진의파악이 어려움.

¤ 이형자 주변사람들의 언동

— 이형자 및 이형기(동생) 등이 교회관계자들에게 첩보내용을 공개적으

180

로 유포.

— 이형자가 황 장로를 통하여 영부인님께 "검찰총장 부인과 장관 부인들이 이형자의 청탁을 받은 정일순으로부터 최 회장 선처를 명목으로 하여 여러 옷가지를 선물받았으니 엄벌하라는 탄원을 해놓았다"고 하며

¤ 1998. 12초 목사 2명이 황룡배 장로에게 "최 회장은 교계에 공로가 많고 외화를 밀반출할 사람이 아니니 선처해달라"는 요지의 연판장(최 회장 동서인 하용조 목사 등 서명)을 영부인님께 전달해줄 것을 요청. 황 장로는 영부인님께 개신교 측에서 최 회장의 선처를 요망한다는 내용만 구두로 말씀드림.

"검찰총장 부인 등에게 선물한 의류대금을 이형자가 수표로 결제하였으니 증거가 확보되어 그들이 꼼짝 못할 것이며 최 회장 사건은 잘 수습될 것이다", "검찰총장 임기가 몇 개월밖에 남지 않았는데 재벌을 문제 삼을 수 있을 것 같으냐, 퇴임 후에 두고 보겠다"는 등의 언동

6. 의견

○ 검찰총장 부인이 앙드레김·라스포 의상실에서 실제로 구입한 의류 내역, 이형자, 정일순, 통일부장관 부인(중요 부분 진술 거부), 전 행자부장관 부인 등의 진술과 첩보취득 경위 등을 종합 판단할 때

○ 검찰총장 부인은 밍크코트를 구입하거나 이형자에게 대금지불을 요청한 사실이 없음이 확인되었는바
— 이형자가 통일부장관 부인을 통하여 검찰총장 부인에게 남편인 최순

영의 사건 청탁을 시도하였고, 통일부장관 부인도 검찰총장 부인에게
이형자를 위한 중간역할을 하려고 하였으나 여의치 않자

— 이형자가 검찰총장을 곤경에 처하게 하려는 의도로 목사들을 통하여
첩보내용과 같은 허위사실을 유포시켜 최 회장의 사건처리를 무마시
키려고 한 자작극으로 보임.

이 문건은 이틀 전 배정숙 씨가 폭로한 문건과 같은 곳에서 만들어진 것
이 틀림없었다. 우선 두 문건에 사용된 약물(문장기호)이 똑같다. 특히
다른 문건에는 거의 사용되지 않는 특이한 약물(ㅍ)이 똑같이 사용됐다.
의상실 '라스포사'의 명칭이 '라스포'로 틀리게 적혀 있는 점도 똑같다.
'대통령님'이라든가 '영부인님' 등의 호칭도 공통적으로 등장했다.

두 문건이 김태정 전 검찰총장을 거쳐 유출됐다는 점도 똑같다.

결론은 사직동 팀에서 만든 보고서라는 것이다. 그렇다면 배 씨가 공
개한 것도 사직동 팀에서 만든 것이었다. 결국 배 씨가 공개한 것은 옷
로비 사건에 대한 사직동 팀의 최초보고서였고, 박 부회장을 통해 L이
입수한 문건은 최종보고서였던 것이다. 최초보고서가 작성된 시점은
1999년 1월 19일, 최종보고서는 그보다 10여 일 늦게 작성됐다.

최종보고서의 특징 중 하나는 거칠게 작성된 최초보고서보다 훨씬
정교하다는 점이다. 최종보고서는 대통령에게 보고된 문건일 가능성이
높았다.

문제는 최초보고서의 내용이 최종보고서에서 상당 부분 축소 또는
변질됐다는 것. 최종보고서는 연정희 씨가 관련된 대목에 관해 연 씨가
1998년 12월 26일 호피무늬 밍크 반코트를 구입한 것인지를 분명히 밝

히지 않은 채 정일순 사장이 이 밍크 반코트를 포장해 넣어주었다고만 기술하고 있다.

밍크 반코트 반환경위에 대해서도 정 사장이 전화를 걸어 "밍크 반코트 가격이 700~800만 원인데 400만 원만 받겠다"고 하자 연 씨가 "검찰총장 부인이 고가인 옷을 입을 수 없다"며 반환하겠다고 말한 뒤 '며칠 후' 이를 돌려줬다고 간략하게 설명했다.

최종보고서는 또 내사결과 "검찰총장 부인은 밍크코트를 구입하거나 이형자에게 대금지불을 요청한 사실이 없음이 확인됐다"고 결론지어 "옷을 외상으로 구입했다"고 스스로 밝힌 연 씨의 기자회견 내용과도 상충됐다.

따라서 최종보고서가 대통령에게 보고된 문건이 맞다면, 옷 로비 사건은 일부 내용에 국한된 것이기는 했지만 대통령에게 줄여서 보고된 셈이다. 사실이라면 심각한 문제였다. 사직동 팀이 대통령의 눈과 귀를 가린 셈이 되기 때문이다.

문건의 유출 및 전달 경위도 문제될 수 있다. 대통령에게 보고되는 극비문건이 유출돼 사건당사자 개인에게 사적으로 이용됐기 때문이다.

L과 최 기자는 '사직동 팀 최종보고서'가 1년 내내 논란이 되어온 '옷 로비 사건 축소은폐 의혹'의 실체를 밝혀주는 결정적 물증이 될 수 있을 것으로 의견을 모았다.

L과 최 기자에게도 고민은 있었다. 신뢰 문제였다. 박 부회장이 문건을 넘겨주면서 "내가 OK 하기 전까지는 보도하지 말라"고 했기 때문이다. 취재원과의 약속은 어겨서는 안 되는 것이었다. 믿음이기 때문이다. L이 문건을 입수한 것도 '믿음' 때문이 아니었나.

1999년 11월 25일 아침, 고민이 자연스럽게 해결될 수 있는 단서가 주어졌다. 〈조선일보〉가 1면 머릿기사로 "배정숙 씨가 공개한 사직동 팀 최초보고서는 박주선 대통령 법무비서관을 통해 김태정 전 검찰총장에게 유출됐다는 사실이 최병모 특별검사팀 수사에서 밝혀졌다"고 보도한 것이다. 〈조선일보〉는 최병모 특검의 말을 직접 인용해 보도했다.

검찰과 특별검사팀 기자실이 발칵 뒤집혔다. 그것이 사실이라면 최종보고서는 따질 것도 없이 옷 로비 사건의 실체가 다 드러나는 셈이 됐기 때문이다. 보도가 사실이라면 박주선 비서관의 사퇴와 형사처벌은 시간문제였다.

세상은 그렇게 쉽게 바뀌지 않았다. 박 비서관은 전면 부인하면서 법적 대응을 하겠다고 말했다. 최병모 특별검사팀도 보도내용을 전부 부인했다. 보도내용을 뒷받침할 다른 근거는 없었다.

이 보도는 그렇게 '해프닝'으로 치부됐다. L에게는 좋은 기회였다. 박 부회장에게 "터뜨리자"고 말할 명분이 생겼기 때문이다.

그날 오후 7시, 서울 소공동 롯데호텔 지하 중국식당 상하이. 이인길 사회부장과 최영훈 기자, L. 식탁 맞은편에는 박시언 부회장과 최순영 회장 비서실장이 앉았다. 이 부장 일행은 그 자리에 오기 전에 일을 끝내놓은 상태였다. '사직동 팀 최종보고서'에 관한 기사를 모두 완료해놓고 약속장소에 나왔다. 말하자면 박 부회장의 '사전 허락'을 받는 것이 아니라 '사후 추인'을 받기 위한 자리였다. 박 부회장에게는 미리 기사 작성을 마쳤다는 얘기는 하지 않았다.

"이제 그만 끝냅시다."

이 부장은 바로 본론으로 들어갔다.

"오늘 〈조선일보〉 보도로 박주선 비서관의 이름이 다 나왔습니다. 더 늦출 이유도, 명분도 없습니다."

최 기자도 거들었다.

"……."

박 부회장은 한참 만에 입을 열었다.

"좋습니다. 다 알아서 하세요."

최 기자와 L이 다시 회사로 돌아온 시각은 밤 10시가 다 되었다. 이미 시내판 신문은 인쇄가 시작됐다.

30분쯤 더 지났을 무렵 박 부회장에게 전화가 왔다. 회사 앞인데 잠시 보자는 것이었다. 비서실장과 함께 있었다. 비서실장은 "미안하지만 하루만 더 보류해달라"고 했다.

"그 문건의 성격상 그룹의 운명과 구속돼 있는 최순영 회장의 신변에 영향을 미칠 수밖에 없습니다. 그래서 최소한 회장님 사모님(이형자 씨)과는 사전에 상의해야 할 것 같습니다. 저희에게 하루만 더 여유를 주시죠."

곤혹스런 부탁이었다. 비서실장이 잠시 전화를 하러 간 사이 L은 최 기자와 귓속말로 상의했다.

"저는 회사 일이 급박하다는 핑계로 들어갈 테니 최 선배가 알아서 처리하시죠."

최 기자인들 어떻게 알아서 처리하겠는가.

그날 밤 12시, L은 박 부회장과 비서실장에게 전화를 걸었다. "죄송하다"는 말을 전하기 위해서였다.

1999년 11월 26일 아침, 〈동아일보〉 1면 톱기사다.

청와대 사직동 팀(경찰청 조사과)이 올 1월 옷 로비 의혹사건 발생 당시 작성해 김대중 대통령에게 보고한 것으로 보이는 내사결과 최종보고서가 처음으로 공개됐다. 그러나 이 최종보고서의 조사결과는 배정숙 씨 측이 공개한 사직동 팀의 최초보고서인 '사직동 문건'에서 핵심관련자들이 진술한 내용과는 달리 "연 씨가 밍크코트를 구입한 일이 없다"고 결론을 내리고 있는 등 주요 내용을 축소 조작한 것이 아닌가 하는 의혹이 짙다. 특히 박주선 대통령 법무비서관이 이 문건을 직접 김 대통령에게 보고한 것으로 드러날 경우 허위보고에 대한 책임 문제가 제기되는 등 큰 파장이 일 것으로 예상된다.

본보 취재팀이 25일 입수한 이 보고서는 "검찰총장 부인 관련 비위첩보 내사결과"라는 제목으로 분량은 A4용지 4장. 이 보고서는 내사경위, 첩보요지, 첩보취득 경위, 내사결과(사실관계), 관계자들의 행적, 의견 등 여섯 부분으로 구성돼 있다.

본보 취재팀은 이 보고서의 존재를 5개월 전 확인했으며 그동안 끈질긴 설득 끝에 김태정 전 법무부장관과 박 비서관을 잘 아는 A씨(62)로부터 입수하는 데 성공했다. A씨는 이날 "김 전 법무부장관이 검찰총장으로 재직하고 있을 때 그의 집무실에서 '사직동 문건'이라며 보여준 이 문건을 그가 잠깐 자리를 비운 사이 복사해 보관해왔다"고 입수경위를 밝혔다. 그는 "당시 김 총장이 이 문건을 보여주면서 이 보고서는 '박주선 비서관에게 받았다'고 말했다"며 "그 후 박 비서관에게 '이 문건을 보관하고 있다'고 말했더니 박 비서관이 '제발 공개하지 말라'고 부탁했다"고 주장했다.

오전 8시쯤 전화가 걸려왔다. 박 부회장이었다.

"잘했습니다. 저도 당당하게 처신하겠습니다."

비서실장도 전화를 했다.

"하루쯤 늦춰달라고 했는데 결국 쓰셨네요. 좀 서운합니다. 그렇지만 잘된 것 같습니다. 하는 수 없지요."

그날 오전 박 비서관은 사실대로 시인했다. 문제의 보고서가 사직동 팀에서 작성한 것이며 자신이 김태정 총장에게 건네줬다는 사실도 시인했다. 기사에 언급된 'A씨'가 박시언 부회장이라는 사실도 스스로 밝혔다. 박 비서관은 그날 오전 사의를 표했고 사표는 곧바로 수리됐다.

박 비서관은 그전까지 김대중 대통령에게 가장 두터운 신임을 받고 있었다. 청와대를 출입하는 한 선배는 L에게 이렇게 말한 적이 있다.

"대통령이 유일한 운동취미인 수영을 할 때는 아무도 못 들어간다. 아무리 급한 보고거리가 있어도 마찬가지다. 그런데 단 한 명의 예외가 있다. 바로 박주선 비서관이다."

박 비서관은 보도가 있기 1년 전쯤 사석에서 L에게 이렇게 말했다.

"나는 지금 칼날 위를 걷고 있는 느낌이다. 장·차관급 인사 100여 명이 수시로 나를 만나자고 할 정도다. 권력은 불구덩이다. 한발이라도 잘못 디디면 불구덩이로 떨어진다. 내가 그것을 잘 안다."

박 비서관은 그만큼 매사에 신중하고 조심했다. 그러나 그도 김태정 총장과의 인연은 어쩔 수 없는 듯했다.

박 비서관이 박시언 씨의 실명을 공개함에 따라 'A씨'만으로 보도된 박 부회장의 존재도 노출됐다. 박 부회장은 박 비서관이 사표를 제출, 수리됐다는 소식이 전해지자 "사필귀정"(事必歸正)이라고 말했다. 그러나 그는 "김 전 장관과 박 전 비서관과의 인간적인 관계를 생각하면 마음이 아프고 안타깝다"며, "내가 신의를 저버리고 폭로나 하는 사람으로 비치지 않을까 걱정된다"고 말했다.

그는 또 박 비서관의 설명 가운데 "문제의 보고서를 내가 몰래 가지고 나왔다는 보도는 사실이 아니다"고 말했다. 당시 김태정 총장이 문건을 건네주며 천천히 읽어보라고 해 총장 부속실에서 보다가 비서에게 부탁해 복사한 것이라고 입수경위를 밝혔다.

박 부회장은 전남 해남 출신으로 목포고를 나와 공병장교로 베트남에서 9년간 근무했다. 1972년 미국으로 이민을 떠났으며 그곳에서 공병장교 경험을 살려 건축업을 시작해 사업가로 성공했다. 그는 '파크랜드건축' 대표로 사업을 하면서 미국 국무부 극동담당 자문위원, 로스앤젤레스 시 컨벤션센터 커미셔너 등 활발한 사회활동을 했고, 1990년 미국의 한 남성잡지에 의해 '미국을 막후에서 움직이는 파워브로커 73인'에 선정되기도 했다.

그는 언제나 성경을 들고 다닐 정도로 독실한 기독교신자이며, 이것이 신동아그룹 최순영 회장과 인연을 맺는 계기가 됐다. 그는 '국민의 정부'가 출범한 직후인 1998년 3월 신동아그룹 부회장으로 영입됐다. 박 부회장은 최 회장이 1998년 외화도피 혐의로 검찰수사를 받게 되자 호남 인맥의 여권 인사들을 상대로 최 회장과 신동아그룹 구명운동에 앞장섰다. 그 과정에서 김태정 총장, 박주선 비서관과도 접촉했다.

L이 박 부회장과 본격적으로 인연 맺기 시작한 것은 1999년 8월경이었다. 당시 박 부회장은 불미스런 사건에 연루돼 서울지검에 고소돼 조사를 받고 있었다. L은 고소사건 내용을 취재해보았다. 논란이 있었지

만 지극히 개인적인 문제였다. 또 상대방인 고소인의 의도도 의심스런 부분이 많았다. L은 취재상황을 비서를 통해 박 부회장에게 알려줬다.

"기사는 쓰지 않겠습니다. 사건의 진상과 박 부회장님의 입장을 이해하기 때문입니다. 그 대신 나중에 시간 여유가 있으면 저녁이나 한 번 사시죠."

박 부회장은 L에게 그 '저녁' 대신 문건을 넘겨줬는지도 몰랐다.

박 부회장은 보고서 보도 직후 기자들이 몰려들자 "정직하게 살아야 한다는 평소 소신에 따라 문제의 문건을 공개했을 뿐이다"고 말했다.

박 비서관의 사표는 사건의 최종결말이 아니었다. 또 다른 파란의 시작이었다. 사건은 이제 '옷 로비 의혹' 사건에서 '문건(보고서) 유출 및 권력핵심의 축소 의혹' 사건으로 질적 변화가 이뤄졌다.

03

L이 '옷 로비 의혹'에 대해 처음 알게 된 것은 1999년 4월 23일이었다. 정보기관에 있는 지인(知人)을 만나 저녁식사를 하다 처음 얘기를 들었다. "김태정 검찰총장 부인을 포함해서 고관대작의 부인 몇 명이 압구정동과 청담동 고급 옷가게에 가서 옷 쇼핑을 하고 옷값은 신동아그룹 최순영 회장 부인에게 대신 내달라고 해서 사직동 팀이 내사한 것 같다"는 내용이었다.

황당하게 들렸다. 지금 때가 어느 때인데 그럴 리가…. 그러나 사실이 아니라고 확신이 설 때까지는 확인을 계속해야 하는 법. 이곳저곳 알아보았다. 소득은 없었다.

직접 접촉해 보기로 했다. 최순영 회장의 부인 이형자 씨를 만나려는 계획을 세웠다. 마침 편집국 기획취재팀에서도 비슷한 정보를 입수했다. 기획팀과 협의를 거쳐 이 씨를 만나는 일은 후배 부형권 기자에게 넘겼다. 부 기자는 5월 초부터 수차례 접촉을 시도했다. 이 씨는 계속된 인터뷰 요청을 거절했다. 외화 밀반출 사건으로 구속수감 중인 최 회장에게 나쁜 영향을 줄 수 있다는 이유에서였다. 그렇게 시간은 흘러갔다.

1999년 5월 24일, 드디어 사건이 터졌다. 〈한겨레〉에 "남편 봐달라, 밍크코트 선물공세"라는 제목으로 보도가 된 것이다.

최순영 신동아그룹 회장이 국외재산도피 혐의로 구속되기 직전, 최 회장의 부인 이형자(54) 씨가 김대중 정부의 실세 장관급 부인들을 상대로 집요하게 로비를 벌였던 것으로 밝혀졌다. 특히 최 회장 부인은 아무개 부인한테 2천여만 원짜리 밍크코트 등 값비싼 옷을 선물하는가 하면, 김 대통령의 부인 이희호 씨한테도 간접적으로 선처를 부탁한 것으로 드러나 청와대가 극비리에 이들 부인 등을 불러 조사한 것으로 확인됐다.

23일 정부의 한 고위 당국자는 "최 회장의 부인 이 씨가 지난 1월 말 장관 부인들의 모임인 수요봉사회를 통해 장관 부인들을 상대로 선물공세를 펼치는 등 로비를 했다는 의혹이 제기돼 조사를 벌인 결과 최 회장 부인의 로비 사실을 일부 확인했다"고 밝혔다.

최 회장은 검찰수사에서 지난해 7월 국외재산도피 혐의가 확인됐으나, 외국자본 도입 교섭협상이 진행되고 있음이 감안돼 사법처리가 미뤄져왔다. 지난해 12월 김태정 검찰총장이 "최 회장을 연내 사법처리하겠다"고 밝힌 뒤, 2월 11일에야 특정경제범죄 가중처벌법 위반 혐의로 뒤늦게 구속됐다.

청와대 진상조사 결과, 최 회장의 부인 이 씨는 평소 잘 알고 지내던 강인덕 통일부장관 부인을 통해 박상천 법무장관의 부인, 김정길 당시 행정자치부장관의 부인, 김태정 검찰총장의 부인 등을 상대로 남편의 선처를 호소하는 로비에 나섰던 것으로 드러났다. 이 과정에서 강 장관의 부인은 최 회장의 부인이 단골로 드나들던 서울 강남의 고급 의상실로 이들 3명의 부인을 데려가 옷을 사도록 했다. 이 가게는 정장 한 벌 가격이 200만 원 이상 하는 등 고급 옷만 취급하는 곳이다.

사정당국의 한 관계자는 "당시 부인들이 옷을 고르자 강 장관 부인이 '내가 내겠다'고 한 것으로 드러났다"며 "최 회장 부인이 강 장관 부인을 통해 부인들한테 옷을 선물하려 했던 것으로 보인다"고 말했다. 그는 "의상실 장부 등을 확인한 결과 부인들은 강 장관 부인의 제의를 거절하고 옷을 외상으로 사거나 아예 구입하지 않은 것으로 드러나 더 이상 문제를 삼지 않고 조사를 끝냈다"고 덧붙였다.

그러나 최 회장 부인은 이들 가운데 한 부인의 집에 2천여만 원짜리 밍크코트를 전달한 것으로 드러났다. 이 부인은 "의상실에서 밍크코트가 배달돼 집에서 일하는 사람이 장롱에 넣어두었으나 이를 뒤늦게 알고 밍크코트를 되돌려 보냈다"고 해명했다. 특히 최 회장 부인은 김 대통령의 부인 이희호 씨가 의상실을 이용한다는 사실을 알고 의상실 사장을 통해 이 씨한테 "최 회장이 억울하다"며 선처를 호소한 것으로 확인됐다. 그러나 이 씨는 "기업을 하는 사람 얘기를 어떻게 믿을 수 있느냐. 그런 얘기는 하지 말라"고 물리친 것으로 알려졌다.

〈한겨레〉 기사가 보도되자 이형자 씨한테서 반응이 왔다. "일부 언론과 정치권에서 사건의 본말을 전도하고 있어 진실을 밝혀야겠다"는 것이었다. 〈한겨레〉에게 선수를 빼앗겼지만 '이삭'이라도 주워야겠다는 생각으로 만나기로 했다. 부 기자가 만났다.

이 씨는 그날 오후 4시 30분부터 한 시간 반 동안 서울 서초구 양재동 횃불선교센터 사무실에서 사건의 진상에 대해 이야기했다.

1998년 12월 중순 당시 강인덕 통일부장관 부인이 나를 찾아왔다. 그와는 몇 년 전 우리 집 애 약혼식 때 처음 만났고 같은 기독교인이어서 성경 공부를 같이한 사이다. 그는 내게 "김태정 검찰총장 부인이 '최순영 회장이 사돈을 통해 외화를 유출했다. 올해 안으로 집어넣을 텐데 그 부인은 아무것도 모르고 있다'고 얘기하고 다닌다. '우산'을 준비하는 게 좋겠다"고 말했다.

사돈어른이 우리 때문에 다칠 것 같아 걱정이 됐다. 강 장관 부인에게 "총장 부인을 만나면 잘 좀 얘기해달라"고 부탁했다. 이틀 후 강 장관 부인으로부터 "검찰총장 부인이 A 의상실에서 2,400만 원어치 옷을 가져갔다"는 전화를 받았다. 돈을 준비했다.

다음 날 장관 부인이 횃불선교센터의 내 사무실로 찾아왔다. 그는 "오늘 총장 부인과 장관 부인 몇 명이 강남의 라스포사 의상실에 갔다. 총장 부인은 밍크코트를 서너 개 봐뒀으니 그리 알라"고 말했다.

그날 저녁 라스포사 의상실 사장이 한남동 집으로 전화를 했다. 그는 "내일 아침 총장 부인이 오시는데 큰 밍크, 작은 밍크, 망토, 외제 물건 좋은 것 몇 개를 보여주겠다. 그 옷값을 어떻게 하면 좋겠느냐"고 말했다. 나는 "그 돈 내가 못 내요. 그러니 옷 보여주지 마세요"라고 말하고 전화를 끊었다.

1999년 1월 10일경 사직동 팀(경찰청 조사과)에 불려가 하루 8시간씩 5일간 총 40시간 출퇴근 조사를 받았다. 라스포사 사장과 대질신문을 했다. 그러나 그는 옷값과 관련한 전화를 한 적이 전혀 없다며 딱 잡아뗐다. 사정기관 윗분으로부터 "절대로 얘기하지 말라. 안 그러면 다친다"는 압력을 받았다.

이 씨는 다음 날 이와 비슷한 내용의 해명자료를 만들어 검찰 기자실로 보냈다. 요지는 김태정 검찰총장의 부인 연정희 일행이 고급 옷을 사고 그 옷값을 자신에게 대신 내도록 요구했다는 것이었다. 의혹이 꼬리를 물고 파문이 일었다.

당시 법무부장관으로 영전한 김태정 씨의 입장이 곤란해졌다. 그해 5월 28일 연정희 씨는 이 씨를 명예훼손 혐의로 서울지검에 고소했다. 법무부장관의 부인이 검찰에 고소한 것이다.

검찰은 바로 수사에 착수했다. 검찰은 그날 오후부터 라스포사 의상실 사장 정리정(본명 정일순) 씨와 남편 정환상 씨, 강인덕 전 통일부장관 부인 배정숙 씨 등을 참고인 자격으로 차례로 소환했고 그 다음 날에는 이형자 씨를 직접 소환했다.

수사는 전례 없이 빠른 속도로 진행됐다. 그 과정에서 가볍게 보아 넘길 수 없는 '사고'가 발생했다.

1999년 6월 1일 0시 45분경, 서울 서초동 서울지검 청사 지하주차장 출구를 통해 검은색 레간자 승용차 한 대가 천천히 주차장 밖으로 나오자 연 씨의 귀가장면을 취재하기 위해 TV카메라 조명을 환히 비추며 사진기자 7, 8명이 레간자 앞으로 몰렸다. 카메라 플래시가 쉴 새 없이 터졌다. 취재진이 레간자의 중년 여성 때문에 한눈을 파는 사이 '진짜 연씨'는 서울지검 특수부 검사와 직원의 안내를 받으며 12층 조사실에서 내려와 청사 옆문 민원실 출구로 빠져나가고 있었다.

취재진의 위치와 상황을 파악하는 임무를 맡은 두 명의 검찰직원은 휴대전화로 밖의 형편을 안으로 알렸다. 0시 55분경 굳게 닫혀 있던 높이 2.5미터의 민원실 철제 셔터가 열렸고 연 씨는 검사와 직원 4, 5명에 둘러싸인 채 밖으로 나왔다. 연 씨는 청사 밖 큰길가에 시동을 걸고 대기 중이던 하얀색 아반떼 승용차를 향해 종종걸음으로 50여 미터를 내달았다.

오전 1시 15분경 문제의 레간자와 연 씨를 태운 아반떼는 연 씨의 자택 서초동 월드빌라트 앞 골목에 나타났다.

헤드라이트를 환하게 밝힌 아반떼가 취재진 10여 명의 눈에 들어온지 1, 2초 후 골목 반대편에서 레간자가 등장하더니 쏜살같이 월드빌라트 주차장으로 들어갔다. 취재진이 레간자를 뒤쫓아 카메라 셔터를 누르고 있을 때 아반떼는 빌라트 정문 앞에 멈춰 섰고 연 씨는 검찰직원의 도움을 받으며 집안으로 황급히 뛰어 들어갔다.

다음 날 검찰 기자들 사이에서는 검찰이 조사받고 귀가하는 장관 부인 연정희 씨를 언론에 노출시키지 않기 위해 '제 3의 인물'을 '위장용'으로 등장시킨 것이 아니냐는 항의가 빗발쳤다. 그 제 3의 인물은 김 장관의 여동생이었다.

검찰이 연 씨를 닮은 가짜인물까지 내세우며 과잉보호하고 있다는 의혹이 가라앉지 않자 검찰은 그날 오후 "문제의 레간자는 특수1부 검사의 차인데 밤이 늦어 40대 후반의 참고인을 집까지 태워다준 것뿐이다. 연 씨를 위한 위장 연막전술은 아니다"고 해명했다.

그 해명이 기자들 사이에서 통할 리가 없었다.

검찰은 우여곡절 끝에 다음 날 수사결과를 발표했다. 수사결과는 한마디로 배정숙 씨가 최순영 회장의 구명을 위한 로비 명목으로 최 회장의 부인 이형자 씨에게 옷값 대납을 요구하다 미수에 그친 '실패한 로비'라는 것이었다.

검찰은 그런 내용의 수사결과를 발표하고 배 씨를 변호사법 위반 혐의로 불구속입건하면서 수사를 종결했다. 물론 이형자 씨도 불구속입건됐다. 그러나 이 씨는 어찌된 일인지 얼마 안 가 연 씨가 고소를 취하하는 바람에 '공소권 없음' 처분을 받고 기소를 면했다.

04

수사결과는 쉽게 납득할 수 없었다.

검사 인사권을 쥐고 있는 현직 법무부장관 부인이 고소한 사건을 검찰이 수사하는 것 자체가 정당성이 없었다. 신동아그룹 최순영 회장을 수사한 검사가 옆방으로 건너와 최 회장 부인도 조사했다. 그것은 절차적 정당성을 무너뜨리는 것이었다.

절차가 공정하지 못한 수사의 결과가 좋을 리 없었다. '실패한 로비'라는 수사결과 발표는 곧 '실패한 수사'로 비쳐졌다.

수사결과 발표 후 2, 3일이 지났을 때 L은 평소 친하게 지내던 서울지검 부부장 검사를 찾아갔다. 그 검사가 말했다.

"어제 강인덕 장관과 배정숙 씨의 가족 중 한 사람을 만났는데 검찰수사 결과에 불만이 대단히 많던데. 짜 맞추기 수사로 자기네만 기소됐다면서 검찰 욕을 막 하더라니까."

'혁명'은 '불만'으로부터 시작되는 법. L은 배 씨 가족을 수소문해 그의 작은아들이 서울 여의도 외국계 금융기관에서 근무한다는 사실을 알아냈다. 마침 L의 법조팀 후배 중에는 미국에서 공부한 경험이 있는 김승련 기자가 있었다. 김 기자는 수습을 마치고 사건기자 경험이 없이 국제부에서 오래 근무하다 그해 3월 법조팀으로 왔다. 김 기자에게 배씨 아들을 한번 만나보라고 했다.

7월 3일, 김 기자는 처음으로 배 씨의 아들과 딸을 만났다. 며칠 뒤배 씨의 사위 금문호 씨도 만났다. 금 씨는 노태우 전 대통령의 손아랫동서인 금진호 씨의 막내 동생이었다. 또한 김 기자의 부친은 6공화국때 외교안보수석을 지낸 김종휘 씨이다. 그 인연으로 김 기자는 금문호씨와도 잘 통했다.

김 기자는 이때부터 8월 중순까지 20여 차례 배 씨의 아들과 딸, 사위를 집과 사무실로 번갈아 찾아가며 만났다. 심야에 만나 새벽까지 얘기를 나누기도 했고, 이 때문에 김 기자는 여름휴가도 못 갔다. 만난 결과는 숨소리까지 정리했다.

김 기자의 보고를 통해 이 사건이 단순한 '옷 로비' 사건이 아니라 청와대와 검찰 등 권력 핵심의 은폐축소 의혹이 짙은 권력형 비리사건일지도 모른다고 판단했다. 배 씨 측이 '사직동 팀 조사보고서'와 장관 부인들의 전화통화 내용을 녹음한 '녹음테이프' 등 물증을 가지고 있다는

196

사실도 알아냈다. 배 씨 측은 이를 줄 듯 줄 듯 하면서 끝내 주기를 거부했다. 파문이 걱정된다는 것이었다.

다시 시간이 흘러 1999년 10월, 특별검사 수사가 시작됐다.

특검은 출범회견에서 "국민들의 제보를 기다린다"고 했다. L과 김 기자는 10월 말, 그동안의 취재자료를 특검 팀에 건네줬다. 그중에는 배정숙 씨 가족의 취재보고서도 포함됐다. 또 배 씨 측이 사직동 팀 보고서 등 중요 문건을 가지고 있다는 내용도 알려줬다.

김 기자는 며칠 후 특검 팀의 요청에 따라 압수수색을 할 근거를 마련해주기 위해 진술서도 작성해주었다. 김 기자의 정보제공으로 이뤄진 특검 팀의 압수수색은 성공적이었다. 문제의 사직동 문건도 확보했고 녹음테이프도 찾았다. L은 압수수색 상황을 어느 정도 알고는 있었지만 기사는 쓰지 않았다. 기사 자체보다는 진실 발견이 더 큰 목표라고 생각했다.

이어서 1999년 11월 26일 사직동 팀 최종보고서를 입수해 보도했다.

05

1975년 리처드 닉슨 당시 미국 대통령을 사임하게 한 워터게이트 사건의 시발점은 선거법 위반사건이었다. 처음에는 워싱턴 D. C. 워터게이트 건물에 있는 민주당 선거본부에 도청장치를 설치하려다 실패한 단순한 사건으로 시작했다. 그러나 정작 미 국민을 분노하게 만들어 그를 탄핵심판이라는 벼랑 끝으로 내몬 것은 '거짓말'이었다. 닉슨은 불법도청 사실을 보고받고서도 이를 부인하며 거짓말을 하다가 불명예스럽게 은퇴했다.

옷 로비 의혹사건의 진행과정도 비슷했다. '옷 로비'의 실체는 드러나지 않았다. 연정희 씨는 '실패한 로비'의 억울한 피해자일 가능성도 있었다. 사건이 처음 알려졌을 때 당사자들이나 수사기관이 사실을 솔직히 인정하고 사죄했더라면 바로 끝났을 사건이었다.

그러나 핵심 관련자들은 거짓말로 일관했다. 1999년 5월 이형자 씨의 폭로로 사건내용이 처음 알려졌을 때 당시 연정희 씨 등은 '터무니없는 주장'이라며 부인했다. 연 씨 등은 이 씨를 명예훼손 혐의로 고소까지 하면서 결백을 주장했고, 수사에 나선 검찰은 연 씨의 주장을 거의 그대로 인정했다.

거짓말은 전 국민을 상대로 확대됐다. 연 씨 등은 전 국민이 TV 생중계로 지켜본 국회 청문회에서 호피무늬 반코트의 배달시기와 반납시기 등 중요 쟁점에 대해 거짓말을 했다. 일부 여당 의원들은 이들의 거짓말을 감싸는 데 급급했다.

이들의 거짓말은 특별검사 수사로 한 꺼풀씩 벗겨지기 시작했고, 고관 부인들의 '라스포사 동맹'도 깨졌다. 배정숙 씨가 '사직동 팀 최초보고서'를 공개하면서 부인들의 거짓말은 권력자들의 거짓말로 이어졌다. 김태정 전 총장은 11월 24일 특검 팀에 출두하면서 문건의 출처에 대해 "기억이 안 난다"고 하면서도 "사직동 팀이나 청와대는 결코 아니다"고 말했다. 사직동 팀은 "그런 문건은 만든 적도 없고 본 적도 없다"고 부인했다. 거짓말에 결정타를 가한 것은 '사직동 팀 최종보고서'였다. 이제 거짓말은 설 땅이 없게 됐다. 사태는 새로운 국면을 맞았다. '옷 로비 의혹'사건이 국가 기밀문서 유출과 사건 축소은폐 의혹사건으로 번졌다.

대검찰청이 다시 수사에 나섰다. 수사의 주된 대상은 보고서 유출경위였다. 검찰은 이 사건을 대검중수부에 배당하되 주임검사는 중수부 검사가 아닌 대검 감찰부 박만(朴滿) 감찰1과장에게 맡겼다.

수사의 초점은 두 가지였다.

일차적인 수사대상은 사직동 팀 최종보고서 유출경위.

이 부분에 대한 수사는 비교적 간단했다. 박주선 전 비서관이 11월 26일 사직서를 제출하면서 "김 전 장관의 요청으로 내가 최종보고서를 건네줬다"고 밝혔기 때문이다. 따라서 검찰은 김 전 장관이 문제의 보고서를 전달받아 박시언 부회장에게 유출한 경위를 조사하면 되는 것이었다.

두 번째 수사대상은 연정희 씨를 통해 배정숙 씨에게 넘어간 '최초보고서'의 출처.

이것이 사직동 팀을 통해 김태정 전 장관에게 건너갔다고 하면 사태는 훨씬 심각해진다. 사직동 팀이 최종 조사결과가 나오기 전에 조사내용을 알려주고 '진술 짜 맞추기'에 개입했을 가능성도 있기 때문이었다. 나중에 국회 법사위가 고발한 연정희, 이형자 씨 등의 위증사건도 수사대상에 포함됐다. 대검 수사팀은 박시언 부회장의 소재를 찾았다. 최종보고서 유출경위에 대한 조사를 벌이기 위해서였다.

박 부회장은 나타나지 않았다. 연락도 안됐다. 11월 28일 박만 과장은 L을 찾았다.

"박시언이라는 사람 어디 있는지 알지. 우리에게 연락처를 가르쳐줘. 어차피 조사받아야 할 건데 협조하라고 해."

"저도 곧바로 연락되는 건 아닙니다. 노력은 해보겠습니다만 ⋯."

L은 그날 밤 소공동 롯데호텔로 향했다. 박 부회장은 일산 신도시 집을 나와 이 호텔에서 은거하고 있었다. 호텔방에서 박 부회장을 만났다. 박 부회장은 L에게 메모 한 장을 보여주었다. 자신이 밖에 나가서 없을 때 부인(서정의)이 다녀가면서 남긴 편지라고 했다.

아빠께.

여러 면으로 용기 있고 결단력 있는 당신을 존경합니다. 바른 길을 알고 있는 우리가 시련이 있을지라도 초지일관 대처해야 한다고 봅니다. 거짓은 거짓을 잉태하며 암울하고 퇴폐만 거듭되게 마련입니다.

당신을 누구보다 잘 아는 제가 있어요. 하루를 살아도 비굴하게 살아선 아니 됩니다. 민심은 천심(天心)이기에, 하늘을 우러러 한 점 부끄럼이 없는 솔직한 우리들이 되어야 합니다.

법치국가에서 억울하게 재산을 빼앗겨버린다는, 생각만 해도 마음이 아프며 분노를 느낍니다. 내 재산 네 재산, 그리고 내 고향 네 고향이 아닌 올바른 길에 외롭더라도 흔들림 없이 행동할 것을 의심치 않아요. 언젠가는 당신이 생각하는 멋진 빌딩이 이 서울에 세워질 것입니다. 세상에 한 번 태어나 한 번 죽는 우리들의 삶이 얼마나 소중하다는 것을 재삼 인식하면서 이 시련이 아빠를 더욱 큰 재목으로 쓰이게 하는 계기가 될 것입니다.

사랑하는 아빠! 힘내세요. 제가 집에 다녀오겠어요. 간단한 약품(타이레놀, 안약)과 크림을 거울 앞에 놓고 갑니다.

11월 29일 박 부회장이 대검 청사에 나왔다. 그에 대한 조사는 이틀 동안 계속됐다. 사직동 팀 최종보고서의 입수경위 외에 신동아그룹의 정관계 로비 여부에 대해서도 조사가 진행됐다.

박 부회장은 조사를 마치고 나온 뒤 L에게 조사상황을 전해주었다.

"처음에 중수부 수사계장이 다짜고짜 '불어라'고 요구하더라고. '뭘 불라는 것이냐'고 반문했더니 '당신이 최순영 회장으로부터 100억 원을 받아 로비자금으로 썼다는 보도가 있지 않았느냐'고 하더라구. 그래서 내가 되받아쳤지. '그럼 내가 불 테니 받아적으라'고. 그리고는 '김대중 대통령 50억 원', '이회창 총재 30억 원', '검찰총장 10억 원' 이렇게 불기 시작했지. 그랬더니 못 적더라고. 처음에 내가 '불 것이 없다'고 하니까 계장이 그러더라고. '다들 당신처럼 말하지만 나중에는 다 불고 나간다'고. 그래서 내가 말했지. '불지 않는 사람이 딱 한 명 있다. 그게 나다. 왜냐고? 나는 실제로 주지 않았으니까.' 그랬더니 더 이상 말을 하지 않더라구."

12월 3일, 박시언 부회장에 이어 김태정 전 법무부장관 겸 검찰총장이 대검 청사에 나왔다. 이번에는 검사나 총장이 아니라 '피의자'의 신분이었다.

김태정 전 총장은 그보다 3~4일 전 파업유도 특별검사팀에 소환됐다. 1999년 6월 진형구 대검공안부장의 취중실언으로 터져 나온 조폐공사 파업유도 발언내용이 사실인지, 사실이라면 그것을 지시했는지 등에 대해 조사받기 위해서였다. 파업유도 특별검사는 강원일 변호사. 두 사람은 1988년 강 특검이 인천지검장으로 있을 때 김 전 총장은 인천지검 차장이었던 인연으로 가까운 사이였다.

김 전 총장은 조사받기에 앞서 강 특검에게 먼저 인사를 하러 갔다. 강 특검이 먼저 입을 열었다.

"우리가 이렇게 만날 사이가 아닌데. 어쩌다 이렇게 됐노?"

"면목 없습니다."

"왜 올해 초 대전 법조비리 파동 때 최고책임자로서 당당하게 책임지고 사표를 내지 그랬나?"

김 전 총장은 언제나 그렇듯이 솔직한 사람이었다.

"…. 어쩔 수 없었습니다. 한번 총장이 되고 나니까 더 출세하고 싶더군요. 당시에 대통령에게 사의를 표명했는데 대통령이 '당신이 왜 사표를 내냐'면서 거듭 반려를 해서 욕심을 더 냈습니다."

김태정 전 총장은 11월 4일 밤 공무상 비밀누설과 공문서 변조 및 행사 혐의로 서울구치소에 구속 수감됐다. 검찰총장과 법무부장관을 지낸 사람이 구속된 것은 정부 수립 이후 처음 있는 일이었다.

구속영장에 나타난 김 전 총장의 혐의는 1999년 2월 박주선 당시 대통령 법무비서관에게 옷 로비 내사결과 보고서 원본을 달라고 요청해 건네받은 뒤 신동아그룹 박시언 부회장에게 표지와 7항 '구속건의' 항목을 뺀 보고서 사본을 건네준 혐의다.

김 전 총장은 그해 2월 말 부인 연정희 씨의 결백을 해명하기 위해 박시언 씨에게 전화를 걸어 집무실로 부른 뒤 "사직동 팀 조사결과가 이렇게 나왔으니 최순영 회장 부인 이형자 씨에게 쓸데없는 짓 하지 말라고 전해달라"며 보고서를 보여줬으며, 박 씨는 이를 받아 부속실 직원에게 복사를 부탁한 뒤 가져갔다고 검찰은 설명했다.

최종보고서 수사는 끝났다.

김태정 전 총장이 구속되던 날 밤 최영훈 기자는 술에 만취해 후배들 앞에서 소리 내어 울었다. 그는 김 전 총장의 초등학교와 법대 후배로 막역한 사이였다. 10년 넘게 법조출입을 하면서 더욱 가까운 사이가 됐다. 사석에서는 형제처럼 지냈다. 그런 그를 구속되게 한 것이다.

그는 L과 후배들이 취재하고 기사를 쓰는 과정에서 단 한마디의 부탁도 하지 않았다. 어떤 인간적인 고민이나 고뇌의 흔적도 내색하지 않았다. 그는 참았던 감정을 이날 다 쏟아냈다.

06
—

문제는 최초보고서였다. 대검 중앙수사부 수사팀은 검사 5명을 추가로 투입해 수사검사를 총 8명으로 대폭 보강했다.

12월 1일, 수사팀은 사직동 팀 사무실과 사직동 팀장인 최광식(崔光植) 경찰청 조사과장의 자택에 대해 전격적으로 압수수색을 했다. 사직동 팀 최초보고서로 추정되는 문건들의 출처와 유출경위를 밝혀내기 위한 것이다. 중수부의 이종왕(李鍾旺) 수사기획관은 "이 사건수사 후 여전히 의혹이 남거나 특별검사제 도입 등의 얘기가 나오면 검사를 그만두겠다"고 말하기도 했다. 그의 표정은 비장했다.

수사는 쉽지 않았다. 최초보고서의 작성과 보고, 전달과정을 둘러싸고 '집안싸움'이 벌어졌다. 당사자는 박주선 전 대통령 법무비서관과 사직동 팀장인 최광식 조사과장.

이들은 '최초보고서'의 작성과 유출경위를 놓고 12월 5일 새벽 1차,

12월 12일 오후 2차 대질신문을 가졌다. 최 과장은 "사직동 팀에서 최초보고서의 3개 문건을 작성했으며 모두 박 전 비서관에게 보고했다"고 진술했고, 박 전 비서관은 "최초보고서는 본 적도 없다"며 맞섰다.

11월 22일 배정숙 씨가 최초보고서를 처음 공개했을 당시 '한솥밥'을 먹는 사이였던 두 사람은 "최초보고서는 없다"고 한목소리로 말했다. 박 전 비서관이 11월 29일, 최 과장이 12월 1일 특별검사에 나가 똑같은 입장을 재확인했다.

그러나 그때 이미 두 사람은 미세한 부분에서 다른 얘기를 하고 있었다. 최 과장은 특별검사 조사 후 취재진에게 "최종보고서에 '7항 건의'를 넣어서 박 전 비서관에게 보고했다"고 말했다. 박 전 비서관은 "내사 결과 보고서의 서툰 문구와 문서체계를 손질하고 '건의' 항목을 추가했다"고 말했다.

검찰조사가 본격화하면서 최 과장은 "최초보고서가 없다"는 자신의 종전 주장이 사실이 아니었음을 털어놓았다. 사직동 팀에서 최초보고서를 작성한 사실을 인정한 것이다. 사직동 팀의 수사관 4명도 일관되게 같은 진술했다.

이종왕 대검 수사기획관은 "최 과장이 왜 말을 바꿨느냐"는 질문에 "나중에 설명하겠다"고 말했다. 납득할 만한 이유가 있다는 뉘앙스였다. 검찰 주변에서 박 전 비서관과 최 과장 사이의 '사전 입맞춤'이 어떤 이유에서 깨진 것이 아니냐는 관측이 나오기도 했다.

박 전 비서관은 '음모론'을 제기했다. 그는 그 무렵 부형권 기자를 만나 이렇게 얘기했다.

"최 과장이 경무관 승진에서 탈락했는데 그 자리에 내 동기동창이 갔다. 그 영향이 있는 것 같다. 또 만일 '최초보고서'가 사직동 팀에서 만들어진 것이 맞는다면 그들은 그 유출 책임을 나에게 떠넘겨야 살아남는다."

그러나 수사상황은 박 전 비서관에게 불리하게 진행되었다. 수사검사는 "최 과장 등 사직동 팀 관계자들은 보고서를 언제 어떻게 보고했는지를 상세히 진술하고 있지만, 박 전 비서관은 그냥 딱 잡아떼고만 있다"고 말했다.

박 전 비서관은 필사적이었다. 12월 10일 최영훈 기자가 역삼동 르네상스호텔에서 박 전 비서관을 만났다. 그날 만남은 박 전 비서관의 요청에 따라 이뤄진 것이었다. 그는 "최초보고서의 작성과 유출에 전혀 개입하지 않았다"고 말했다.

"사직동 팀 내사기록에는 연정희 씨와 배정숙 씨가 1999년 1월 8일 옷 사건과 관련해 통화했다는 진술조서가 있다. 당시 연 씨는 '내가 언제 앙드레김에서 2,200만 원어치 옷을 샀느냐'고 배 씨에게 따졌다. 연 씨는 이미 김태정 전 총장을 통해 '첩보'를 알고 있었던 것이다. 내가 '최초보고서'라는 문건을 연 씨 측에 줄 이유가 없었다. '최초보고서' 중 '유언비어 조사상황'(1999. 1. 19)에 이은혜 씨와 라스포사 종업원 이혜음 씨의 진술내용이 있다. 그런데 나는 두 사람을 조사했다는 보고를 받은 적이 없다. 연 씨의 밍크코트 구입과 배달날짜를 내가 조작했다는데, 당시는 몇천만 원짜리 밍크코트를 받았느냐가 핵심이었다. 사건의 본질과 상관없는 그런 내용을 내가 왜 조작하겠는가. 최광식 조사과장과 함께 1, 2차례 보고서의 양을 줄이며 수정한 적이 있을 뿐이다.

12월 4일 김태정 전 총장이 구속 수감되기 직전 대질신문 때 계속 '미안하다'고 했다. 나는 '제발 최초보고서의 출처를 밝혀달라'고 부탁했다. 김 전 총장은 '정말 기억이 안 난다. 혹시 네가 준 것 아니냐'고 하더라. 나는 '형님, 내가 줬다면 최종보고서처럼 사건 터지자마자 대통령에게 보고했지요'라고 반문했다. 그날 오전 수사검사가 '최 과장이 최초보고서를 만들어 당신에게 보고했다고 다 자백했다'고 말했다. 어이가 없어 대질신문을 요구했다. 12월 5일 새벽 최 과장과 같이 조사를 받았는데 최 과장은 '검사님이 협박해서 허위진술했다'고 했다."

일은 더욱 꼬여갔다. 수사팀이 기대한 것은 그게 아니었다.

12월 9일, 박순용(朴舜用) 검찰총장이 한광옥(韓光玉) 대통령 비서실장을 만났다. 박 전 비서관 문제를 상의하기 위한 것이었다. 대검의 한 간부는 그것이 박 전 비서관에게 마지막으로 '기회'를 주기 위한 것이었다고 나중에 설명했다.

"박 전 비서관이 누굽니까. 우리 조직의 엘리트 아니었습니까. 우리도 박 전 비서관을 구속하고 싶지 않지요. 그래서 어제 브리핑할 때도 최초보고서 작성과 유출에 제3자가 개입했을지도 모른다고 가능성을 열어둔 겁니다. 박 전 비서관에게 시간과 기회를 주기 위해서였지요.

우리는 박 전 비서관이 이렇게 나오길 기대했습니다. '다 맞다. 최초보고서는 사직동 팀에서 작성했을 것이고, 그렇다면 내게도 보고됐을 것이다. 내가 보고받고 대통령께 보고했는데 그 과정에서 일부 소홀했던 점이 있었던 것 같다. 내 잘못이다. 다 내가 책임지겠다.'

그러면 박 전 비서관을 구속하지 않을 수도 있습니다. 그래서 총장이 그 뜻을 전하러 비서실장을 만난 겁니다. 그런데 박 전 비서관은 거꾸로 더욱 강하게 나왔습니다. 그래서 우리도 이제는 어쩔 수가 없구나 이렇게 결론을 내린 겁니다."

또 다른 대검의 한 간부는 한숨을 쉬며 L에게 이렇게 말했다.

"박 전 비서관은 이제 돌아올 수 없는 다리를 건넌 것 같아. 최초보고서에 대해 처음부터 너무 강하게 반복해서 부인했어. 지금 모든 사실을 시인한다면 그는 인격파탄자로 비칠지도 모르지. 아무리 결정적인 물증이 나와도 그는 부인할 수밖에 없을 거야."

12월 10일 밤 11시 30분, L과 최영훈 기자는 퇴근하는 이종왕 수사기획관을 기다렸다가 대검 청사 근처 카페에서 잠시 만나 이야기를 했다. 이 기획관의 표정이 심상치 않았다.

"수사가 잘되고 있습니까?"

"잘되겠지 … ."

동문서답이었다. '잘되고 있냐'라고 수사상황을 묻는 질문에 그는 '잘되게 해야지'라는 '의지'를 내비친 것이다. 수사가 생각대로 되지 않는 것이 분명했다.

"이 사건은 이미 옷 로비 사건이 아닙니다. 거짓말 사건입니다. 이 사건으로 온 나라가 1년 내내 시끄러웠고 온갖 의혹이 증폭되지 않았습니까. 사직동 팀 수사에서 시작해 서울지검 특수부, 국회 청문회, 특별검사까지 갔다가 다시 검찰로 오지 않았습니까. 직전 검찰총장도 구속됐고. 그런 사건에서 다시 의혹을 남기는 수사를 한다면 검찰은 물론이고 나라가 망합니다. 그러면 저도 검사 더 안 할 겁니다. 진상을 철저히 밝히는 것이 국민에 대한 도리입니다."

07

'국민에 대한 도리', '검사 더 안 하겠다'. 사태는 점점 더 어려운 국면으로 치닫고 있었다.

1999년 12월 17일 오후 6시 30분, 대검 청사 맞은편 '김만철 식당'에서 만두로 저녁을 때우고 있는데 휴대전화가 울렸다. 검찰이 7시에 긴급 브리핑을 한다는 것이다. 예정이 없던 일이었다.

7시 5분경 이종왕 수사기획관이 기자실로 내려왔다. 그는 "박주선 전 대통령 법무비서관에 대한 소환방침은 '검찰'의 결정이며 물증이 충분한 만큼 기소하지 않는 것은 생각지 않고 있다"고 분명하게 말했다. 의외였다.

— 하필 내일 박 전 비서관을 소환하는 이유는 ….
"이번이 마지막 소환이 될지 모르겠다."
— 왜 18일인가.
"검찰은 특별검사의 수사를 방해하지 않으려고 여러 가지를 고려했다. 특검수사 만료일 바로 다음 날 박 전 비서관을 소환하는 것도 이런 취지다."
— 박 전 비서관의 혐의는 ….
"구체적으로 말할 수 없지만 문건 유출과 관련해 공무상 기밀누설 및 그밖에 공용서류 은닉 등 몇 가지가 추가될 수 있다. 다른 혐의는 소환조사한 뒤 결정하겠다. 박 전 비서관의 혐의는 보고서 유출에 국한되지 않고 옷 로비 사건과 관련된 일련의 행위 전부다."

― 기소 안 할 가능성도 있나.

"기소하지 않는다는 것은 생각하고 있지 않다."

― 김태정 전 검찰총장에 대한 추가수사는 성과가 있었나.

"없었다."

― 물증은 확보했나.

"충분히 갖췄다."

― 소환결정은 수뇌부와 협의한 것인가?

"검찰의 결정이다."

― 굳이 16일 밤에 이 내용을 발표하는 이유는 …….

"여러 가지를 고려해서 그렇다. (박 전 비서관에 대한 조사방침을) 명백히 해둘 필요가 있었다."

― 수뇌부와 이견이 있었는가?

"말할 수 없다. 말하지 않겠다."

― 총장 재가는 받았는가?

"쉽게 받았다."

이 기획관은 더 이상의 질문에 대해서는 대답하지 않고 올라갔다. L은 후배 정위용 기자에게 기사를 송고하도록 한 뒤 옷 로비 사건 특별검사팀의 양인석 특별검사보 집으로 향했다. 특검수사도 막바지로 치닫고 있었다. 양 특보의 집은 서초동 진흥아파트였다.

밤 9시 무렵 부형권 기자가 전화로 보고했다. 〈경향신문〉이 시내판 직전에 1면 톱기사로 "검찰수사팀, 수뇌부와 갈등·파문 예상"이라는 기사가 실렸다고 알려왔다.

이 기획관에게 전화를 했다.

"〈경향신문〉 기사가 굉장히 예민한데 괜찮을까요?"

"알아서 썼겠지요. 할 수 없습니다. 알려줘서 고맙습니다."

평소와는 다른 대답이었다.

밤 11시 20분, 양 특보 집에서 나설 무렵, 휴대전화가 울렸다.

"저, 이종왕입니다. 제가 오늘 사표를 냈습니다. 젊은 검사들 훌륭합니다. 정말 열심히 일하고 바르게 살고 있습니다. 언론이 많이 도와주셔야 합니다. 그동안 고마웠습니다."

"……."

L은 할 말을 잊었다. 그가 사표를 내다니 …. 그가 없는 검찰에 희망이 있을까 ….

정신을 추스르고 말을 건넸다. 전화로 더 이야기할 상황이 아니었다.

"지금 좀 만나시죠. 어쨌든. 제가 바로 가겠습니다."

"그럴 상황이나 기분이 아닙니다. 그동안 고마웠습니다."

최영훈 선배에게 전화했다. 다음 날 토플 시험을 치르느라 그는 일찍 잠들어 있었다. 잠에서 깬 그도 할 말을 잊었다. 바로 뛰어나오겠다고 했다. 박순용 검찰총장 집으로 가기로 했다.

밤 12시 15분, 압구정동 현대아파트 79동의 박 총장 집 벨을 눌렀다.

"무슨 일 때문인지 괴로워하시다가 이제 겨우 잠드셨는데 …. 내일 만나시죠."

문이 열리지 않았다.

"안 됩니다. 오늘은 꼭 뵈어야겠습니다. 내일 아침까지라도 이곳에서 기다리겠습니다."

막무가내였다.

10분쯤 지났을까. 총장 부인이 겨우 문을 열어주었다. 마루 옆 서재에서 박 총장을 기다렸다. 총장이 들어왔다.

"총장님, 이 기획관 사표를 수리하지 마세요."

최 기자가 단호하게 말했다.

"사표 수리하면 저희도 다시는 총장님을 안 보겠습니다."

"……."

박 총장은 말이 없었다. 한참 만에 겨우 입을 열었다.

"자네들이 가서 만류하게나."

총장 집을 나와 방이동으로 향했다. 한 번도 가본 적은 없었지만 주소만 들고 무작정 갔다. 방이시장 골목에서 20여 분쯤 헤맨 끝에 '화천빌라 A동 201호'를 찾아냈다. 새벽 1시를 넘어서고 있었다.

"나는 총장의 지휘권에 누를 끼쳤습니다. 책임을 져야지요."

요지부동이었다. 새벽 3시까지 술만 마셨다. 최 기자와 L은 지난 일주일 동안 이 기획관이 험난한 여정을 걸어왔음을 뒤늦게 알았다.

나중에 알게 된 상황은 이랬다.

12월 11일 토요일이었다. 이 기획관은 오전 브리핑만 하고 일찍 퇴근해버렸다. 이례적인 일이었다. 이 중요한 시점에 수사기획관이 오전 근무만 하다니…. 뭔가 사정이 있었다.

발단은 신광옥(辛光玉) 대검 중수부장의 지시였다. 그는 박만 과장을 불러 "앞으로는 이 기획관을 거치지 말고 나에게 직보하라"고 지시했다. 박만 과장은 고민 끝에 그 사실을 이 기획관에게 얘기했다.

"진실을 밝히자는 수사에서 나를 못 믿으면 내가 있을 이유가 없지 않은가."

이 기획관은 바로 퇴근해 버렸다. 그날 밤 신 중수부장은 이 기획관에게 전화를 걸었다.

"내가 잘못 판단했습니다. 사과하지요. 내가 박 전 비서관과의 사사로운 정에 이끌려 판단을 잘못했습니다. 사과할 테니 다시 나와서 일하세요."

그날 소동은 그렇게 봉합됐다. 그러나 그 이후에도 문제가 계속 이어졌다.

"수사검사들은 물증을 거의 완벽하게 확보했습니다. 완강한 부인을 깰 수 있는 물증을 다 확보한 겁니다. 그런데도 일주일씩이나 세월을 허송했습니다. 나는 옷 로비 특별검사의 수사발표 이전에 신병처리를 끝내야 한다고 주장했습니다. 특검수사 뒤에 처리하면 검찰이 또 떠밀려서 한다고 지탄받을 것 아니겠습니까."

그러나 위에서는 듣지 않았다.

그 무렵 수사팀 주변에서는 이상한 소문이 나돌았다. 'TK(대구 경북) 3인방'이 '호남의 인재'(박주선 전 비서관)를 죽이려 한다는 소문이 나돈 것이다. 3인방은 수사팀의 최재경 검사와 박만 과장, 이종왕 기획관이었다. 그 소문은 황당한 것이었다. 최 검사는 대구고 출신이기는 하지만 고향은 경남 산청이었다. 박만 과장도 원적이 경북 성주일 뿐 자신의 고향은 인천이고 고교도 제물포고를 나왔다. 더구나 수사팀의 오광수, 지익상 검사는 전북 출신이었다. 나중에는 이들 두 명을 근거로 '전북이 전남을 친다'는 해괴한 소문까지 나돌았다.

"최재경 검사는 정말 대단한 검사입니다. 나보고 서울검사장을 시키면서 검사 100명과 최재경 검사 같은 검사 5명을 선택하라고 하면 나는 후자를 택할 겁니다. 며칠 밤을 꼬박 새우고도 말짱했습니다. 그 어려운 수사의 고비를 돌파했습니다. 최 검사는 박 전 비서관이 '무척 서운해한다'는 말을 전해 듣고는 나에게 와서 '수사팀에서 빠지겠다'고 했습니다. 나는 '당신이 왜 빠지냐'며 타이르고 격려했습니다."

12월 16일 사표를 내기 전 이 기획관은 마지막으로 최 검사를 불렀다. 이 기획관은 앞에 두고 눈물을 겨우 참았다.

"최 검사, 정말 미안하네. 당신들 젊은 검사들에게 우리 선배들이 참 많은 죄를 지었다. 할 말이 없고 부끄럽다. 내가 10년 전 당신 같은 시절에 수사를 했더라도 이렇게 잘하지는 못했다."

새벽 3시가 넘도록 이 기획관은 최 기자와 L이 원하는 답변을 하지 않았다. 사표를 철회하라는 요구였다. 이 기획관은 3가지 이유를 댔다. 첫째는 검찰총장의 지휘권에 누를 끼쳤기 때문에 책임져야 한다는 것이었다. 둘째는 검찰을 사랑한다는 것이었다. 마지막으로 후배검사들이 일할 수 있도록 해야 한다는 것이었다.

"사표 철회하지 않으면 우리도 기자 그만하겠습니다."

최 기자가 말했다.

새벽 4시가 다 됐을 무렵, 이 기획관은 "심사숙고하겠다"고 대답했다.

다음 날 박순용 검찰총장이 자청해 기자간담회를 가졌다.

"이종왕 기획관이 사의를 철회했습니다. 수사는 공정하고 철저하게 진행될 것입니다. 진실을 밝혀내고 그 결과에 따라 책임질 것은 책임지도록 하겠습니다. 결과가 잘못되면 내가 직접 책임지겠습니다. 현 수사팀을 전폭적으로 신뢰하고 지지합니다."

그러나 이 기획관은 다음 날도 출근하지 않았다. 12월 18일 오후 1시 무렵 L은 어렵게 이 기획관과 통화했다.

"왜 안 나오십니까?"

"제 일입니다. 저에게 맡겨주세요."

그날 밤 이 기획관은 집에도 들어가지 않았다.

12월 19일 밤 8시, L은 최 기자와 함께 서초동 '예술의 전당' 아래에 있는 복집 '태평가'에서 이종왕 기획관을 만났다. 조금 있다가 수사팀의 박만 과장과 최재경 검사가 왔다. 그러나 최 검사는 술자리에 합류하지 않고 옆방에 따로 앉아 있었다.

이 기획관은 오랜만에 가슴에 있는 말을 털어놓았다.

"저는 검사를 하면서 한 번도 부끄러운 검사가 되어본 적이 없습니다. 그러나 이번에 가만히 있으면 부끄러운 검사가 될 것 같았습니다. 수사는 정말 어려웠습니다. 그 어려운 수사를 후배검사들이 정말 잘해냈습니다. 그런 수사를 망치게 할 수는 없었던 겁니다."

이 기획관은 그날 오전 이명재(李明載·현재 변호사) 부산고검장과 청계산 등산을 했다. 이 고검장은 고교 선배이자 가장 존경하는 검찰 선배 가운데 한 분이었다. 이 고검장은 아무 말 없이 이 기획관의 말만 듣고 있다가 고개를 끄덕였다.

산에 다녀온 뒤 김경한(金慶漢) 법무부차관에게 전화했다. 김 차관은 이틀 전 처음 전화를 했을 때 "무슨 경솔한 짓이냐"며 호통을 쳤다.

그러나 이날은 좀 누그러진 분위기였다. 이 기획관을 이해하려고 노력하는 눈치였다.

이어 송광수(宋光洙) 대구지검장에게도 전화했다.

"동민(윤동민 전 법무부 법무실장)이도 떠나고 자네도 떠나고, 다 떠나네 ….."

송 검사장은 더 말을 잇지 못했다.

이 기획관은 결심에 변화가 없었다.

"사실 저는 검사 그만둔다는 생각을 꿈에도 하지 못했습니다. 평생 검사하고 물러날 것이라고 생각했습니다. 그러나 언제 그만둬도 좋다는 생각을 해야 검사생활 제대로 할 것 같습니다."

박만 과장이 말을 이어받았다.

"사실 사직동 팀 사람들 시멘트였습니다. 단단해서 도저히 깨지질 않았습니다. 독립투사 같은 사람들이었습니다. 우리가 그걸 깼습니다.

내일은 제 차례입니다. 선배님 뜻을 받들어 제가 산화(散華)해야지요. 사실 저는 기회주의자입니다. 그렇지만 선배님 뜻을 받들어야 하지 않겠습니까. 그렇지만 선배님, 저는 선배님의 선택이 마음에 들지 않습니다. 왜 그렇게 하셨습니까?"

L은 잠시 방에서 나왔다. 옆방에서 기다리는 최재경 검사를 보기 위해서였다. 최 검사의 말에는 이 기획관에 대한 '원망'이 배어 있었다.

"저는 저 양반처럼 하지는 않겠습니다. 왜 그렇게 하셨는지 …. 그렇지만 저도 생각은 똑같습니다. 검찰총장 할 생각 없습니다. 때가 되면 훌훌 털고 표표히 떠나야지요."

이종왕 수사기획관이 수뇌부와의 갈등으로 사의를 표명했다는 사실이 전해지자 일선 검사들은 크게 동요하는 모습을 보였다.

이 기획관은 대검 공보관, 법무부 검찰1과장 등의 요직을 거친 엘리트 검사였다. 행동은 튀지 않으면서 원칙은 양보하지 않아 후배검사들의 신망을 받아왔다. 그는 검사들의 자존심이었다.

대검 간부는 이렇게 말했다.

"이 검사는 후배들이 주저 없이 따를 수 있는 몇 안 되는 '원칙주의자' 중 한 명이다. 그의 원칙이 무너졌다면 검찰의 원칙도 무너진 것이다."

그의 곧고 바른 성격을 나타내는 일화가 그 무렵 있었다. 검찰 고위 간부가 김대중 대통령 1만 달러 수수사건을 재(再) 수사하는 문제와 관련해 대검의 검사장급 이하 과장급 이상 간부들을 모아 의견을 수렴하는 자리에서 그는 다음과 같이 말했다.

"대통령이 억울한 부분이 분명히 있을 것으로 생각한다. 그러나 조선시대 왕들이 '당대의 사초(史草)'를 보지 않는 점을 되새겨보아야 한다. 대통령의 한을 풀어주는 수사를 검찰이 할 경우 '그러면 그렇지'라고 넘어가는 사람도 있겠지만, 많은 사람들은 '검찰이 10년 전 사건을 또 다시 조작했다'고 반발할 것이다."

이 기획관은 계속 출근하지 않았다. 검찰 수뇌부는 "복귀할 것으로 기대한다"며 사표 수리를 유보했다. 이 기획관은 "공직자로서 처신이 분명해야 한다"며 복귀 의사가 없음을 분명히 했다.

1999년 12월 21일, 검찰은 박주선 전 대통령 법무비서관에 대해 공무상 비밀누설 및 공용(公用) 서류 은닉 등 혐의로 사전구속영장을 서울지법에 청구했다.

그의 혐의는 그해 5월 옷 로비 사건에 대한 검찰수사와 8월 국회 국정조사를 앞두고 사직동 팀 실무자들에게 이 사건에 대한 내사기록 중 라스포사 여직원 이혜음 씨의 구두답변조서 등 연정희 씨에게 불리한 진술조서 4건을 누락했다는 것이었다. 그해 1월과 2월 사직동 팀 최초 보고서와 최종보고서를 김태정 당시 검찰총장에게 유출한 혐의도 적용됐다.

박순용 총장은 그날 오후 3시 신승남 대검 차장과 대검 검사장 전원, 강신욱 서울고검장, 임휘윤 서울지검장 등 간부들을 긴급 소집해 오후 7시 30분까지 마라톤 회의를 열어 격론을 벌인 끝에 이같이 결정했다.

그날 회의에서 상당수 검찰간부들은 주임검사인 박만(朴滿) 대검 감찰1과장으로부터 수사내용을 상세히 보고받은 뒤 사건 은폐축소 혐의가 인정된다며 국민의 의혹이 집중된 사건인 만큼 엄정하게 처리해야 한다는 의견을 제시해 관철시켰다.

그러나 일부 간부들은 △박 전 비서관이 혐의를 완강히 부인하는 데다, △박 전 비서관이 누락시킨 사직동 팀 기록내용도 사건의 본질과 관계없는 곁가지여서 공용서류 은닉 혐의를 적용하기 곤란하다는 등의 이유로 구속 반대의견을 냈다.

박 전 비서관의 영장심사는 다음 날 오후 3시 이뤄졌다. 그는 자신의 혐의를 완강히 부인했다. 그날 밤 늦게 영장이 발부됐다. 서울지법의 김동국(金東國) 영장전담 판사는 "박 전 비서관에 적용된 혐의가 모두 인정되는 데다 도주 우려는 없지만 참고인들의 진술에 영향을 미치는 등 증거인멸의 우려가 있다"고 구속영장 발부 이유를 밝혔다. 12월 23일 새벽, 박 전 비서관은 서울구치소로 향했다.

12월 30일 검찰은 박 전 비서관과 함께 연정희, 배정숙, 정일순 씨와 이형자 씨 자매를 위증혐의로 불구속 기소하면서 수사를 마무리했다.

사직동 팀 내사(1월) → 서울지검 수사(5월) → 국회 청문회(8월) → 특별검사 수사(10~12월)에 이어 다섯 번째 이뤄진 대검의 '종합' 수사가 모두 끝난 것이었다.

검찰은 박주선 전 비서관의 '옷 로비 의혹' 사건 축소은폐 혐의에 대해서는 허위공문서 작성죄가 성립되기 어렵다고 밝혔다.

그러나 신광옥 대검 중수부장은 "연 씨의 사치행위는 고위공직자의 기강확립 차원에서 사소한 문제라고 할 수 없기 때문에 이 부분을 제대로 보고하지 않은 것은 '축소보고'라는 비난을 면할 수 없다"고 말했다. 법률적 책임을 물을 수는 없지만 도덕적·행정적 책임은 있다는 판단이었다.

09

수사는 끝났지만 이종왕 검사는 끝내 돌아오지 않았다.

12월 28일, 박순용 총장은 고향으로 내려간 이 기획관과 마지막 전화 통화를 했다. 이 기획관은 "사표를 철회하라"는 박 총장의 설득에 "조직에 누를 끼친 사람"이라며 용퇴 의사를 굽히지 않았다.

그를 아낀 검찰 선배들은 그가 사표를 내고 출근하지 않았지만 정기 휴가로 처리하면서까지 생각이 바뀌기를 기다려왔다. 그러나 원칙주의 자인 그의 면모를 잘 아는 검찰 관계자들은 "이종왕은 한번 뱉은 말을 뒤집는 사람이 아니다"며 복귀가 어려울 것으로 걱정했다. 걱정은 현실이 됐다.

그의 사표는 12월 31일자로 처리됐다.

이 기획관은 사표가 수리되는 날도 고집을 부렸다. 사표 수리과정에서 몇몇 검찰간부들이 그에 대한 마지막 '배려'로 명예퇴직 이야기를 꺼냈다. '명예퇴직'은 정년을 남겨두고 일찍 퇴임하는 사람에게 통상의 퇴직금 외에 일정 금액의 '위로금'을 얹어주는 것으로, 일반기업에서도 널리 시행되는 제도이다. 검찰간부들은 이 기획관이 검찰에 기여한 공로가 많은 데다 서울 송파구 방이동의 빌라에서 넉넉하지 않은 생활을 하는 그에게 조금이라도 경제적 도움을 주자는 취지에서 이렇게 제안했다. 인사 실무자들은 이에 따라 그의 20년 검사경력을 근거로 8천만 원의 명예퇴직금을 산출해 연락했다.

이 기획관은 일언지하에 이를 거절했다고 한다. "검찰총장의 지휘권 행사에 누를 끼쳐 '불명예' 퇴직하려는 나에게 '명예' 퇴직을 하라는 것은 적당치 않다"는 것이 이유였다.

그는 연말연시에 집에 찾아와 복귀를 간청하는 선후배들에게도 "수뇌부의 지휘권을 거스른 내가 다시 들어가면 검찰에 영(令)이 서지 않는다"며 뜻을 굽히지 않았다.

10

2001년 11월 5일 '사직동 팀 보고서 유출사건'에 대한 법원의 첫 판결이 내려졌다.

서울지법 형사합의30부는 사직동 팀 최종보고서를 신동아그룹 박시언 전 부회장에게 유출하고 기록 일부를 변조한 혐의로 기소된 김태정 전 검찰총장에 대해서는 혐의 사실을 모두 유죄로 인정해 징역 1년에 집행유예 2년을 선고했다.

박주선 전 비서관에 대해서는 공무상 비밀누설 혐의에 대해서는 무죄를 선고하고, 내사보고서 내용 일부를 누락시켜 서울지검 수사팀에 보낸 혐의에 대해서는 유죄를 인정했다. 재판부는 박 전 비서관의 죄가 중하지 않다고 판단된다며 벌금 300만 원에 선고유예를 선고했다.

1심 판결은 일부 무죄와 집행유예 등 비교적 관대한 결과로 끝났다. 그러나 사직동 팀 보고서 유출과 수사기록 은폐 등은 모두 사실로 확인됐다. 재판부는 옷 로비 의혹사건 내사결과를 담은 최종보고서가 박 전 비서관을 통해 김 전 총장에게로 유출됐다는 검찰 공소내용은 사실이라고 인정했다.

다만 최종보고서를 김 전 총장에게 건네줄 때는 이미 옷 로비 사건에 대한 수사가 모두 끝난 상태여서 수사결과를 당사자에게 통보해주는 업무행위로 공무상 비밀누설이 될 수 없다고 판단했다. 똑같은 최종보고서를 유출한 김 전 총장에 대해서는 유죄를 인정했다. 유출대상이 사건 당사자가 아닌 신동아그룹 관계자였기 때문이다.

이 사건의 최대 미스터리였던 최초보고서 유출경위는 재판에서도 끝내 밝혀지지 않았다. 최초보고서는 내용상 상당부분이 최종보고서와 달라, 최초 수사결과의 축소은폐 의혹이 제기됐다. 수사 당시에도 김 전 총장은 끝내 유출경로를 밝히지 않았다.

재판부의 판단은 "박 전 비서관이라고 의심은 할 수 있지만 검찰의 범죄입증이 부족하기 때문에 처벌하기 어렵다"는 것이었다.

또 하나 중요한 것은 사직동 팀 최초보고서를 박 전 비서관이 보고받았느냐는 문제였다. 박 전 비서관은 수사와 재판과정에서 최초보고서 내용을 구두로만 보고받았지 보고서 문건은 전달받지 못했다고 주장해왔다. 그러나 재판부는 박 전 비서관이 최초보고서 문건을 최광식 팀장에게 건네받은 사실이 인정된다고 판결문에서 밝혔다.

이에 앞서 2000년 11월 10일 연정희, 배정숙, 정일순 씨와 이형자 씨 자매의 위증혐의에 대한 1심 판결도 내려졌다.

1심 재판부의 판결은 특별검사의 수사결과를 사실상 거의 전적으로 받아들인 것이었다. 정일순 씨와 배정숙 씨에 대해서는 '국회에서의 증언 감정에 관한 법률' 위반죄를 적용해 각각 징역 1년 6월과 징역 1년의 실형을 선고했다. 같은 혐의로 기소된 연정희 씨에 대해서는 징역 1년에 집행유예 2년이 선고됐고, 이형자 씨와 동생 영기 씨 자매에 대해서는 무죄가 선고됐다.

| 후기 |

탈고 안 될 진실

2000년 12월, '옷 로비 의혹' 사건이 시작된 지 만 2년이 지났다. 사회부 정동우 차장이 전화로 찾았다.

"조금 전에 독자라고 하는 사람이 사회부로 전화를 걸어왔는데 옷 로비 사건에 대해서 할 말이 있다고 해서 내가 그 사건은 당신이 잘 알고 있다고 알려주고 휴대전화번호를 가르쳐줬어. 조금 있다가 전화가 갈 거니까 잘 받아봐."

10분쯤 지났을까. 휴대전화가 울렸다. 40~50대쯤 되어 보이는 탁음 (濁音)의 아주머니 목소리였다.

"옷 로비 사건 취재했다면서요. ○○○에 대해 잘 아세요?"

"아주 잘 안다고 할 수는 없지만 취재하면서 좀 알게 됐습니다. 왜 그러시죠?"

"얼마 전 미장원에 들렀다가 잡지에 실린 그 사람 기사를 읽었는데 내가 겪은 것, 아는 것하고 너무 달라요."

아주머니는 흥분해 있었다. 옷 로비 의혹사건과 그 관련 인물들에 대해 상세하게 얘기했다.

"말씀하시는 취지는 알겠는데 저희들은 개인적인 문제에 대해서는 알고 싶지도 않고 알려고도 하지 않습니다."

"개인적인 문제가 아닙니다. 할 말이 있어요. 제 말을 들으시면 아마 놀랄 겁니다."

아주머니는 만나자고 했다. 극비보안이 필요하니까 자신이 있는 곳으로 오라고 했다.

며칠 후 같은 팀의 후배 이명건 기자와 함께 그 아주머니가 사는 서울 근교 신흥도시로 갔다. 큰 공단이 있는 곳이라 그런지 복잡했다. 그곳에서 가장 크다는 호텔 로비에서 약속된 시간에 문제의 아주머니를 만났다. 짙은 화장을 하고 있었지만 나이를 숨길 수는 없었다. 40대 후반쯤 되어 보였다.

아주머니는 자신을 윤○○라고 소개했다. 남편과는 별거 중이고 혼자 식당 주방 일을 하고 있다고 말했다. 남편은 불미스런 일로 2, 3년 전쯤 구속돼 복역 중이라고 했다. 서류상은 아직도 부부지만 이미 수년 전에 사실상 이혼한 것이나 다름없다는 얘기도 했다.

그는 두 시간 넘게 자신이 7, 8년 전부터 겪은 이야기를 소상하게 이야기했다.

충격 그 자체였다.

"어떻게 그런 일이 있을 수 있죠?"

아주머니는 핸드백에서 무엇인가를 꺼냈다. 장소를 옮겨 확인해 보았다. 그것은 명백한 '물증'이었다.

'아, 어떻게 이런 일이 있을 수 있단 말인가?'

아주머니는 돈이 필요하다고 했다. 그 돈은 자신이 받아야 할 정당한 피해배상이라고 주장했다.

"저희는 지금 보고 들은 것을 기사로 쓸 수는 없습니다. 그것은 사생활 문제입니다. 저희가 기사를 쓰는 이유는 그것을 알릴 필요가 있기 때문인데 지금 말씀하신 것은 국민에게 알릴 이유도, 필요도 없고 그래서도 안 됩니다. 그리고 한 가지, 아주머니를 위해서 드리는 말씀인데 조심하십시오. 정말 조심하셔야 합니다. 그렇지 않으면 아주머니에게 큰 해(害)가 돌아올 수도 있습니다."

"어차피 막가는 인생이에요. 이판사판입니다."

"그래도 그러시면 안 됩니다."

"그러면 어떻게 하라는 겁니까? 나보고 이대로 식당일이나 하면서 살라고요?"

"안 됩니다."

그 일은 충격 그 자체였다. 권력을 추구했던 한 개인의, 검찰 전체의, 더 나아가 정권의 불행이 어디서 비롯됐는지 보여주는 것이기도 했다.

그러나 누구에게도 말할 수 없고 말해서도 안 되는 일이었다. 아니 알아서도 안 되는 일이었다.

그 아주머니는 그 사이에도 수차례 전화를 했다. "안 들은 걸로, 안 본 걸로 하겠다"는 말밖에 달리 할 말이 없었다.

그 일은 영원히 탈고(脫稿)할 수 없는 진실이었다.

제7장

'몸통'을 찾아서

01

1997년 3월 11일 오전 8시 50분, 그해 12월에 예정된 대통령 선거의 여당 예비후보 중 한 명인 신한국당 최형우(崔炯佑) 고문이 서울 프라자 호텔에서 뇌졸중(좌측 중대뇌동맥 경색)으로 갑자기 쓰러졌다. 그는 김덕룡(金德龍), 서석재(徐錫宰) 의원 등 민주계 중진 2명과 조찬 모임을 갖던 중 갑자기 뇌졸중 증세를 보이며 의식을 잃고 쓰러져 곧바로 국군서울지구 병원에 입원했다가 서울대병원으로 옮겨졌다. 이들은 이날 신한국당 이홍구(李洪九) 대표의 후임 문제를 논의하던 중이었다. 최 고문의 병실에는 각계 유력인사의 문병이 줄을 이었다.

이틀 후인 3월 13일 오전 8시 45분, 김영삼(金泳三) 대통령의 차남 현철(賢哲) 씨가 병원에 나타났다.

최 고문의 입원과 정치인들의 문병 취재는 정치부 기자들의 몫이었다. 그러나 현철 씨는 달랐다. 그는 사회부 기자들의 '표적'이었다. 소문으로만 돌던 현철 씨의 국정개입과 인사개입이 드러나기 시작했기 때문이다. 현철 씨 비리의 실체를 밝혀내는 것이 사회부 기자들의 지상과제였다.

현철 씨는 그보다 20여 일 전인 2월 21일 검찰청사에 나타났다. 현철 씨는 당시 야당이던 국민회의가 자신을 한보 특혜 대출비리의 배후로 지목하자 국민회의 당직자들을 명예훼손 혐의로 고소했다. 검찰은 이 날 현철 씨를 고소인 자격으로 소환해 26시간 한보사건에 연루됐는지를 조사한 뒤 무혐의 처리했다.

그러나 검찰의 무혐의 처리에도 불구하고 한보사건과 현철 씨의 국정개입 진상규명을 요구하는 여론은 수그러들지 않고 갈수록 고조됐다.

3월 10일, 드디어 현철 씨에게 치명적인 사건이 발생했다. 비뇨기과 의사 박경식(朴慶植) 씨가 현철 씨의 YTN 고위간부 인사개입 사실을 보여주는 비디오테이프를 공개한 것이다.

상황은 더욱 악화했다. 3월 초 검찰 내부에서도 전례 없는 사건이 벌어졌다. 대검 중수부 연구관들이 '반란'을 일으킨 것이다. 연구관들은 1차 조사에서 무혐의 처리를 결정한 대검 간부를 찾아갔다.

"검찰이 다 망합니다. 성역 없이 모든 것을 수사해야 합니다."

당황한 간부가 이들에게 물었다.

"김영삼 대통령 것(대선자금)이 나오면 어쩔래?"

"당연히 해야죠."

"DJ(당시 국민회의 김대중 총재) 것이 나오면?"

"그래도 합시다."

"나라가 망할지도 모르는데 … ."

"무조건 해야 합니다. "

"당신들 미쳤나?"

현철 씨가 병원에 나타난 것은 YTN 인사개입 의혹이 폭로된 후 처음으로 외부에 모습을 드러낸 것이었다. 그가 병원에 들어서면서부터 기자들이 구름같이 모여들었고 국정개입 의혹에 대해 질문을 퍼부었다.

현철 씨의 병원 출현이 특히 주목을 끌었던 이유가 있었다. 그가 대동한 박태중(朴泰重) 씨 때문이었다. 박 씨는 현철 씨의 핵심 측근으로 꼽혔다. '소산(小山·현철 씨의 별칭)의 집사'로 통했다. 현철 씨와 중대부속초등학교와 중대부중 동창인 그는 어렸을 적부터 김영삼 대통령의 상도동 자택을 자주 드나들었고 이때 민주계 실세들과도 절친해졌다. 김 대통령을 '아버님'으로 부를 정도였다.

박 씨는 1992년 5월 대선을 앞두고 발족한 YS의 사조직 '나라사랑운동본부'(약칭 나사본)의 총괄본부 사무국장이었다. YS가 대통령에 당선된 뒤 박 씨는 기업가로 변신해 원목 수입업체인 ㈜심우를 비롯하여, 파라오(의류), 아사도(일식집), DM(우편발송대행업체) 등의 회사를 운영했다.

현철 씨 비리의혹이 제기되면서 박 씨는 현철 씨의 비자금 관리인으로 지목됐고, 수사가 시작될 경우 소환대상 0순위로 꼽혔다.

박 씨는 언론의 집중적인 취재대상이 됐다. 신문·방송은 그와 관련된 기사로 도배질을 했고, 그의 서울 우면동 대림아파트 자택에는 사건기자들이 24시간 대기하고 있었다.

현철 씨가 박 씨와 함께 병원에 모습을 드러내자 기자들이 모여들었다. 박 씨는 현철 씨 옆에 바짝 붙어 기자들과 몸싸움을 벌였고 이 장면은 방송을 통해 그대로 공개됐다.

현철 씨와 박 씨의 병원방문 사실은 대대적으로 보도됐다. 현철 씨가 그의 '최측근' '자금관리인'을 대동하고 나타났으니 당연한 일인지도 몰랐다.

L의 생각은 달랐다. 맹견(猛犬)은 짖지 않고 깊은 물은 소리가 없다. 모든 시선이 집중되는 곳에 스스로 모습을 드러내 자신의 정체를 과시하는 박 씨, 그는 현철 씨의 큰 손이 아니라 껍데기일 가능성이 크다고 생각했다.

그 무렵 L은 김대희(金大熙) 변호사를 만났다. 김 변호사는 같은 또래로 친구처럼 지내던 사이였다. 그는 코오롱그룹의 고문변호사를 하고 있었다. 코오롱그룹 회장은 이웅렬(李雄烈) 씨, 이 회장은 현철 씨가 자주 어울린 젊은 기업가들의 모임인 '경영연구회'의 멤버였다.

"요즘 무척 바쁜 모양이지?"

"김현철 씨 취재 때문에 집에도 잘 못 들어가는 신세야. 뭐 좀 아는 거 없어?"

"언론에서 자꾸 박태중만 쫓아다니는데 이성호 이야기는 안 나오네?"

"이성호가 누군데?"

"대호건설 사장. 잘 알아봐. 김현철을 알려면 이성호 사장을 알아야 한다고 하던데."

당시만 해도 이성호(李晟豪) 씨의 존재는 부각되지 않고 있었다. 그가 영동고속도로 소사휴게소의 운영권을 따내는 과정에 현철 씨가 깊숙이 개입했다는 의혹이 제기되면서 잠시 이름이 오르내리다 잊혔다.

당시 법조팀장 양기대 기자와 상의해서 이 씨의 존재를 알아보기 시작했다. 이 씨는 대호건설 이건(李鍵) 회장의 맏아들이었다. 1980년대 중반 미국 유학시절 현철 씨를 교회 등에서 만난 이후 친분관계를 유지했고 이후 현철 씨의 최측근 인맥이 참여하는 토요등산모임의 정규멤버가 됐다는 사실을 알아냈다. '경영연구회'의 멤버이기도 했다. 이 씨는 특히 케이블TV가 출범한 1994년에는 가입예상 가구 수가 많아 전국에서 가장 경쟁률이 높았던 서울 서초 케이블TV 운영권을 따냈다.

이 씨의 '돈줄'이었던 대호건설을 뒤지기 시작했다. 아파트 미분양 등 건설경기의 장기침체로 부도업체가 속출하던 1993~1995년 대호건설은 급성장을 계속했다. 매출액이 1992년 680억 원에서 1993년 727억 원, 1994년 968억 원으로 늘었고, 1995년에는 1,147억 원으로 대폭 늘었다. 건설업계에서도 "대호건설은 주력분야가 엔지니어링이나 플랜트 등 부가가치가 높은 분야도 아니고 주로 내수에 의존해 국내 건설경기에 민감할 수밖에 없는데도 다른 업체와 달리 불경기에 오히려 급성장했다"며 의아해했다.

이 씨는 1994년에 서초지역 유선방송 사업권을 따낸 데 이어 1995년에는 CD롬 타이틀 제작사인 삼우컴앤컴을 설립했다. 또 1994년 중소 해운업체인 해덕익스프레스와 함께 북한 나진·선봉지구의 토지이용권을 따내는 등 북한 진출에도 의욕을 보이고 있었다.

이상한 점이 발견됐다. 대호건설이 잘나가고 이 씨 본인도 사업에 의욕적이었던 시점에 이 씨가 갑자기 회사를 매각한 사실이었다. 이 씨는

1995년 7월부터 극비리에 회사 매각을 추진하다가 그해 12월 대호건설 지분을 수산중공업에 모두 처분한 뒤 회사에서 완전히 손을 뗐다. 대호건설의 상징이나 다름없던 서초동 대호빌딩도 현대전자에 매각했다.

이 씨 출입국 상황을 조회했다. 결정적인 사실이 드러났다. 그는 한보 비리사건이 터져 현철 씨가 구설수에 오르기 시작한 직후인 1997년 2월 4일 홍콩을 거쳐 미국으로 출국해 귀국하지 않고 있었다.

자신의 정체를 숨기고 도피한 자와 떠벌리는 자, 답은 분명했다. 박 씨는 깃털이고 몸통은 이성호 씨였다. 양기대 기자와 상의해 법조팀 내에 '이성호 전담팀'을 구성했다. 조원표, 공종식 기자가 맡았다.

02

—

김영삼 대통령이 국민 앞에서 '항복'하는 사태가 벌어졌다. 3월 17일이었다.

"국민 여러분께 머리 숙여 깊이 사죄드립니다. 못난 자식을 둔 아버지로서 사죄드리며 용서를 빕니다 …. 필요하다면 검찰 재조사도 회피할 생각이 없습니다."

상황은 급박해지고 있었다. 특단의 조치가 필요했다.

청와대와 여권에서는 검찰 수뇌부를 '해고'함으로써 위기를 돌파해야 한다는 의견이 구체적으로 제기됐다. 한보사건과 현철 씨 수사결과에 대한 국민의 비난 여론이 들끓자, 김 대통령은 특유의 승부수로 정면돌파하려 했다. 김기수(金起秀) 검찰총장을 희생양으로 삼아 위기를 돌파하려고 한 것이었다. 김 총장이 지휘능력이 없다는 것을 경질 이유로 삼는다는 구체적인 계획까지 세워졌다.

이 계획은 실행에 옮겨지지 않았다. 현철 씨와 김기섭(金己燮) 당시 안기부 운영차장이 결사반대했기 때문인 것으로 알려졌다. 현철 씨와 김 차장은 "우리 편에서 생각할 때 그래도 마음이 놓이는 사람이 김 총장인데 그를 바꾸면 안 된다"고 강력히 건의했던 것으로 알려졌다.

우여곡절 끝에 총장 경질은 무산됐고 청와대에서는 대안으로 한보사건 수사책임자인 최병국 대검 중수부장을 교체하기로 결론이 났다. 문제는 후임 중수부장에 누구를 기용하느냐 였다.

사법시험 7회 동기인 심재륜 인천지검장과 김진세(金鎭世) 부산지검장이 물망에 올랐다. 심 검사장은 일찍부터 대검 중수부장 물망에 올랐으나 후배들에게 연거푸 추월당해 대전과 광주, 인천 등지의 지방 검사장을 지냈다. 그는 '강골(强骨) 검사'로 알려져 검찰 수뇌부와 권력 핵심에서 버거워했다. 김 검사장은 원만하고 합리적이긴 했지만 특별수사 경험이 적은 편이었다.

3월 21일, 최상엽(崔相曄) 법무부장관은 현철 씨에 대한 2차 수사 사령탑에 심재륜 검사장을 전격 기용했다. 당시 검찰 고위간부는 그 배경을 이렇게 얘기했다.

"심 검사장이 예뻐서 중수부장을 시킨 것이 아니다. 두 번이나 '물'을 먹인 그를 중수부장에 임명한 이유는 한마디로 '이이제이'(以夷制夷)라고 할 수 있는 거야. 청와대에서는 현철 씨가 결백하기 때문에 아무것도 나오지 않을 것으로 믿고 있고, 그래서 '특수부 검사의 대부'까지 나서서 다시 수사했는데도 '아무것도 안 나오지 않았느냐'며 현철 씨를 살려내려고 하는 거요."

현철 씨에 대한 1차 조사에서 면죄부를 주었던 검찰도 만일의 사태에 대비해 재수사를 준비하고 있었다. 주임검사는 한보 수사에서 비켜서 있던 이훈규(李勳圭) 중수3과장이 내정됐다. 이 과장은 3월 초 3과장으로 부임한 직후 현철 씨에 관한 정보를 수집하고 신문기사도 빠짐없이 모았다.

이 과장은 현철 씨의 측근인 ㈜심우 대표 박태중 씨 집과 회사 등에 대한 압수수색영장을 작성해 상부에 결재를 올렸다.

"조금만 더 기다려. 아직 그럴 시기가 아니다"는 답변이 내려왔다. 두 번째 결재를 요청했을 때는 "현직 대통령 아들의 주임검사가 된 것에 만족하라"는 얘기도 들렸다.

그러는 사이에 중수부장이 경질됐다.

최병국 중수부장은 자신이 경질된 사실을 3월 21일 당일 오전 10시가 넘어서야 알았다. 정신없이 짐을 꾸리는 최 검사장에게 이 과장이 찾아가 다시 압수수색 영장을 들이밀었다. 이 과장은 최 검사장에게 위로의 말을 전한 뒤 "가시기 전에 마지막 선물을 달라"며 결재를 요구했다.

경황이 없던 최 중수부장은 "알았어. 지난 번 그것이지" 하며 바로 서명했다. 압수수색영장 내용은 폭발적인 것이었다.

"박 씨가 1994년 7월부터 12월 사이 한보철강의 대리인으로 독일 SMS 사(社)와 열연설비 수입을 계약하는 과정에서 실제가격보다 50% 높게 계약서를 작성하는 수법으로 2천억 원의 리베이트를 받아 현철 씨에게 제공했다는 의혹이 있어 사실을 규명할 필요가 있다"는 것이었다.

큰 파문이 일었다. 그러나 확인된 것은 아직 없었다. 야당 의원의 주장을 '의혹 규명' 차원에서 영장에 기재한 것이었다.

이처럼 민감한 사안을 그대로 영장에 기재한 것은 파격(破格)이었다. 그러나 그것은 결과적으로 '성공한 파격'이었다. 살아 있는 권력이 었던 현철 씨를 본격적으로 수사할 수 있는 추진력으로 작용했기 때문이다. 당시 상황에 대해 이 과장은 나중에 수사가 끝난 뒤 L에게 이렇게 설명했다.

"현철 씨의 2천억 원 리베이트 의혹이 언론에 대서특필되는 바람에 현철 씨 수사는 돌아올 수 없는 다리를 건넌 셈이 되고 말았다. 그때부 터 감히 누구도 외압을 가할 생각을 못했다. 사방이 적(敵)인 상황에서 수사할 수 있는 힘을 여론으로부터 얻게 한 결정적 계기였다."

3월 24일, 심재륜 신임 중수부장이 부임했다. 심 중수부장은 전국 각지의 내로라하는 특별수사검사들을 모아 '드림팀'을 구성했다. 대검 연 구관이던 김준호(金俊鎬), 신연수(申炫秀), 오광수(吳桄洙) 검사와 김 경수(金敬洙), 노관규(盧官圭) 검사 등이 그들이었다.

드림팀의 행보는 순탄치 않았다. 여론은 매일 수사성과를 재촉하였고, 권력 핵심과 검찰 상부에서는 "안 나오면 없는 것 아니냐"는 무언의 압력이 가해졌다.

시간이 필요했다. 심 중수부장이 꾀를 냈다. 한보사건에 연루된 정 치인들을 하나하나 소환하면서 시간을 벌기로 했다. 수사팀은 한보사 건 1차 수사결과를 바탕으로 33명의 수사대상 정치인 명단을 작성해 차 근차근 조사했다. 정치인 수사는 한 달가량 계속됐다. 은행장들에 대 한 소환도 이어졌다.

이 과정에서 심 중수부장이 은행장 처벌과 관련해 사표를 내는 위기 상황이 벌어지기도 했다. 위기는 "둥지가 흔들리면 알이 깨진다"는 검사들의 설득으로 일단락됐다.

그 사이 '드림팀'은 현철 씨에 대한 자금추적을 계속했다.

03

L은 1997년 4월 초부터 이성호 씨를 본격 취재했다. 이 씨를 알 만한 기업인들을 찾아다니며 증언을 듣고 그 증언을 토대로 현장 확인을 했다.

그 과정애서 이 씨가 현철 씨의 실질적인 자금관리인이라는 사실을 확신했다. 현철 씨는 그때까지 알려진 것과 달리 자신의 인맥을 두 그룹으로 나눠 관리해왔다.

한 그룹은 주로 재계 인맥으로 이루어져 있었고, 또 다른 그룹은 주로 학교동창 등 측근인물들로 구성돼 있었다. 전자(前者)는 '메이저리그', 후자(後者)는 '마이너리그'에 해당하는 것이었다. 메이저 그룹의 중심인물이 이 씨였고, 박 씨는 마이너 그룹의 핵심이었다.

며칠 뒤 이 씨의 알려지지 않은 행적을 찾아냈다. 이 씨가 1996년 10월 시가 1천억 원대의 경기 고양시 뉴코리아골프장을 현금 600억 원을 주고 사겠다고 제의한 사실을 알아낸 것이다. 골프장 현지를 취재했다. 뉴코리아골프장 관계자는 "이 씨가 '돈은 얼마든지 주겠다'며 골프장 매입을 타진해왔다"고 확인해줬다.

다음 날에는 이 씨가 경기 광주군 곤지암 부근에 건설 중인 18홀 규모의 골프장 부지를 매입한 사실을 확인했다. 취재결과 이 골프장은 그 무렵 대표자 명의가 백모 씨에서 대호건설 사장을 지낸 신홍일 씨와 같은 회사 관리이사를 지낸 김영우 씨 공동명의로 바뀌었다. 신 씨는 이 씨가 1995년 2월 영동고속도로 소사휴게소 운영권을 따낼 때 대리인으로 내세운 인물로, 이 씨의 아버지인 이건 전 대호건설 회장의 동서이며, 수산중공업에 매각된 대호건설의 주식 18만여 주(4.07%)를 갖고 있었다.

이 씨는 왜 골프장 매입을 추진했을까. 또 골프장 매입자금은 어디서 나왔을까. 이 씨 일가족은 1995년 12월 주력기업인 대호건설 지분(153만 9,243주, 33.13%)을 모두 처분했다. 이 씨는 그로부터 1년도 안 돼 뉴코리아골프장 매입을 추진했다. 또 경기 광주군에 골프장 부지를 실제로 매입한 사실도 확인됐다.

이 씨의 행동은 기업의 상식에 맞지 않는 것이었다. 골프장은 돈을 벌려는 사람들에게는 거의 이득이 없는 장사였다. 1천억 원을 투자해도 연간 매출은 100억 원에 불과했다.

결국 이 씨의 골프장 매입 시도는 그의 사업활동의 연장으로 보기 어려웠다. 이 씨를 잘 아는 기업인은 이렇게 말했다.

"골프장은 돈을 묵혀두려는 사람들에게 최고의 투자상품이다. 기업은 계속 경영해야 하는 어려움이 있지만 골프장은 땅값과 골프인구의 폭증으로 재산 유지에는 적격이다."

내막을 어느 정도 알 수 있었다. 이 씨의 골프장 매입관련 자금이 바로 '묵혀두고 싶은' 성격의 자금일 가능성이 컸다. 그 돈을 추적할 경우 현철 씨의 관련 여부가 드러날 것으로 보였다.

이 씨 관련 취재는 쉽지 않았다. '신(新) 상품'이었기 때문이다. 당시 뉴스의 초점은 온통 박태중 씨에게로 쏠리고 있었다. '박 씨가 2천억 원의 리베이트를 조성해 현철 씨에게 제공했다'는 검찰의 압수수색 영장은 불에다 기름을 붓는 것이었다. 박 씨의 일거수일투족과 그의 사업내용이 연일 신문·방송의 헤드라인을 장식했다.

이 상황에서 이성호 씨에게 '투자'하는 것은 쉬운 결단이 아니었다. 그러나 데스크는 현장 취재팀을 믿어주었다. 4월 11일, 1면 사이드 톱 기사로 이성호 씨 기사가 처음 나갔다. 이 씨가 1992년 대선 이후 현철 씨의 실질적인 자금관리인 역할을 해왔으며 그가 최근 시가 1천억 원대의 경기 고양시 뉴코리아골프장을 매입하려고 시도했다는 내용이었다. 이 씨와 현철 씨의 관계, 이 씨가 현철 씨 비리의혹이 불거진 직후 홍콩을 거쳐 미국으로 출국한 사실도 함께 보도했다.

다음 날 역시 1면 기사로 '현철 씨의 실질적 자금관리인'인 이 씨가 경기 광주군 곤지암 부근에 건설 중인 18홀 규모의 골프장 부지를 매입한 사실을 보도했다. 또한 검찰도 이 씨를 현철 씨 비리의혹의 핵심인물로 지목하면서 그동안 박태중 씨에게 치중해온 수사방향을 전면 수정했다는 기사도 보도했다.

이 씨 기사에 대한 반응은 예상대로 싸늘했다. 기자실에서는 "황당하다"는 반응이 많았다. L을 포함해 '이성호 추적팀'에게는 '타이거 우즈'라는 별명이 붙었다. 연일 골프장을 쫓아다닌 데서 따라붙은 것이었다. 약간의 비아냥이 섞인 달갑지 않은 얘기였다.

신문은 '하루 벌어서 하루 먹고 사는' 하루살이 인생과 같다. 오늘 만든 상품(기사)이 그날 시장에서 반응을 얻지 못하면 내일 다시 출고하기 어렵다. 오늘 쓴 기사를 그날 석간신문과 저녁방송, 다음 날 조간 기사가 따라와 주어야 기사의 생명이 이어진다.

이성호 씨 추적기사는 그렇지 못했다. 반응이 거의 없었다. 검찰도 별다른 반응이 없었다. 편집국에서도 논란이 많았다. "엉뚱한 기사를 쓰는 것 아니냐"는 얘기가 많이 들렸다. 사회부에 구성된 '김현철 사건 특별취재팀'에 협조를 구했지만 "현안을 따라가야 한다"는 대답이 돌아왔다.

그러나 부장과 차장은 믿어주었다. 다음 날 다시 이성호 기사를 출고했다. 이번에는 사회 면 톱으로 잡혔다.

'현철 씨의 실질적 자금관리인'인 이 씨가 거액의 재산을 해외로 빼돌리려 한 사실이 밝혀졌다는 내용이었다.

이 씨의 한 측근은 취재진에게 "이 씨가 대호건설을 수산중공업에 매각한 뒤 1995년 말부터 재산을 해외로 빼돌리기 위해 해외지사가 있는 몇몇 대기업들을 찾아다녔다"며, "이 씨는 대기업 해외지사를 통해 달러를 현지에서 받고 그에 대한 현금결제를 국내에서 하는 방법으로 재산 밀반출을 시도했다"고 밝혔다. 그는 "이 씨는 1994년경부터 현 정권의 임기가 끝나기 전에 기업과 재산을 정리해야겠다는 말을 해왔다"고 덧붙였다.

이와 관련해 국내 대기업의 자금담당 관계자는 "이 씨가 지난해 갑자기 찾아와 미국 현지법인을 통해 현지에서 달러를 건네주면 국내에서 달러 환율을 1.5배로 계산해 원화로 결제해주겠다고 제의해왔다"고 밝혔다.

이 관계자는 "이 씨가 요구한 금액은 일반인이 생각하기 어려운 엄청난 금액이었다"며 "이 씨의 제의가 기업윤리상 있을 수 없는 일이어서 회사 고위층에서 응하지 않은 것으로 알고 있다"고 말했다.

그는 "이 씨가 다른 기업에도 비슷한 제의를 한 것으로 알고 있으며 일이 일부 이루어졌을 가능성이 있다"면서 "이 씨가 제의한 방법은 부유층이 재산을 해외로 도피시키거나 유학생 자녀에게 한도를 초과해 송금할 때 사용하는 전형적인 수법"이라고 밝혔다.

한편 이 씨는 지난해 2월부터 12월까지 모두 8차례에 걸쳐 홍콩과 미국 등으로 출국해 4~32일씩 머물다 귀국한 사실이 확인됐다. 이 씨는 친지 명의로 매입한 경기 광주 골프장의 착공 승인이 난 지난해 12월 미국에서 귀국, 약 2개월 동안 머물다 한보사건 수사가 진행 중이던 지난 2월 4일 다시 출국했다. 취재진은 이에 대한 이 씨 측의 입장을 듣기 위해 국내에 있는 것으로 알려진 이 씨의 동생과 접촉을 시도했으나 이루어지지 않았다.

역시 메아리가 없었다. 초조했다. 혹시 우리가 헛다리를 짚는 것은 아닌가. 정말 엉뚱한 기사를 쓰는 것이 아닌가. 그렇다면 나중에 그 책임을 어떻게 지지?

4월 12일 밤, 수사검사에게 전화를 했다. 수사팀은 수사보안 때문에 외부전화를 받지 않았다. 어렵게 전화가 연결돼도 "말할 수 없다"는 말을 듣는 것이 고작이었다.

L은 다급했다. 수사 이전부터 친분이 있던 김경수 검사를 찾았다.

"김 선배, 수사내용은 묻지 않겠습니다. 우리가 올바로 가고 있는 것인지 아닌지만 알려주세요."

"글쎄요. 지금은 초기 단계라서 저희도 뭐라 말할 수 있는 입장이 아닙니다."

"신문은 장기(長期) 투자는 못합니다. 몇 달 몇 년 앞을 내다보고 주식을 사지 못합니다. 오늘 사서 내일 오르지 않으면 고단합니다. 우리는 그 관행에 예외를 만들어가고 있습니다. 검찰이 수사하는 것을 몰래 엿보고 훔쳐서 한발 앞서서 보도하려고 하지 않습니다. 우리의 눈으로 우리가 아는 진실을 증명하려는 것입니다. 우리도 자신은 있지만 확신은 아직 없습니다. 그것만 좀 가르쳐주시죠. 저희가 맞습니까?"

"… . 방향은 틀리지 않는 것 같습니다만 너무 한곳에 전력을 쏟는 것은 위험하지 않습니까. 우리도 여러 가지 가능성을 알아보고 있습니다."

듣고 싶은 대답은 다 들었다.

그 무렵 검찰 계좌추적팀으로부터 유사한 정보를 얻었다. 박 씨의 은행계좌 130여 개를 샅샅이 뒤졌지만 현철 씨 비리와 관련된 결정적 단서를 찾지 못했다는 것이었다. 한 직원은 "20일 가까이 발이 부르트도록 은행 문턱을 뛰어다녔지만 아무것도 건지지 못했다"고 말했다.

다음 날에는 좀더 확신에 찬 기사를 썼다. "검찰도 이성호 씨의 정체를 확인하고 이 씨에게 수사력을 집중하고 있다"는 내용이었다.

4월 13일, 검찰이 이성호 씨의 계열사인 세미냉장 직원들을 소환한 사실이 확인됐다. 이 씨가 곤지암 부근에 건설 중인 골프장 부지를 250억 원에 매입한 것과 관련해 골프장 매입경위와 자금출처를 수사한다는 것이었다.

이 씨 취재에 더욱 열을 올렸다. 이 씨와 관련된 제보도 들어왔다. 4월 14~15일에는 제보를 바탕으로 이 씨가 1994년 12월 대리인을 내세워 연간 매출액이 수백억 원대에 이르는 포항제철의 철강 판매권을 따낸 사실을 확인했다. 또 포철은 이 과정에서 철강 판매를 전담하던 자회사를 없애고 이 씨가 대리인을 내세워 급조한 개인회사에 판매권을 넘겨준 사실도 확인했다. 당연히 이 씨가 철강 판매권을 따내는 과정에 현철 씨가 개입했다는 의혹이 제기됐다. 포항과 부산에 출장도 다녀왔다. 4월 16일자에 보도했다.

취재진은 포철이 1994년 12월 자사에서 생산한 스테인리스 철강의 판매를 전담하던 거양상사를 없애고, 판매권을 개인회사인 동보스테인레스와 신광 등 2개 회사에 넘겨 각각 대전 이남과 이북 지역의 판매를 전담토록 한 사실을 15일 확인했다.

동보는 1994년 10월 급조된 회사로, 철강 판매권을 따낼 당시 대호건설 기획실장과 이사를 지낸 김종욱 씨(40·공인회계사)가 39%의 지분을 갖고 있었다. 1995년 3월 김 씨의 지분은 71%로 늘어났으며 김 씨는 95년 12월까지 동보의 감사로 재직했다. 대호건설 직원들은 "김 씨는 이 씨의 최측근으로 거의 모든 자금관리를 맡아왔다"고 말했다.

한보사건이 터진 직후인 지난 2월 4일 이 씨가 미국으로 출국한 데 이어 김 씨도 지난 3월 16일 미국으로 출국, 아직 귀국하지 않고 있다. 한편 현철 씨 비리의혹을 수사 중인 대검찰청 중앙수사부도 김 씨의 신병을 추적하고 있는 것으로 확인됐다.

동보는 영업개시 첫해인 지난 1995년 매출액 617억여 원에 당기 순이익 8억 8,800만 원을 기록했으며 1996년에는 매출액 554억여 원에 순이익 3억 300만 원을 기록했다. 그러나 업계 관계자들은 시설투자비 등을 고려하면 실제 동보의 순익규모는 연간 수십억 원대에 이를 것으로 보고 있다.

다른 신문과 방송도 차츰 따라오기 시작했다. 따라오지 않을 수 없었다. 검찰수사가 이 씨 쪽으로 급진전하고 있었기 때문이다.

한 방송사는 이 씨에 대해 알려지지 않은 사실을 추가로 발굴하기도 했다. 이 씨가 관악 케이블TV 등 7개 케이블TV를 인수하기 위해 주식을 액면가의 4배에 이르는 현금으로 매입했다는 사실을 확인한 것이다. 현철 씨가 자신의 비자금을 은닉하거나 평소 관심이 많았던 방송사업에 진출하기 위해 이 씨를 내세워 대리 매입했을 가능성이 제기됐다.

4월 23일, 이 씨에 대한 투자가 결실을 보기 시작했다. 검찰이 이 씨 계좌에서 거액의 돈이 현철 씨 계좌로 흘러들어간 것을 확인했다고 발표한 것이다. 검찰은 정례 브리핑에서 "이 씨의 계좌추적 결과 최소한 수억 원 이상의 뭉칫돈이 현철 씨 계좌에 흘러들어간 것이 확인됐다. 이 돈은 현철 씨가 이 씨에게 이권을 따게 도와주고 그 대가로 받은 것으로 보인다"고 말했다.

검찰은 대호건설 관계자와 이 씨의 동생인 세미냉장 대표 이상호(李相豪) 씨를 소환조사하고 회사 회계장부를 임의제출 형식으로 넘겨받아 추적해서 이 같은 사실을 확인했다고 말했다.

04

그 무렵 대검청사 8층 회의실, 현철 씨 사건의 주임검사인 이훈규 대검 중수부 3과장이 들어섰다. 이 과장은 기다리던 검찰 수뇌부 앞에 커다란 흰 종이 두 장을 펼쳐보였다. '자금추적도 1'과 '자금추적도 2'였다.

3월 중순 수사에 착수한 이후 한 달 동안의 자금추적 결과를 종합해도표로 그린 것이었다. 가로 3미터, 세로 2미터 크기의 흰 종이 위에 수십 개의 원이 그려져 있었고, 그 원 안에는 금융기관 이름과 억대의 돈 액수가 적혀 있었다. 수십 개의 원은 시냇물처럼 흘러 저수지로 모였다. 그리고는 다시 지류를 형성해 다른 원으로 흘러나갔다.

자금의 최초 발원지는 현철 씨의 측근인 박태중 씨의 개인 계좌. 132억 원의 뭉칫돈이 한꺼번에 들어왔다. 1992년 대통령선거 당시 현철 씨가 쓰다 남긴 대선자금 120억 원에 박 씨 개인의 사업자금 12억 원이 합해진 것이었다.

이 돈은 1993년 초부터 집중적으로 빠져나가 수십 개의 가차명 계좌를 거쳐 드디어 두 개의 큰 저수지로 흘러들어갔다. 하나는 이성호 전 대호건설 사장의 부친인 이건 전 대호건설 회장 명의의 대신증권 계좌였다. 다른 하나는 외환은행 퇴계로 지점의 '세기문화사' 계좌였다.

'세기문화사'는 안기부의 비공식 별칭이다. 이는 곧 김기섭 전 안기부 운영차장이 계좌를 관리했다는 사실을 보여주는 것이었다. 이 전 사장의 계좌에는 50억 원이, 김 전 차장의 계좌에는 70억 원이 입금됐다. 50억 원은 곧 현금으로 인출돼 어디론가 사라졌고, 70억 원도 다른 곳으로 빠져나갔다.

'자금추적도'는 여기까지 그려져 있었다. 이는 수사검사들과 자금추적 전담 수사관들이 한 달 동안 거의 밤을 새워가며 수백 개의 은행 지점을 훑고 다니며 일궈낸 성과를 집대성한 것이었다.

이 과장은 이 작업을 아무도 모르게 했다. 4월 중순 커다란 도화지를 준비하고 제도사를 불렀다. 제도사는 둥그런 원과 선(線)만 그리고 나갔다. 그러더니 또 글씨 쓰는 사람을 따로 불렀다. 철저하게 분업을 시킨 것이다. 그들은 자신들이 무슨 일을 하는지 몰랐다. 어느 누구도 무슨 일을 하는지 몰랐다.

'자금추적도'는 비장의 카드였다. 도표를 본 검찰 간부들의 눈이 휘둥그레졌다. 탄성이 흘러나오기도 했다. 사실 이날 브리핑이 있기 전까지 현철 씨 구속 가능성에 대해 검찰 내부에서는 반신반의하는 분위기였다. '자금추적도'는 검찰 분위기를 반전시켰다. 검찰 수뇌부에서 현철 씨를 소환해도 좋다는 지시가 떨어졌다.

이 과장은 반대했다. 물론 자금추적도에 나타난 상황만으로도 현철 씨를 소환할 수 있었다. 검찰은 자금추적도가 거의 완성되던 4월 18일경 조세포탈죄를 적용할 생각도 했다. 당시에는 개인비리가 안 나오면 대선 잔여금 120억 원 전부를 조세포탈로 걸 생각도 했다.

그러나 이럴 경우 자금의 출처를 대야 하는 어려움이 있었다. 출처는 대선자금, 그렇게 되면 김영삼 정부 자체의 운명이 어떻게 될지 모를 일이었다. 대선자금을 건드리지 않으려면 더 수사하는 수밖에 없었다.

4월 말, 대선자금과는 별도로 현철 씨의 개인비리가 나오기 시작했다. 자금추적팀에서 이성호 씨 계좌에 현철 씨의 고교선배인 두양그룹 김덕영(金德永) 회장의 수표 1억 5천만 원이 꽂혀 있는 것을 찾아낸 것이다. 이 계좌는 사실상 현철 씨가 자신의 개인계좌로 사용하던 것이었다. 이어 현철 씨가 고교 동문기업인 등에게 수십억 원을 받은 사실도 확인됐다.

바로 김덕영 회장을 소환했다. 그는 "이성호 사장에게 사업과 관련해 직접 준 것"이라고 둘러댔다.

수사팀은 별도의 정보수집을 통해 김기섭 씨가 이성호 씨에게 1억 5

천만 원을 받은 사실도 알아냈다. 모든 문제는 이 씨에게 통하고 있었다. 이 씨를 소환하면 현철 씨의 자금관리 내용과 개인비리, 그리고 김기섭 전 차장의 비리까지도 모두 밝혀낼 수 있었다.

그러나 이 씨는 한보사건이 터진 직후인 1997년 2월 4일 홍콩을 거쳐 미국으로 출국한 뒤 귀국하지 않고 있었다. 수사팀은 이 씨를 귀국시키기로 했다. 수사팀은 개인비리 혐의로 이미 구속한 박태중 씨를 구치소에서 소환해 '자금추적도'를 보여주었다. 박 씨는 거의 체념한 표정이었다. 수사팀은 박 씨에게 국제전화로 이 씨와 통화하게 했다. 이 씨는 현철 씨와 마찬가지로 박 씨와도 호형호제(呼兄呼弟)하는 사이였다. 박 씨가 먼저 말문을 열었다.

"성호야, 어쩔 수 없다. 들어와라."

"들어갈 수 없어요."

"네가 들어와야 일이 해결된다."

박 씨는 울먹이며 이 씨를 설득했다.

태평양 건너 들려오는 이 씨의 목소리에도 눈물이 배어 있었다. 당시 이 씨는 미국에서 팩시밀리로 〈동아일보〉 등 국내신문을 받아보고 현지 텔레비전을 보며 화살이 자신을 향하고 있음을 알아챘다.

박 씨의 설득은 소득이 없었다. 검찰 주변에는 현철 씨와 안기부에서 이 씨에게 귀국하지 못하도록 압력을 가한다는 소문이 나돌았다. 이 씨도 나중에 귀국한 뒤 "그쪽(현철 씨 쪽)에서 '절대로 들어오지 말라'고 했다"고 검찰에서 진술한 것으로 알려졌다.

수사팀은 승부수를 던졌다. 먼저 국내에 남아 있는 이 씨 사업체에 대한 압수수색을 실시했다. 이 씨에게 "사람은 빠져나가도 돈은 못 빠져나간다"며 압박을 가하자 흔들리기 시작했다. 수사팀은 그 틈을 놓치지 않았다. 이 과장이 직접 나섰다.

"일본까지만 와라. 거기서 마음이 안 내키면 다시 돌아가더라도 일단 일본까지는 와라. 거기서 대화하자."

일단 일본까지만 오라고 한 것은 일본은 한국과 시차가 없었기 때문이다. 그가 일본에 오면 한국 소식을 더 리얼하게 체감하고 현실적인 판단을 할 것으로 여겼던 것이다.

이 작전은 주효했다. 이 씨는 일본까지 왔고 다시 수사팀 중 자신의 신일고 선배인 김준호 검사와 전화통화를 하면서 귀국할 뜻을 비쳤다.

당시 심 중수부장은 수사팀에게 이 씨에게 너무 집착하지 말라고 했었다. 이 씨가 귀국하지 않으면 모든 것이 공중에 떠버릴 위험이 있었기 때문이다.

그 문제를 김 검사가 해냈다.

"현철 씨를 지키고 전 재산을 날릴 거냐? 정권은 유한하고 검찰은 영원하다. 잘 생각해."

5월 10일, 이 씨가 귀국했다. 이 과장은 그가 귀국하자 약속대로 서울 삼성동 인터컨티넨탈호텔에서 동생과 함께 하루를 묵게 해주었다.

다음 날 검찰에 출두한 이 씨는 입을 열지 않았다. 이 과장은 "비행기표 줄 테니 다시 미국으로 돌아가라"고 소리쳤다. 그러나 이 씨도 검찰이 자금추적 상황 등을 들이대며 추궁하자 서서히 무너지기 시작했다.

이 씨는 자신이 김현철, 김기섭 씨와 급격히 가까워진 것은 1990년부터였다고 말했다. 현철 씨는 부친인 당시 민자당 김영삼 대표의 핵심참모 역할을 하고 있었고, 김 씨는 신라호텔 상무로 있다가 김 대표의 민정특보로 들어갔다.

이 무렵 이 씨는 미국 유학시절 알게 된 신모 씨의 소개로 현철 씨와 본격적으로 사귀게 되었고, 김 씨와는 신라호텔 헬스클럽 회원이던 부친 이건 회장의 소개로 만났다. 이들은 1992년 대선 전에는 선거운동을 겸해 한 달에 서너 차례 이상 함께 어울렸다. 이 씨는 "현철 형도 동생이 없고 나도 형이 없어 서로 형 동생하며 지내기 시작했다"고 말했다.

이들은 김 대통령 취임 직후인 1993년 3월 힐튼호텔에서 열린 불우이웃돕기 음악회에 부부동반으로 참석했다. 이 씨는 이 자리에 참석한 김 씨 부인의 모습을 보고 김 씨에게 "사모님 옷이나 사드리라"며 5천만 원을 주었다고 진술했다.

현철 씨 부부는 같은 해 7월 이 씨 부부와 김 대통령의 거제도 생가로 여행을 간 일도 있다. 당시 이 씨는 여행 중 부친에게 "검찰이 대호건설 사무실을 압수수색했다"는 급한 전화를 받고 옆에 있던 현철 씨에게 "우리를 살려달라"고 부탁했다고 진술했다.

현철 씨와 이 씨는 이후에도 세 차례나 부부동반으로 해외여행을 다녔다고 말했다. 현철 씨와 이 씨는 이처럼 가깝게 지내다 사업을 같이 하기 시작했다. 현철 씨가 1992년 대선자금 잔여금 50억 원의 실명전환을 이 씨에게 부탁했다. 현철 씨는 또 1993년 10월 이 돈을 맡기고 이 씨와 함께 사우나를 하면서 "내가 사무실도 운영하고 활동도 해야 하는데 매달 3천만 원씩 지원해줄 수 있겠느냐"고 요청했다. 이 씨는 한술 더 떠 "매달 5천만 원을 지원해주겠다"고 화답했다.

이 씨는 1995년 11월 전직 대통령 비자금 사건이 터진 직후 현철 씨가 자신에게 맡긴 50억 원을 현금으로 바꿔 5억 원씩 다섯 차례에 걸쳐 여행용 이민가방에 넣어 김기섭에게 전달했다.

이 씨는 현철 씨 등과 함께 여행 다니며 탄 비행기 좌석번호까지 적어 내는 등 검찰수사에 적극 협조했다.

이제 남은 것은 현철 씨를 부르는 일. 수사팀은 현철 씨의 중학교 동창으로 박태중 씨와 함께 '삼총사'로 불리던 윤○○ 씨에게 자금추적도를 보여주면서 협조를 요청했다.

윤 씨는 검찰의 메시지를 전달했다.

"이제 다 끝났으니 검찰청으로 들어와라. (대선자금까지) 다 뒤지면 당신이 가장 소중히 여기고 존경하는 아버지까지 다친다."

현철 씨의 서울 구기동 집에 다녀온 윤 씨가 전한 현철 씨의 반응은 의외였다.

"대선자금은 양날의 칼이다. 대선자금은 우리의 약점이기도 하지만 동시에 검찰의 약점이기도 하다. 검찰은 절대 못한다"고 말하더라는 것이었다.

수사팀은 윤 씨에게 "우리는 끝까지 간다. 그렇지 않으면 나라와 대통령이 불행해질 수 있다. 결단을 내려라"고 전하게 했다.

이번에는 "검찰은 절대로 나를 치지 못할 것이다. 나는 들어가지도 않지만 들어가더라도 말하지 않는다"는 현철 씨의 답변이 윤 씨를 통해 전달됐다.

이 씨도 귀국한 상황에서 검찰은 더 이상 현철 씨 소환을 늦출 이유가 없었다. 5월 14일 이 과장이 직접 현철 씨에게 전화를 걸었다.

"중수부 3과장입니다."

현철 씨 부인이 바로 알아듣고 현철 씨에게 수화기를 넘겼다.

"마음고생이 많으셨겠습니다. 마음 편히 먹고 내일 오후 2시에 나오십시오."

"알겠습니다."

05

1997년 5월 15일 오후 8시 대검찰청 11층 특별조사실, 대검찰청 중앙수사부 3과장인 이훈규 검사와 김현철 씨가 철제책상 하나를 사이에 두고 마주앉았다.

이 검사가 조사실의 형광등을 껐다. 적막이 흘렀다. 이 검사는 책상 위에 놓아두었던 두 개의 초에 불을 붙였다. 이 초는 이 검사가 직원들에게 특별히 지시해 준비해둔 것이었다.

이 검사가 먼저 말문을 열었다.

"저는 가톨릭 신자입니다. 김현철 씨도 독실한 기독교 신자라고 들었습니다. 신교, 구교로 다르기는 하지만 우리는 모두 하느님의 자녀입니다. 기도하면서 마음을 편히 가집시다."

이 검사는 지그시 눈을 감고 두 손을 모았다.

"전능하신 하느님. 하느님 앞에서는 조사하는 사람이나 조사받는 사람이나 다 같은 죄인입니다. 이제 우리의 죄를 하느님 앞에서 고백할 수 있도록 도와주십시오. 그리하여 지금의 어려움을 슬기롭게 헤쳐 나갈 수 있는 지혜를 주시옵소서."

기도 장면은 CCTV를 통해 다른 방에 있던 검사들에게도 그대로 전달됐다. 이 검사는 '역사의 기록과 교훈으로 삼아야 한다'며 수사검사들에게 조사장면을 지켜보도록 했다.

조사에 앞서 기도를 하고 성경을 읽어준 것은 현철 씨의 마음을 편하게 해주고 세상과 검찰에 대한 적대감을 지우도록 하기 위한 것이었다. 극한상황에서 일어날 수 있는 현철 씨의 돌출행동과 묵비권을 행사할 가능성에 대한 사전 대비이기도 했다. 더 중요한 것은, 진실 앞에서 정직하자는 뜻이었다.

이 검사는 기도를 마치고 가톨릭에서 사용하는 공동번역 성경책을 폈다. 이 검사는 현철 씨가 예언자의 수난기를 담은 구약 '욥기'를 즐겨 읽는다는 사실을 신문에서 읽은 적이 있었다. 그는 '욥기' 33장부터 35장까지를 조용히 읽어 내려갔다.

욥, 나라고 하느님 앞에서 당신과 무엇이 다르겠소.
할 말이 있으면 어서 말해보시오.
당신이 죄가 없다면야 즐겨 인정해주겠소.
그렇지 못하거든 내 말을 들으시오. (중략)
욥, 당신은 당신이 어디까지나 떳떳하다고 생각하시오?
하느님 앞에서도 죄가 없다는 말씀이오? (중략)
당신은 하느님께서 보지 않으신다고 해서 엄청난 주장을 펴지만
이미 당신 사건은 그의 앞에 놓여 있다오.

현철 씨도 만만치 않은 고수(高手)였다. 그는 자신도 성경을 읽겠다며 이 검사에게 성경책을 달라고 했다. 그가 선택한 곳은 구약 '시편' 143 장이었다.

주여, 내 애원하는 소리를 들어 주소서.

이 종을 재판에 부치지 말아주소서.

원수들이 이 몸을 따라잡아 이 목숨 땅바닥에 메어치고는

영영 죽어버린 사람처럼 어둡고 깜깜한 곳에 살게 합니다. (중략)

주여, 이 곤경에서 이 목숨 건져주소서.

나를 사랑하시오니 이 원수들을 없애주시고

나를 억누르는 자들을 멸하소서.

현철 씨는 검찰청에 오게 된 사실 자체를 억울하게 생각했다. "왜 여기 오게 됐느냐"는 이 검사의 질문에 "내가 잘못한 게 뭐 있습니까"라며 항변했다.

현철 씨는 측근인 이성호 전 대호건설 사장과 김기섭 전 안기부 운영차장에게 자금관리를 맡긴 사실과 김덕영 두양그룹 회장 등 고교동문 기업인들에게 돈을 받은 사실은 시인했다.

문제는 청탁과 이권개입 부분. 현철 씨는 "이권개입을 하거나 대가성이 있는 돈을 받은 적은 결코 없다"며 철저히 부인했다. 그는 검사의 추궁에 맞고함을 치기도 했다. 현철 씨는 출두하기 전에 예상 가능한 알선(斡旋)수재나 변호사법 위반죄의 범죄 구성요건에 대해 변호사들로부터 공부하고 온 듯했다. 철저히 부인했다. 조금 세게 추궁하면 "아니라는데 왜 그러십니까"라며 언성을 높였다.

조사는 다음 날 오전 2시까지 계속됐다. 현철 씨는 특별조사실 간이 침대에서 잠시 눈을 붙였다. 그는 오전 8시에 다시 일어나 간단한 체조를 한 뒤 근처 식당에서 배달된 찌개로 식사를 했다. 지치고 허탈한 탓

인지 식사 도중 멍하니 창밖을 바라보곤 했다. 현철 씨의 태도는 시간이 지나면서 다소 누그러졌지만 근본적인 변화는 없었다.

현철 씨에 대한 신문은 이 검사와 김준호, 김경수 검사가 교대로 맡았다. 이들은 서두르지 않았다. 현철 씨가 부인하더라도 형사처벌에는 큰 문제가 없었기 때문이다. 수사팀은 이미 돈을 준 기업인들에게 "청탁과 함께 돈을 주었다"는 진술을 확보해둔 상태였다.

5월 16일 오후 8시, 현철 씨가 특조실에 들어간 지 24시간이 지난 시점. 옆방에서는 현철 씨의 측근인 김기섭 씨에 대한 조사가 시작됐다. 그는 이날 오후 5시경 검찰에 출두했다.

검찰 주변에서는 당초 김 씨를 부른 뒤에 현철 씨를 소환할 것으로 예상했다. 검찰은 그러나 예상을 뒤엎고 현철 씨를 먼저 소환했다.

김기섭 씨를 나중에 부른 이유는 간단했다. 《삼국지》를 보면 전쟁에서 주군(主君)이 항복하면 신하도 따라 항복한다. 그러나 주군이 살아 있으면 끝까지 항전한다. 당시 김 씨에 대해서는 이성호 씨의 진술밖에 없었다. 그런 상태에서 김 씨를 먼저 부르면 승산이 없다고 수사팀은 판단했다. 김 씨가 부인하면 그만이었기 때문이다. 그래서 '주군'이나 다름없는 현철 씨를 먼저 잡기로 한 것이었다.

이 작전은 적중했다.

수사팀은 이 씨에게 "현철이 형을 모시고 김 차장과 함께 부부동반 모임을 가진 적이 있는데 그때 사모님 옷이 남루해 보여 사모님 옷이나 사 드리라고 1억 5천만 원을 준 일이 있다"는 진술을 받아놓았다.

수사팀은 김 씨에게 이 씨의 진술을 들이밀었다. 김 씨는 본체만체했다. 그는 30시간이 넘도록 자백하지 않고 버텼다.

김 씨는 수사팀이 더욱 세차게 다그치자 "총장을 불러달라"며 반발하기도 했다.

이 검사가 맞받았다.

"검찰을 어떻게 아는 거요. 조사실에서 총장은 나요."

"참고인을 이렇게 다룰 수 있습니까?"

"당신은 이제부터 참고인이 아니라 피의자요."

김 씨의 안색이 변했다. 그는 당시까지만 해도 자신이 구속될 것이라는 사실을 몰랐다. 당시 김 씨를 소환하는 데 대해 권력 핵심부와 안기부의 반발은 대단했다. 청와대와 안기부는 현철 씨만 구속하면 됐지 왜 정보기관 책임자를 소환하느냐고 항의했다. 특히 김 씨는 대통령의 자금을 관리한다는 얘기가 있었다. 그래서 수사팀이 생각해낸 것이 '참고인'이라는 평계였다. 다시 말해 김 씨가 현철 씨 돈을 관리했기 때문에 그 내용을 확인하기 위해 조사가 필요하다는 것이었다.

이 검사는 흥분을 가라앉히고 말을 이어갔다.

"주군이 들어가는데 당신도 같이 들어가야 하지 않습니까?"

"소산(小山)이 정말 들어갑니까?"

"소산은 이미 무너졌는데 당신 혼자 살려고 거짓말 합니까?"

"정말 갑니까?"

"당신도 떳떳하게 가시오."

김 씨의 표정이 바뀌기 시작했다. 잠시 후 그는 "다 얘기하겠다"며 말문을 열었다.

"구속되는 것이 무서워 부인한 것이 아닙니다. 내가 들어가면 누가 우리 사람들을 뒷바라지할까 하는 것이 걱정돼 그랬습니다. 홍인길(洪

仁吉) 의원과 김우석(金佑錫) 장관, 장학로 씨 모두 내가 뒤를 봐주어야 하는데 … . 그러나 소산이 들어간다면 저도 들어가겠습니다."

현철 씨의 조사시간도 어느덧 48시간이 됐다. 수사팀이 "긴급체포하겠다"고 현철 씨에게 알렸다.

현철 씨는 "혐의가 뭐냐"고 되물었다.

"특가법상 알선수재와 조세포탈입니다."

"아니 조세포탈이 뭡니까?"

현철 씨는 허탈한 표정으로 되물었다. 조세포탈은 수사팀의 비장의 무기였다. 현철 씨가 자금출처와 대가성을 부인할 때를 대비해 치밀하게 준비해두었던 것이다. 이 부분은 현철 씨 수사의 '백미'(白眉) 였다. 아무도 예상하지 못했던 것이다. 조세포탈은 이후 법원에서 그대로 인정됐고 정치인들의 '떡값'을 처벌할 수 있는 중요한 판례를 마련했다.

구속영장은 쉽게 발부됐다.

영장이 집행되기 직전 이 검사는 현철 씨를 10층 집무실로 불렀다. 현철 씨가 격앙된 표정으로 물었다.

"과장님은 처음부터 내가 구속되리라는 걸 아셨죠?"

"김현철 씨는 신문과 TV도 안 봅니까?"

"이거 누가 결정한 겁니까? 혹시 아버지가 … ."

그의 말 속에는 아버지에 대한 원망이 배어 있었다.

"그것은 주임검사인 나에 대한 모독입니다. 헌법상 영장청구는 검사가 하는 것입니다."

06

1997년 6월 5일, 검찰은 김현철 씨와 김기섭 씨를 구속 기소함으로써 두 달 반 동안 이어온 수사를 사실상 끝냈다.

현철 씨의 범죄혐의는 이성호 전 대호건설 사장과 두양그룹 김덕영 회장 등 기업인 6명에게 66억 1천만 원을 받았다는 것이었다. 이 가운데 이성호 씨와 김 회장 2명에게 받은 돈 32억 2천만 원에 대해서만 대가성이 인정돼 알선수재 혐의가 적용되고, 나머지 33억 9천만 원에 대해서는 조세포탈 혐의만 적용됐다.

1992년 대선자금 잔여금 120억 원이 발견됐지만 범죄사실에는 포함되지 않았다.

현철 씨는 120억 원 가운데 50억 원은 1993년 10월 이성호 전 사장에게 맡겼고 나머지 70억 원은 김기섭 전 차장에게 맡겨 관리해왔다.

이 가운데 50억 원은 여론조사 비용 등으로 이미 다 써버린 상태였고 70억 원은 김 전 차장을 통해 한솔제지 조동만 부사장에게 맡겨졌는데 현철 씨는 수사과정에서 이 돈 70억 원의 소유권 포기각서를 제출, 국가헌납 의사를 밝혔다.

김기섭 전 차장은 서초 케이블TV 사업자 선정과 관련해 이성호 전 사장에게 1억 5천만 원을 받은 혐의로 구속 기소됐다.

박태중 씨는 이들보다 앞서 4월 30일 구속됐다. 박 씨의 주된 혐의는 1995년 5월 회사 사무실에서 라인건설 공병곤 부회장에게 "관계 공무원들을 상대로 사업상의 불이익을 받지 않도록 힘써 달라"는 취지로 4억 원을 받은 것을 비롯해, 사업청탁과 관련해 8억 7천만 원을 받았다는 것이었다.

현철 씨 관련부분은 1993년 3월부터 1995년 12월까지 서울 강남구 역삼동 한양빌딩 9층 심우 사무실에서 최동열 등 9명이 근무하는 것처럼 관계서류를 허위로 작성한 뒤 회사 운영자금으로 그들에게 월급명목으로 1억 9,859만 원을 지급해 최동열 등 6명을 사실상 고용하던 현철 씨에게 1억 5,600여만 원 상당의 재산상 이익을 줬다는 게 전부였다.

수사도 마무리되고 관련자들도 재판에 넘겨져 여론의 관심도 식어갔다. 그 무렵 김준호 검사가 말했다.

"관객들의 박수가 사라진 뒤 무대 뒤편에서 공소유지를 해야 하는 고독함을 아십니까? 구속 기소하는 순간 박수와 환호는 다 사라집니다. 공소유지라는 고독만이 남아 있죠."

공소유지는 외롭고 어려운 일이다. 피고인은 범죄혐의를 극구 부인하고 증인들도 마음이 변해간다. 법원은 더욱 엄격한 증거를 요구한다.

현철 씨와 변호인은 재판과정에서 돈을 받은 객관적인 사실은 인정하겠지만 청탁이나 이권과 관련해서 돈을 받은 것이 아니므로 무죄라고 줄기차게 주장했다.

1997년 8월 11일 서울지법 417호 대법정, 김현철 씨 사건 3차 공판이 열렸다. 김덕영 두양그룹 회장과 이성호 전 대호건설 사장 등이 증인으로 출석했다.

김 회장은 현철 씨에게 돈을 준 사실과 신한종금 소송과 관련해 청탁을 한 사실은 인정했다. 그는 청탁의 대가 여부에 대해서는 횡설수설했다. 김 회장은 검찰 신문에서는 "당시 신한종금 소송이 지연되고 안기부 관계자가 개입하고 있다는 소문이 있어 현철 씨에게 조속한 종결과 부당한 외부압력을 막아달라는 부탁을 했다"고 진술했다.

그러나 현철 씨의 변호인인 여상규(余尙奎) 변호사의 신문에 대해서는 "현철 씨에게 준 돈은 정치활동과 관련된 활동비였으며 청탁과는 관계가 없다"고 엇갈린 진술을 했다.

이성호 씨는 일관되게 진술했다.

"김현철 씨에게 1993년 3월 서초 케이블TV 사업자로 선정될 수 있게 해달라는 등 사업과 관련해 모두 8차례의 청탁을 했다. 1993년 12월부터 1995년 12월 사이에 김현철 씨에게 활동비 명목으로 지급한 17억 7천여만 원은 모두 청탁과 관계된 것이다. 김현철 씨가 1993년 10월 50억 원이 입금된 통장 2개를 맡기면서 실명전환해달라고 부탁한 사실도 있다."

1997년 10월 13일, 현철 씨에 대한 1심 판결이 내려졌다. 재판부는 서울지법 형사합의30부였고, 재판장은 손지열(孫智烈·현재 대법관) 부장판사였다. 징역 3년의 실형에 벌금 14억 4천만 원 및 추징금 5억 2,420만 원이 선고됐다.

공소사실 중 조세포탈 혐의는 신영환 신성그룹 회장에게 받은 1억 8천만 원을 제외하고는 모두 유죄가 인정됐다.

알선수재는 32억여 원 가운데 이성호 씨에게 받은 17억 7천여만 원에 대해서만 유죄가 인정되고, 김덕영 회장에게 받은 15억 원은 대가성이 없다는 이유로 무죄가 선고됐다.

김기섭 씨도 이 씨에게 청탁과 함께 1억 5천만 원을 받은 혐의가 인정돼 징역 1년 6월에 집행유예 3년과 추징금 1억 5천만 원이 선고됐다.

현철 씨는 그해 11월 3일 항소심 재판 도중 보석으로 풀려났다.

항소심 판결은 1998년 2월 17일에 내려졌다. 형량은 1심과 똑같았고 법정구속은 하지 않았다.

항소심 판결도 이성호 씨와의 거래관계에서 청탁과 대가성이 인정된다며 알선수재 혐의를 인정했다. 다만 받은 돈 자체는 '정상적인 이자'로서 뇌물이 아니고 이 씨가 현철 씨의 '돈을 맡아 관리하면서 이자를 정기적으로 준 것'이 '금융상의 편의'에 해당한다며 그 편의 자체를 뇌물로 인정했다.

이듬해 4월 9일, 대법원 판결이 내려졌다. 대법원도 1, 2심 재판부의 알선수재와 조세포탈 유죄판결을 대부분 그대로 인정했다.

다만 원심(2심) 재판부가 현철 씨의 알선수재 혐의에 대해 검찰 기소 내용을 바꿔 유죄로 판결하는 과정에서 공소장 변경절차 없이 직권으로 판단함으로써 절차상의 잘못을 범했다며 이 부분 등을 보완해 다시 재판해야 한다고 판결했다.

이 판결은 결과적으로 검찰과 현철 씨, 정치권 모두의 부담을 피해간 절묘한 판결이었다.

재판부는 현철 씨의 혐의내용, 즉 검찰의 공소사실을 대부분 유죄로 인정함으로써 문민정부 당시의 '살아 있는 권력의 비리'를 처단해야 한다는 명분과 검찰의 체면을 지켜줬다. 한편으로 '사소한' 문제로 파기환송을 택함으로써 현철 씨가 실형선고로 다시 구속 집행되는 것을 막아줬다. 검찰에는 내용상의 승리를, 현철 씨에게는 형식상의 실리(實利)를 안겨준 것이다.

이는 정치권에도 가장 부담이 적은 결과가 됐다. 정치권에서는 당시 김영삼 전 대통령의 돌출발언으로 전 정권과 현 정권이 미묘한 갈등을 일으키는 상황에서 현철 씨의 상고가 기각돼 구속집행이 되는 상황을 상당히 부담스러워 했다.

현철 씨는 그해 6월 24일 서울고법의 파기환송심에서 대법원 판결취지가 그대로 인정되고 이어 다음 달 대법원 재상고를 취하함으로써 유죄가 최종적으로 확정됐다. 현철 씨는 그해 8·15 특별사면에서 사면조치를 받았고 이어 2000년 8월 15일 복권됐다.

2001년 5월 서울 역삼동의 한 식당, 김현철 씨 사건 4주년을 맞아 당시 수사를 맡았던 '드림팀'이 다시 모였다. 한 검사가 말했다.

"역사는 반복되는가 봅니다. 국정개입 등으로 물의를 빚은 김현철 씨가 구속된 지 6개월도 안 돼 풀려나고 공소장에 잉크가 마르기도 전에 사면복권까지 되지 않았습니까. 요즘 정치상황을 보면 더 심한 것 같습니다. 실세들에게 줄 대고 인사청탁하고 …. 역사의 교훈을 잊었나 봅니다."

드림팀 수사반장이었던 이훈규 검사가 말을 받았다.

"우리가 생각해야 할 역사의 교훈은 그것이 아니야. 김현철 씨의 국정개입을 반면교사로 삼아 자제해야 하는 것은 정치인의 몫이고, 우리가 이어받아야 할 교훈은 현철 씨를 성역 없이 수사했듯이 지금 이 순간의 살아 있는 권력을 성역 없이 수사하는 것이지. 그것이 우리가 간직해야 할 우리의 교훈이야."

제8장

항명(抗命), 운명(運命)

01
—

1999년 1월 27일 오후 1시, L은 다시 대구에 전화를 걸었다. 며칠 전부터 분위기가 심상치 않았다. 여직원이 받았다.

"동아일보 ○○○ 기자인데요. 고검장님 좀 바꿔주세요."

"고검장님이예, 좀 전에 서울 댁에 올라가셨는데예."

드디어 일이 터지는구나. 양기대(梁基大) 기자에게 전화를 걸었다. 양 기자는 법조팀장을 하다 얼마 전 정치부로 옮긴 상태였다. 양 기자도 어느 정도 눈치를 채고 있었다.

"여의도로 갈 테니 양 선배도 내가 가는 시간에 맞춰 그리로 오시죠."

택시를 타고 올림픽대로를 따라 여의도로 향했다. 오후 2시 광장아파트 11동 앞에서 양 기자를 만났다. 20분쯤 뒤 그가 나타났다. 심재륜 대구고검장. 대구고검의 남기춘(南基春) 검사가 동행했다.

8층 심 고검장 집으로 따라 들어갔다. 다른 때 같았으면 "왜 따라오느냐"고 역정을 냈을 텐데 이날은 달랐다. 오히려 잘됐다는 눈치였다.

잠시 후 심 고검장은 "오늘 결행하겠다"고 말했다. 검찰 사상 초유의 항명사태가 몇 시간 앞으로 다가오고 있었다.

그는 대구에서 미리 작성한 성명서를 꺼냈다.

"대전 법조비리 사건 수사와 관련한 입장". A4용지 7장 분량이었다.

검찰과 법조계의 위신이 어떻게 이렇게까지 땅에 떨어지게 되었는지 반추해보면 매우 참담한 심정입니다. 판검사가 변호사로부터 전별금이나 떡값 등 어떠한 명목으로라도 금품을 받아온 관행은 이유 여하를 막론하고 법조윤리에 대한 국민의 불신을 낳게 하는 것이고, 이러한 점에 대해서는 30여 년의 검찰생활을 한 본인을 비롯해서 대부분의 법조인들이 모두 국민 앞에 엎드려 뼈아픈 반성을 해야 한다고 생각합니다.

이러한 잘못된 법조계의 비리는 이미 지난 1997년 의정부 이순호 변호사 비리사건을 계기로 이 땅에서 사라져야 했던 비극이기도 합니다. 그러나 이러한 비리가 또 다시 세상에 폭로되었고 이에 실망한 국민들로부터 '판검사는 모두 도둑놈'이라는 식의 무차별적 비난을 받고 있는 작금의 상황을 초래한 원인은 검찰을 비롯한 법조계의 외부에 있는 것이 아니고, 그 내부에 근본적 책임이 있다고 생각합니다.

… 대전 법조비리 사건 처리과정은 구속상태에 있으면서 사회의 비난을 한몸에 받아 심리적 공황상태에 있는 이종기 변호사의 일방적 진술에 의해 옥석을 가리지 않고 판검사들을 무차별적으로 공격해대는 이른바 마녀재판 식으로 이루어지고 있습니다. … 현재 검찰 수뇌부는 이종기 변

호사의 일방적 진술만을 듣고, 그것도 객관적 증거와 배치되는 악의적 폭로에 의해 이를 그대로 언론에 발표함으로써 마치 당해 검사가 무슨 큰 비리가 있는 양 국민을 오신에 빠지게 하고 나아가 결과적으로는 사실을 왜곡 조작하고 있으며, 그로 인해 청춘을 불살라 국가와 민족을 위해 검찰에서 헌신한 검사 개개인의 명예를 무참히 짓밟아 사표를 강요하고 있습니다. 이는 검찰 총수 및 수뇌부가 자신의 책임을 모면하기 위한 궁여지책으로 무수한 희생양을 양산하고 있다는 말로밖에 표현할 수 없을 것입니다.

… YS 정부와 김현철 씨에게 충성을 맹세하고 그 자리에 오른 검찰총수 및 수뇌부는 정권이 교체된 이후에도 권력에 맹종하여 자리를 보전하고 차지하기 위해서 지금 검찰조직의 기초를 황폐화시키고 있습니다. 이러한 검찰총수 및 수뇌부는 후배검사들의 사표를 받기 전에 무조건 먼저 사퇴해야 합니다. 그런 다음에는 우리 간부들도 언제라도 기꺼이 퇴진할 각오가 되어 있습니다.

… 본인의 전 생애, 전 재산에 대해 철저히 조사를 해주기 바랍니다. 그렇게 하고도 만일 비리사실이 나타난다면 어떠한 처벌도 달게 받을 각오가 되어 있습니다. 이 사건을 계기로 권력만 바라보고 일신의 영달만을 추구하는 정치검사가 사라지고, 모든 법조인이 과거 법조계의 잘못된 관행을 뿌리 뽑겠다는 투철한 사명감을 다시 한 번 가슴에 새기고 이를 실천할 각오를 다짐으로써 국민으로부터 따뜻한 사랑과 확고한 신뢰를 받는 검찰로 거듭 태어나기를 바랍니다.

1999. 1. 27
대구고등검찰청 검사장

"YS 정부와 김현철 씨에게 충성을 맹세하고 ⋯ . 검찰총수는 먼저 사퇴해야 합니다 ⋯ . 본인의 전 재산에 대해 철저히 조사를 ⋯ ."

충격이었다. 어느 정도 예상은 했지만 이렇게 센 내용이 될 줄은 몰랐다. 그대로 발표된다면 검찰조직 전체가 미증유의 파문과 혼란에 휩싸일 것이었다.

심 고검장이 다시 말을 꺼냈다.

"나는 다 버렸다. 모든 것을 버리니 이제 두렵지 않다."

성명서는 투박했다. 자기변명이 많기도 했다. L은 며칠 전 심 고검장을 잘 알고 따르는 K 검사에게 심 고검장이 '거사'(擧事)를 일으킬지도 모른다는 얘기를 했다. K는 이렇게 말했다.

"그분 입장에서 충분히 이해가 간다. 그러나 하면 잘해야 한다. 자기가 살려면 죽는다. 그러나 죽으려고 하면 산다. 자기 변명하면 안 된다. 검찰의 역사에 대해 참회해야 한다."

심 고검장에게 그 말을 전해주었다. 심 고검장은 물었다.

"그러면 어떻게 하지. 당신들 의견은 어때?"

L이 먼저 제안했다.

"성명서 제목부터 바꾸시죠. '국민 앞에 사죄하며'라고 하는 것이 좋겠습니다."

심 고검장은 그 자리에서 좋다고 했다. 그는 다시 고치기 시작했다.

대전 이종기 변호사 수임비리 사건을 계기로 검찰과 법조계의 위신이 땅에 떨어져 검찰 사상 최악의 위기상황을 맞고 있는 지금 저는 매우 비통

한 심정입니다. … 이러한 잘못된 법조계의 비리는 이미 지난 1997년 의
정부 이순호 변호사 비리사건을 계기로 이 땅에서 사라져야 했던 비극이
기도 합니다. 그러나 이러한 비리가 또 다시 세상에 폭로되었고, 이에
실망한 국민들과 시민단체는 '판검사는 모두 도둑놈'이라는 식의 무차별
적 비난을 퍼붓고 있습니다.

 … 저는 이 같은 국민의 비난은 결국 검찰의 업보라고 생각합니다. 과
거 검찰은 국민의 생명과 재산을 지켜주는 파수꾼이 아니라 정치권력의
시녀쯤으로 국민에게 인식되어왔습니다. 과거 군사독재정권 시대에 일
부 검찰 수뇌부와 정치검사가 수많은 시국 공안사건과 정치인 사건에서
진실을 왜곡하고 인권을 탄압했으며 사건을 정치적으로 처리하여왔던
것이 사실입니다. 특히 일부 검찰 수뇌부는 검찰조직과 후배검사들을 담
보로 권력에 영합해 개인의 영달을 추구해왔습니다.

 또 최근에 들어서도 검찰은 일련의 정치적 사건에서 일관성 없고 자의
적인 기준에 따라 사건을 처리함으로써 국민에게 분노와 허탈감을 안겨
주었습니다. 그 결과 정권이 교체되고 세상이 바뀌어도 검찰만은 변하지
않는다는 소리까지 듣게 되었습니다.

 이러한 불행한 사태를 초래케 한 점에 대해서는 검찰에서 평생을 보낸
저로서도 책임을 통감하고 부끄럽게 생각하고 있습니다. 저도 검찰의 오
욕의 역사에서 자유롭지 못하며 단지 시대상황이 그랬다는 이유만으로
변명할 수도 없는 일입니다. 저는 책임을 통감하고 국민 앞에 머리 숙여
사죄합니다.

 그러나 저는 이렇게 부끄러운 결과에 대한 책임이 전체 검사들에게 있
다고는 생각하지 않습니다. 문제는 검찰총수 및 수뇌부가 직접 지휘감독

하는 정치사건입니다. … 그동안 검찰총수와 수뇌부는 권력만을 바라보고 권력의 입맛대로 사건을 처리해왔으며 심지어는 권력이 먼저 요구하지 않아도 스스로 권력의 뜻을 파악해 시녀가 되기를 자처해왔습니다. 이 같은 행태는 지금도 달라지지 않고 계속되고 있습니다.

그런데 지금의 상황을 보면 모든 것이 거꾸로 진행되고 있습니다. 검찰을 정치권력의 시녀로 만든 당사자들은 자신들의 치부를 숨긴 채 열심히 일해 온 후배검사들의 희생만을 강요하고 있습니다 ….

심 고검장은 다시 고쳐 쓴 성명서를 집 근처 문방구에서 20여 부 복사하도록 했다. 기자실에 배포하기 위해서였다.

오후 4시, L은 대검으로 돌아왔다. 양 기자는 정치부 취재를 위해 국회로 복귀했다. 심 고검장은 남 검사도 돌아가도록 했다. 남 검사가 불필요한 오해를 받지 않도록 하기 위해서였다. 대신 부인 공 여사가 동행하기로 했다.

기사 마감까지는 30분, 지금이라도 전화기를 붙들고 기사를 부르면 '검찰 역사상 최대의 사건'을 특종할 수도 있었다. 잠시 후 양 기자에게서 전화가 왔다. 양 기자는 "우리도 버리자"고 했다.

오후 5시 30분, 심 고검장에게서 휴대전화로 전화가 걸려왔다. 10여 분쯤 후 도착할 것 같다고 말했다.

오후 5시 45분, 심 고검장이 대검청사 별관 1층 기자실에 도착했다. 기자실은 그에게 낯익은 곳이었다. 불과 1년 6개월 전 그는 기자실의 스타였다. '국민의 중수부장'으로 '드림팀'을 이끌고 살아 있는 권력 김현철 씨의 비리 수사를 지휘하면서 화려한 수사(修辭)로 브리핑을 하던 곳이었다.

이제는 달랐다. '비리검사'라는 누명에 억울해하며 검찰 수뇌부를 비판하는 성명을 발표하러 온 것이었다. 기자들이 의아해하면서도 반갑게 인사를 했다. 그는 "알려드릴 것이 있어서 왔다"며 바로 성명서를 나눠주었다.

"국민 앞에 사죄하며."

기자들은 어안이 벙벙한 모습이었다. 신문을 전부 다시 만들어야 할 상황이었다. 회사에 보고하고 사진신청을 하느라 기자실은 시장바닥이 돼버렸다.

심 고검장은 성명서를 읽어나갔다.

… 대전사건 수사는 구속상태에 있으면서 사회의 비난을 한몸에 받아 심리적 공황상태에 있는 이 변호사의 일방적 진술에 의해 옥석을 가리지 않고 판검사들을 무차별적으로 공격해대는 이른바 '마녀사냥' 식으로 이루어지고 있습니다. 본인의 경우 780만 원짜리 민사 소액사건을 이 변호사에게 의뢰한 사건 당사자로부터 그 사건의 소개자로 이름을 도용당했습니다.

검찰 수뇌부는 이 변호사의 일방적 진술만 듣고 언론에 발표함으로써 마치 당해 검사가 무슨 큰 비리가 있는 양 국민을 오해에 빠지게 하고 결과적으로 사실을 왜곡 조작하고 있으며 그로 인해 검사 개개인의 명예를 무참히 짓밟아 사표를 강요하고 있습니다.

검찰총수 및 수뇌부가 자신의 책임을 모면하기 위한 궁여지책으로 무수한 희생양을 양산하고 있다고밖에 표현할 수 없습니다.

YS 정부와 김현철 씨에게 충성을 맹세하고 그 자리에 오른 검찰총수 및 수뇌부는 정권이 교체된 이후에도 권력에 맹종하여 자리를 보전하고 차지하기 위해서 지금 검찰조직의 기초를 황폐화시키고 있습니다. 이러한 검찰총수 및 수뇌부는 후배검사들의 사표를 받기 전에 무조건 먼저 사퇴해야 합니다. 그런 다음에는 저도 기꺼이 퇴진할 각오가 되어 있습니다.

검찰 간부, 그것도 현직 고검장이 공개적으로 검찰 수뇌부의 퇴진을 요구하고 검찰개혁을 촉구한 것은 검찰 사상 처음 있는 충격적인 일이었다. 정치권력의 시녀로 전락했던 것을 스스로 인정하고 자아비판까지 했다.

검란(檢亂)이 시작됐다.

02

"나의 전 생애, 전 재산을 뒤져보라."

검찰 사상 초유의 '항명파동'을 일으킨 심 고검장은 기자회견을 끝내고 나가면서 이렇게 말했다. 이 말은 아무나 할 수 있는 말이 아니다. 자신의 삶에 부끄러움이나 두려움이 없을 때 가능한 말이다.

심 고검장은 대전 이종기(李宗基) 변호사 비리사건이 터지기 전까지는 그런 인물이었다.

'거악'(巨惡)이 편히 잠들지 못하게 하는 특별수사의 대부, 현직 대통령 아들을 구속시킨 사람, 비리 정치인 33명을 검찰청사로 직접 불러 조사한 사람. 그러면서도 재산공개에서 거의 꼴지를 한 사람. 허름한

266

술집에서 후배들과 마주앉아 멸치 몇 마리 안주를 놓고 폭탄주를 즐겨 마시는 검사. 그는 특별수사 검사의 전범이었다.

1997년 3월 어느 중소기업 사장이 "검찰의 잣대는 마피아의 총대로 잰 잣대"라는 광고를 내 검찰을 조롱했을 때 그는 대검 중수부장으로 다시 검찰의 최전선 사령탑에 앉았다. 당시 김영삼 정부는 이미지가 좋은 심 검사장을 기용해 위기를 모면하려 했다. "심 검사장 같은 강골검사가 한보사건과 김현철 씨 수사를 다시 했는데도 별것이 안 나왔다"고 함으로써 위기를 돌파하려 했다는 것이다. 심 검사장 입장에서 보면 위기에 몰린 정권이 마지못해 선택한 방패막이에 불과했다.

그러나 그 방패는 '창'으로 변했다.

그는 대검 중수부장 취임 후 곧바로 전국의 유능한 특수부 검사들을 끌어 모아 '드림팀'을 구성했고, 2개월에 걸친 집요한 수사로 정치인 33명의 비리를 캐내고 김현철 씨를 구속했다.

그는 검찰을 위기에서 구해냈다. 격려전화가 쇄도했고 검찰 사상 최초로 시민들의 성금까지 전달됐다. 그는 국민의 영웅이 됐다.

심 고검장은 술을 잘 마신다. 1992년 서울지검 3차장 시절 폭탄주 10잔을 마시고 나서 "이제 좀 취기가 돈다"고 말한 적도 있다.

그는 술을 마시는 데 양보하지 않는 두 가지 원칙이 있었다. 룸살롱이나 요정 등 고급 술집에는 절대 가지 않는다는 것과 술 마실 때 남의 신세를 지지 않는다는 것이다. 늘 평범한 술집에서 멸치 몇 마리를 안주로 놓고 폭탄주를 마셨다.

그는 특수부 검사가 남의 신세를 지면 수사에 영향을 받는다고 말해 왔다. 재산도 많지 않았다. 1993년 공직자 재산공개 때 전 재산이 집을 포함해 3억여 원에 불과해 검사장급 중에서 거의 끝자리를 차지했다.

검찰 안팎에서 신뢰를 받는 것은 이러한 술 이야기 때문이 아니다. 그는 보기 드문 강골검사로 꼽힌다. 검사는 '전투형'과 '사무실형', '학자형'으로 구분할 수 있다. 전투형 검사는 정통 수사검사다. 심 중수부장은 전형적인 전투형 검사에 속한다. 특히 거악(巨惡)을 상대하는 특별수사 검사로 명성을 날렸다.

그의 검사로서의 근성과 투지는 남달랐다. 1990년 서울지검 강력부장으로 있으면서 폭력조직 서방파 두목 김태촌(金泰村)을 구속시켰다. 검찰 안팎에서는 '과연 김태촌을 잡아넣을 수 있겠느냐'며 의혹의 눈길을 보냈으나 그는 끝까지 밀어붙여 김태촌을 구속했다.

그의 일선검사로서의 전성기는 1988~1889년이다. 당시 그는 서울지검 특수부장으로 있으면서 600만 달러 상당 비행선 부정도입 사건과 주식부정 사건, 의료보험 사기사건, 서울시 상하수도 부정사건, 연예인 폭력사건, 방송계 PD 부정사건 등 이루 헤아릴 수 없이 많은 대형사건을 수사했다.

심 고검장은 단순한 전투형 검사가 아니다. '꾀돌이'라는 별명이 말해주듯 영리하고 세심한 두뇌 플레이어였다. 함승희(咸承熙) 변호사(전 대검 중수부 연구관)는 회고록 《성역은 없다》에서 이렇게 밝혔다.

"나의 검사로서의 성공은 … '사람 구속하는 일이 어디 쉬운 일인가. 심지어는 하늘의 날씨까지 살펴가며 해야 하는 일이다'며 세심한 배려를 해주신 선배검사 … 덕분이었다."

그 선배검사가 바로 심 고검장이었다. 그는 수사할 때 날씨까지 살필 정도로 세밀하다.

심 부장은 1995년 9월 검찰인사에서 특별수사검사의 '꽃'으로 불리는 대검 중수부장의 유력한 후보였으나 고배를 마셨다. 이후 대전지검, 광주지검 등 지방검사장으로 전전했으며 1997년 1월 인사에서도 중수부장 자리를 차지하지 못했다.

그는 그해 3월 한보사건 수사에 대한 국민의 질타로 검찰이 위기에 몰리면서 중수부장 자리에 뒤늦게 올랐다. 그는 대검 중수부장으로서 꿈과 능력을 유감없이 발휘했다. 정치인 33명의 비리를 밝혀내 검찰청사로 직접 소환했다. 정치인 수사로 시간을 벌면서 은밀하게 김현철 씨 수사를 진행해 사상 최초로 현직 대통령의 아들을 구속하는 개가를 올렸다.

그러나 '국민의 검사'는 이제 자신이 평생을 바친 검찰조직에 의해 추락하고 있었다. 대전 이종기 변호사에게 전별금 100만 원을 받고 10차례 술 접대를 받은 '비리검사'로 낙인찍힌 것이다.

03

1999년 1월 18일, 대전 법조비리 사건 조사가 한창 진행 중인 대검 청사에 낯익은 검찰 간부가 들어섰다. 심재륜 대구고검장이었다.

이날 그는 더 이상 '국민의 검사'가 아니었다. 이른바 '이종기 리스트'에 올라 조사를 받는 신세가 됐다.

그가 이 변호사의 수임장부에 올라 '비리 법조인'으로 의심을 받게 된 사연은 이랬다.

1995년 손모 씨가 소송 상담을 위해 이 변호사 사무실을 찾았다. 손 씨는 이 변호사를 만날 수 없었다. 맡기려던 사건이 780만 원짜리 민사 소액사건이었기 때문이다. 사무장은 "사건이 안 된다"며 가로막았다. 그러나 꼭 이 변호사를 직접 만나야겠다고 생각한 손 씨는 자신이 TV에서 자주 보았던 심 고검장의 이름을 대며 그의 소개로 왔다고 말했다. 손 씨는 이 변호사를 만났고, 이 변호사는 손 씨가 고검장 소개로 온 것으로 생각하고 고검장의 이름을 장부에 기재한 것이었다.

대검 감찰부는 손 씨와 이 씨에 대한 조사를 통해 이 같은 사실을 확인했다. 그러나 '한 점 의혹 없이 철저히 수사하라'는 검찰 수뇌부 방침에 따라 감찰 조사팀은 고검장을 소환했다. 고검장은 이른 아침 남의 눈에 띄지 않게 검찰청사 뒷문을 통해 출두했다.

심 고검장 이외에도 여러 검사가 소환됐다. 이준명(李俊明) 검사는 1월 15일 '이종기 리스트'에 오른 검사 중 처음으로 조사를 받았다. 이 검사는 이날 오전 부산에서 비행기를 타고 올라와 11시쯤 조사를 마쳤다. 다시 부산으로 내려가기 전에 잠시 검찰청사 앞 찻집에서 마주친 그의 얼굴은 굳어 있었다. 그는 허공을 응시하며 말을 잇지 못했다. 눈가에 눈물이 고이는 듯했다.

이 검사는 검찰에서 알아주는 강력검사다. 그는 집에 일찍 들어가는 것을 가장 부끄러워했다. 서울지검 강력부 검사시절 '조직폭력배와의 전쟁'을 하면서 40일 동안 집에 들어가지 않은 적도 있다.

그에게는 집에 일찍 가야만 하는 사연이 있었다. 그의 아버지는 경상북도 시골에서 농사를 짓고 있다. 겨우 소작농을 면한 가난한 농부다. 아들이 사법시험에 합격하자 아버지는 전 재산이라고 할 수 있는 밭 한 뙈기를 팔아 동네잔치를 벌였다. 그러면서도 자신은 1982년에 산 오토바이를 아직도 타고 있다.

이 검사는 신용카드를 긁어 밤새 잠복 수사하는 직원들에게 격려금을 주면서도 아버지에게는 오토바이 한 대 사드리지 못했다. 그 아버지는 그 전해 위암수술을 받았다. 어머니의 상태는 더욱 안 좋다. 당뇨가 악화돼 거동조차 할 수 없다. 하루 중 20시간 이상을 잠에 취해 지낸다. 말도 할 수 없다. 어머니는 대소변을 받아내는 아버지의 도움으로 어렵게 연명하고 있다. 이 검사의 부인도 1998년 유방암 수술을 했다. 부인은 그 후유증으로 임파선 부종(浮腫)이 생겨 한쪽 팔을 거의 사용하지 못한다.

이 검사는 자신이 이 변호사의 리스트에 오른 이유를 대검 감찰부로부터 전해 듣고서야 비로소 알았다. 이 변호사에게 이 검사 이야기를 한 사람은 이 검사의 고향출신 사업가인 이모 씨였다. 그는 고향을 떠나 대전에서 쌀장사로 큰돈을 번 사람이었다. 이 씨는 1991년 이 검사가 초임검사로 대전에서 근무할 때 처음 알게 됐다.

이 씨는 자신의 형이 형사사건에 연루돼 이 변호사에게 변호를 의뢰했는데 형이 구속되자 이 변호사에 대한 불만을 토로하며 이 검사를 만난 일이 있다. 이 씨는 그 후 이 변호사를 찾아가 형이 구속된 데 항의하면서 이 검사 이야기를 했다는 것이다.

이 검사가 대전사건에 연루돼 조사를 받게 됐다는 소식을 듣고 이 검사의 아버지는 금식기도에 들어갔다. 아들로부터 가끔씩 10~20만 원의 용돈을 받아쓴 아버지는 "아들이 오죽했으면 사건을 소개시켜주고 돈을 받아 내게 보냈겠느냐"고 자책하며 금식기도를 시작한 것이다. 이 검사는 "위암수술을 받은 아버지가 금식기도하는 것은 차마 못 보겠다"

며 눈물을 글썽였다. 이 검사의 부인도 "당신이야 결백하다고 하지만 검찰에 소환까지 당한 마당에 누가 그것을 믿어주겠느냐"며 탄식하고 있었다.

이 같은 사연이 전해지면서 검찰은 어지럽고 뒤숭숭했다. "검사를 계속하는 것이 무슨 의미가 있겠느냐"며 울분을 터뜨리기도 했다. "검찰은 죽었다"고 극언하는 검사들도 많았다.

검사들이 격분하는 이유는 조직 자체에 대한 실망에 있었다. 옥석(玉石)을 가려 억울한 사람이 없도록 해주어야 할 검찰이 스스로 검사들을 억울하게 만들고 있다는 것이다.

서울지검의 한 검사는 이렇게 말했다.

"대검은 자체 진상조사를 통해 이 변호사의 리스트에 오른 검사들의 사연을 누구보다 잘 알고 있다. 그중에 일부는 정말 문제가 있다고 판단할 수도 있다. 그렇지만 상당수 검사나 검찰간부는 자신도 모르게 이름을 도용당한 케이스다. 대검 감찰부는 의뢰인과 이 변호사에 대한 조사를 통해 이 사실을 잘 알고 있다. 그런데도 리스트에 오른 검사들을 전원 소환했다. 말이 안 된다. 검사라고 특혜받아야 할 이유도 없지만 검사라고 해서 핍박받을 이유도 없다. 자체 조사를 해서 별 문제가 없는 것으로 드러난 검사들까지 왜 마구 소환하는가. 소환당한 검사들 심정이 어떻겠는가."

고검의 한 검사는 "우리 조직이 우리를 이렇게 대하면 누가 조직을 위해 일하겠는가" 하고 반문하기도 했다.

1월 18일 고검장회의에서도 문제제기가 있었다. 일부 고검장들은 "수사과정에서 여론에 떠밀려 억울한 희생양이 나와서는 안 되며 단순히 사건을 소개한 경우까지 책임을 묻는 것은 무리다"고 주장했다.

04

대전 법조비리 사건이 터진 것은 1999년 1월 7일이었다.

대전지역에서 명성을 날리던 검사 출신 이종기 변호사의 사무장이었던 김현(金賢) 씨가 이 변호사의 '사건수임 비(秘)장부'를 몰래 가지고 나와 대전 MBC 기자에게 건네줘 폭로한 것이다. 수임장부에는 이 변호사가 1992년부터 1997년까지 수임한 각종 사건과 수임과정 등이 기록돼 있었다. 특히 사건 소개인의 이름과 사례금액, 날짜 등이 한눈에 알아볼 수 있도록 간결하게 정리돼 있어 판사·검사·변호사를 지칭하는 '법조 3륜'의 검은 거래를 그대로 보여주는 듯했다.

소개인 A씨라고 적혀 있을 경우, A씨가 소개한 피의자, 수임료, 착수금, 소개료가 일목요연하게 정리돼 있었다. 문건 밑에는 날짜 등도 기재돼 있다. 문건에 기록된 사례비도 10만 원에서 300만 원까지 직급에 따라 달랐다.

수임장부에는 한 전직 고검장이 위증사건을 이 변호사에게 소개한 것으로 기록돼 있고, 부장검사 출신의 변호사는 현직에 있을 당시 업무방해사건을 이 변호사에게 소개했다. 지청장 출신 부장검사는 독직(瀆職) 폭행사건 한 건을 소개했으며, 모 부장검사는 사기사건을 소개했으나 사례비 항목에는 아무것도 적혀 있지 않았다.

대전지검의 한 일반직원은 1995년 5월부터 7월까지 3개월 동안 사기 폭력사건 등 형사사건 10건을 소개한 것으로 기록돼 있다.

검찰의 한 일반직 간부의 경우 1995, 1996년에 이 변호사에게 사건을 7차례 소개하고 100만 원에서 300만 원까지 모두 1,200만 원을 받은 것으로 적혀 있었다.

직급이 다소 낮은 검찰 일반직 직원은 건당 50만 원씩 2차례에 걸쳐 100만 원을 소개료로 받았다.

장부에는 전직 고검장 4명, 검사장 2명, 지검 차장 1명, 부장검사 2명 이상이 들어 있고, 법원에서는 부장판사 2명이 포함된 것으로 알려졌다. 검찰직원 60여 명, 법원직원 20여 명, 경찰관 20여 명의 이름과 이들에게 지급된 수십만~수백만 원의 알선료도 적혀 있었다.

이 변호사는 부장검사 출신의 중견 변호사인 데다, 변협 자체조사 결과 1997년 1월부터 10월까지 형사사건 수임건수가 250건으로 대전지역 2위, 전국 5위를 차지했다.

이 소식이 알려지자 이 변호사의 비밀장부에 명단이 오른 일부 인사가 사표를 제출했다는 헛소문이 퍼지는 등 법조계는 뒤숭숭한 분위기였다. 검찰은 더 민감한 반응을 보였다. 이 변호사가 부장검사 출신이라는 점으로 인해 상대적으로 판사 쪽보다는 검찰인사들이 더 많이 연루됐을 가능성이 높았기 때문이다.

일부 언론에서는 대대적으로 보도했다. 판검사들이 변호사에게 사건을 소개시켜주고 수십, 수백만 원씩 소개비를 받아 챙겼다는 것이다.

사실 이 변호사의 수임장부에 판검사들의 소개비가 적혀 있는 것은 아니었다. 판검사가 알선자로 기록돼 있었지만 알선료 액수는 적혀 있지 않았다. 다만 검찰, 법원의 일반직들이 적게는 20~30만 원에서 100~300만 원까지 소개비를 받은 것으로 기록됐다. 일부 언론에서는 이를 근거로 "일반직들이 10만 원 받았으면 판검사들은 10배쯤은 받았을 것"이라고 추정하면서 '대전 법조비리'를 보도했다.

이런 추정은 위험했다. 판검사들은 변호사에게 사건을 소개시켜줄 경우 "내가 잘 아는 사람이니까 수임료를 싸게 해달라"거나, "사건에 신경을 잘 써달라"는 등의 부탁을 하는 경우가 일반적이었다. 일반직들처럼 소개료를 받는 경우는 거의 없었다.

그러나 의외의 상황이 벌어졌다. 검찰이 대대적인 법조비리 수사에 나선 것이다. 대검은 1월 8일 대검 감찰부장을 대전지검에 급파했고, 곧 수사팀을 구성해 철저하게 수사하도록 지시했다. 대전지검이 축소 은폐 수사를 할 경우 수사 담당자를 문책하겠다고 했다.

대전지검은 이 변호사의 집과 사무실을 압수수색했고, 대검은 이승구(李承玖) 중수부 과장을 파견해 직접 수사하도록 했다.

대검에서는 더 큰 사태가 벌어졌다. 수임장부에 사건을 소개해준 것으로 적혀 있는 검사 전원을 대검청사로 소환하기로 한 것이다.

1월 13일 대검청사는 하루 종일 팽팽한 긴장감이 감돌았다. 현직검사들이 검사들에게 조사받으러 나왔기 때문이다. 소환된 지검 차장을 포함한 검사 6명은 지하 2층 주차장 통로로 출두했다. 1995년 노태우 전 대통령 비자금사건 등에서 재벌총수들이나 고위공직자들이 보도진을 피해 몰래 출두하는 단골 코스였다.

대검의 현직검사 소환은 그 자체가 이종기 변호사 사건과는 별도로 큰 뉴스였고 중앙 일간지들까지 대서특필하기 시작했다.

판검사들은 언론 보도태도에 큰 불만을 드러냈다. 친지들의 부탁을 거절 못해 단순히 변호사를 소개해줬을 뿐인데, 마치 큰 범죄나 저지른 것처럼 여론몰이를 하고 있다는 것이었다. 이 불만은 정확한 것이 아니었다. 대검이 전후 사정을 제대로 따지지 않고 현직검사를 마구 소환했기 때문에 뉴스가 커진 것이었다.

대검은 왜 그렇게 했을까. 대검은 '법조비리 척결'과 '자체 정화' 등을 명분으로 내세웠다. 그러나 일선 검사들조차 이 말을 곧이곧대로 듣지 않았다. 오히려 서울지검과 대검 내부에서는 이 변호사 수임비리 사건 처리방식을 둘러싸고 미묘한 분위기가 이어지고 있었다. 대검에서는 이 변호사 사건이 터지고 며칠 지나 '지휘 책임론'이 흘러나오기 시작했다. 이 변호사의 수임비리가 시작된 1992년 이후 대전고검과 대전지검의 책임자였던 간부들에게 지휘감독 책임을 물어 인사상 불이익을 주기로 했다는 얘기다. 이 내용은 일부 언론에 보도되기도 했다.

그 간부들은 차기 검찰총장 후보들이었다. K 고검장과 C 고검장, 또다른 K 고검장이 그들이었다. 심재륜 고검장도 그 안에 포함됐다. 이들은 사법시험 6, 7회로 사시 4회인 김태정 총장의 뒤를 이을 총장 후보군(群)을 형성하고 있었다.

총장 임기가 얼마 남지 않은 상황에서 이들이 거론되는 것 자체가 많은 해석을 낳았다. 이들 중 일부가 '지휘책임'으로 문책을 당한다면 검찰의 권력구도에도 변화가 올 것이었다.

검찰 내부에서는 차기 검찰총장 자리를 둘러싸고 특정인이 경쟁자들을 솎아내기 위해 이 변호사 사건을 이용하는 것이 아니냐는 이야기도 나돌았다. 당시 수사 책임자인 이원성(李原性) 대검 차장은 사시 5회로 차기 검찰총장 후보에 속했다.

심 고검장은 측근들에게 "검찰 수뇌부가 이 변호사 입을 빌려 숙청하려 한다"고 말해왔다. 검찰 수뇌부는 "비리검사들이 자신의 비리를 감추고 위기를 모면하기 위해 '역'(逆) 음모를 꾸몄다"고 반박했다.

그런 가운데 김태정 검찰총장은 1월 19일 전국 고검장회의를 주재한 뒤 수임비리 연루자 모두를 엄벌하겠다고 말했다.

1월 27일 김 총장은 "이 변호사로부터 전별금이나 명절 '떡값'을 받은 10여 명의 현직검사들로부터 전원 사표를 받겠다"고 말했다. 사건은 '소개비' 사건에서 '떡값·전별금 사건'으로 변해 있었다.

이미 하루 전에 현직검사 3명이 사표를 제출했다. 27일에는 최병국(崔炳國) 전주지검장과 윤동민(尹東旼) 법무부 보호국장이 사표의사를 밝혔다.

대검 감찰부장은 지검 차장검사급 이하 검사를 소환해 사표를 받았고, 검사장들에게는 대검차장이 직접 전화를 걸어 사표를 종용했다.

일선 검사들은 이 방침에 반발했고 검찰 내부갈등도 깊어지고 있었다. 한 부장검사는 사표를 종용받자 "죽어도 사표를 내지 않겠다. 잘못이 있으면 사법처리를 하든지 징계를 하라"면서 버텼다. 또 다른 검사는 "왜 하필 나냐. 전별금을 받았다면 검사생활을 가장 오래한 사람이 가장 많이 받았을 텐데 왜 내가 책임져야 하느냐"며 수뇌부를 향해 직격탄을 날리기도 했다.

김태정 총장은 이 같은 분위기를 감지한 듯 기자간담회에서 "대전에서 근무한 것이 잘못이냐는 이야기도 있지만 운(運)이라는 것이 있다"면서 "큰 정의를 위해 작은 정의는 희생돼야 한다"고 말했다.

심 고검장에게는 그것이 희생돼도 좋은 '작은 정의'가 아니었다. 그는 "돈과 권력, 모든 것을 잃어도 명예만은 잃을 수 없다"고 생각했다.

그는 검찰조직이 사실관계에 대한 엄격한 검증 없이 이종기 변호사의 일방적 진술에만 의존해 조직원들을 '비리검사'로 매도해서 더 승복할 수 없다고 생각했다.

당시 심 고검장의 '비리혐의'는 △ 대전지검장 시절 이 변호사로부터 10여 차례에 걸쳐 술 접대를 받았고, △ 광주지검장으로 떠날 때 전별금 100만 원을 받았다는 것이었다. 당초 문제가 됐던 사건 소개를 둘러싼 알선료 수수는 없었다. '비리혐의'라는 것도 객관적으로 검증된 것이 아니었다. 심 고검장은 "우연히 술자리에서 이 변호사와 마주친 적은 있지만 술 접대와 전별금을 받은 사실이 없다"고 반박했다.

그 무렵 검찰 안팎에서는 검찰수사가 이 변호사의 '미운 놈 찍기' 진술에 의존하고 있다는 소문이 파다했다. 이 변호사의 수임알선 리스트와는 별개로 이 변호사의 '입'에서 나온 이른바 '이종기 리스트'라는 살생부가 존재한다는 이야기다. 게다가 이 변호사의 진술로 사표를 낸 검사들이나 진퇴가 거론되고 있는 검사 대부분이 출신지역과 스타일 등 여러 면에서 이 변호사와는 판이한 사람들이어서 뒷말을 낳았다. 심 고검장 본인은 "머리 좋은 이종기에게 머리 나쁜 검찰이 당하고 있다"고 주장했다.

검찰수사가 이 변호사에 의해 끌려가게 된 이유는 검찰이 수사 초기부터 너무 무리하게 수사를 진행했기 때문이라는 의견도 있었다. 검찰 수뇌부는 수사 초기 법조비리에 대한 비난 여론을 무마하기 위해 '철저하고도 투명한 수사'를 천명했다. 이 변호사의 예금계좌에 대해 추적에 나서고 대검 중수부 수사팀을 파견하기도 했다.

그러나 수사에 진척이 별로 없었다. 이때 이 변호사가 "이왕 이렇게 된 이상 모든 것을 밝히겠다"면서 "검찰이 살기 위해선 ○○○, △△△는 쳐야 한다"고 했다는 것이다. 이 변호사는 "이런 사람을 제거하지 않으면 수사에 협조할 수 없다. 이들을 제거해준다면 대질에도 응하겠다"며 나름대로 '빅딜'을 시도했다는 것이 이종기 리스트 설(說)의 내용이었다.

국민을 납득시킬 만한 수사결과가 필요했던 검찰 수뇌부로선 그의 제안을 받아줄 수밖에 없었으며, 이때 나온 이름이 심 고검장과 대전고검 간부를 지낸 모 검사장, 지검 간부를 지낸 모 검사장 등이라는 것이었다. 그러나 당시 수사팀은 "심 고검장을 찍어서 물어본 적은 없다. 단지 대전지검장을 지낸 여러 검사장 명단을 제시했더니 이들의 비리를 찍어서 이야기했다"고 말했다.

이 변호사는 왜 심 고검장을 찍었을까?

1998년 7월 어느 날 서울 서초동 음식점 춘하추동, 10여 명의 검사들이 모여 저녁 회식을 하는 자리였다.

좌장(座長)은 심재륜 대구고검장. 다른 검사들도 이름을 날리는 쟁쟁한 검사들이었다. 이 자리는 심 고검장이 서울지검 특수부장과 대검 중수부장 등을 하는 동안 고락을 함께했던 특수부 검사들이 오랜만에 모여 회포를 푸는 자리였다. 폭탄주가 5, 6잔씩 돌아가 취기가 오를 무럼 선임인 검사가 말했다.

"고검장님, 후배들을 대표해서 건의사항 하나 올리겠습니다."

"뭔가?"

"이제 저희들이 고검장님 모신 지도 오래됐고 나이도 먹을 만큼 먹었습니다. 저희들에게 폭탄주만 주시지 말고 정(情)을 좀 주십시오."

"그래? 알았어."

심 고검장은 바로 폭탄주 두 잔을 더 제조해서 그 검사에게 연거푸 주었다.

"어때, 내 정을 듬뿍 받는 기분이 … ."

심 고검장은 그런 사람이다. 폭탄주가 지겨운 사람에게도 폭탄주를 듬뿍 주는 '심통'이다. 그의 폭탄주 때문에 고역을 겪은 사람도 많았다.

이종기 변호사는 검찰수사 과정에서 이렇게 진술했다.

"1995년 심 고검장이 대전지검장으로 있을 때 심 지검장에게 술 접대를 10차례 했다. 그때마다 폭탄주를 5잔 이상 마시고 만취한 상태에서 지검장께서 가시는 대로 2차, 3차를 가 매번 100만 원씩 술값을 치렀다."

당시 이 변호사는 "심 고검장처럼 술에 절어 사는 사람은 21세기 검찰을 위해 개혁대상이 돼야 한다"며 심 고검장에 대한 적의(適意)를 드러냈다고 당시 한 검사는 말했다. 이 변호사는 머리가 좋고 공부 잘하는 전형적인 엘리트 스타일로, 술을 좋아하지도 않고 잘 마시지도 못하는 것으로 알려졌다.

이 같은 점에 비춰보면 이 변호사는 심 고검장에 대해, 그의 폭탄주에 대해 강한 거부감을 갖고 있었던 것 같다. 또 그 같은 감정이 심재륜 파동의 원인(遠因)이었다고 할 수도 있다.

그러나 심 고검장과 술자리를 같이했던 검사들은 이 변호사가 진술한 '심재륜 폭탄주'에는 이해하기 어려운 부분이 있다고 말했다. 한 검사는 "심 고검장이 술을 마시는 데는 양보하지 않는 두 가지 원칙이 있다"고 말했다. 룸살롱이나 요정 등 고급 술집에는 절대 가지 않는다는 것과 남의 신세를 지고 술을 마시지는 않는다는 것이다. 그는 늘 평범한 술집에서 멸치 몇 마리를 안주로 놓고 폭탄주를 마신다. 술 마시는 속도도 매우 빠르다. 먹을 안주도 별로 없지만 안주를 먹을 시간도 없이 폭탄주를 돌린다.

그의 술자리에는 거의 고정된 '관행'이 있다. 밤 10시 이전에 술자리가 끝나고, 2차, 3차는 없다. 쉴 사이 없이 술을 돌리기 때문에 일찍 취해 쓰러지고, 따라서 2차, 3차를 갈 상황이 거의 생기지 않는다.

그는 또 "특수부 검사가 남의 신세를 지면 수사에 영향을 받는다"고 말해왔다. 그의 술자리에는 '스폰서'가 거의 없었다. 검사들은 "심 고검장을 2차, 3차까지 모시고 다니며 매번 100만 원 정도의 술값을 계산했다"는 이 변호사의 진술은 현실과 많이 달랐다고 말했다.

이 변호사 진술에 대한 검찰수사 자체에도 허점이 많았다. 이 변호사는 1999년 1월 25일 검찰에서 다음과 같이 진술했다.

심재륜 검사장님은 제가 청와대 법무수석 비서관실에 근무할 당시 이중근 법무수석과 가까웠기 때문에 알게 된 분이며, 이중근 수석께서 부산지검 검사장 시절 차장검사로 근무하셨고 두 분이 모두 두주불사하시는 분들이었기 때문에 가까웠던 것이 아닌가 생각했습니다.

심 검사장님께서 1994년 9월 대전지검 검사장으로 부임하셨을 때 당시 차장검사는 유제인이었으며 유제인 차장이 약주를 못하시는 관계로 두 분이 저녁식사를 하시다가 유제인 차장님께서 1995년 1월 초 검사장님을 모시라는 취지로 저를 여러 차례 부르신 사실이 있었습니다.

저는 갈 때마다 1시간 이내의 저녁식사 시간에 속칭 폭탄주를 5잔 이상 마시고 만취된 상태에서 검사장님께서 가시는 대로 다시 검찰청 부근의 대전 중구 선화동 소재 카페 '맥', '아지' 등으로 2차 내지 3차를 모시고 다녔으며, 식대와 주대는 하루에 약 100만 원 정도였던 것으로 기억되며 1995년 1월부터 1995년 9월까지 대략 10회 정도 모시고 다녔던 것으로 기억됩니다.

심 검사장님께서는 1995년 9월 대전지검에서 광주지검 검사장으로 전보되셨으며 전보될 당시 전별금으로 100만 원을 드린 사실이 있었고, 제가 전별금 봉투를 드리자 검사장님께서는 "이종기가 주는데 받지 않으면 이종기가 서운하겠지"라고 말씀하시면서 고맙다고 하신 기억이 납니다.

······.

1999. 1. 25. 이 종 기

L은 이 진술서 내용을 확인해보기 위해 유제인 변호사를 만났다. 유 변호사는 "내가 대전지검 차장으로 있을 당시 이종기 변호사를 불러 심 검사장에게 술 접대를 하라고 지시했다는 진술서 내용은 사실과 다르다"고 말했다. 그는 "검찰로부터 사실확인을 위한 어떤 문의도 없었다. 검찰수사가 사실에 대한 철저한 검증 없이 이 변호사의 진술만을 토대로 일방적으로 진행된 것 같다"고 말했다. 유 변호사는 "이 변호사가 검찰

에서 진술한 내용은 사실과 다르며 심 고검장이 이 변호사로부터 술 접대를 받은 일이 없는 것으로 안다"고 말했다.

유 변호사는 "당시 심 검사장은 건강이 좋지 않은 상태여서 나는 가능하면 그가 술을 마시지 못하도록 만류했다"고 말했다. 유 변호사는 "1994년 9월부터 1995년 2월까지 내가 대전지검 차장으로 근무하는 동안 심 지검장이 이 변호사와 술을 마신 적은 한 번도 없다. 당시 나와 심 검사장은 모두 가족을 서울에 두고 관사에서 같이 생활했기 때문에 퇴근 후 일상에 대해서도 서로 잘 알았다"고 말했다.

06

1월 27일, 심 고검장은 검찰총장이 퇴근한 직후인 오후 5시 45분 대검찰청에 나타났다. 부인이 운전한 승용차편으로 대검에 온 그는 노란 서류봉투를 들고 기자실에 들어오면서 "내가 어떻게 하다 이 자리에까지 오게 됐는지 … "라며 감정이 북받치는 모습이었다.

잠시 감정을 누른 그는 "이런 모습으로 나타나 죄송합니다"라고 말문을 연 뒤 성명서 유인물을 내놓았다. 그는 "젊은 검사들이 희생양이 되어 검찰을 떠나는 것을 도저히 볼 수만은 없어 이렇게 나섰다"고 말했다. 기자들의 질문에 답변해 나가던 그는 가끔 한숨을 내쉬고 허탈한 듯 농담을 던지기도 했다.

20여 분 기자회견을 마친 뒤 그는 "벼슬에 대한 미련은 없다. 지난번 대검 중수부장으로 일하면서 국민으로부터 사랑을 받은 것으로 만족하면서 살고 있다. 내가 걸어온 길을 잘 반추해서 나의 행동을 판단해 달라"는 말을 남기고 기자실을 떠났다.

심 고검장이 기자실을 나간 뒤 5분도 안 돼 이원성(李源性) 대검 차장이 가쁜 숨을 고르며 기자실에 들어섰다.

이 차장은 당혹감과 분노가 섞인 표정으로 '비열한', '건방진', '고검장까지 지낸 친구가…' 등의 격렬한 표현을 섞어가며 심 고검장을 비난했다. 그는 "심 고검장이 자신의 혐의를 은폐하기 위해 후배검사를 시켜 이종기 변호사를 회유하는 등 갖가지 방법을 썼다"며 심 고검장의 도덕성 문제도 거론했다. 그는 "이런 식의 기자회견을 하는 사람은 고검장이 되지 말았어야 했다"며 자질론을 제기했다.

이 차장은 회견 도중 김태정 총장의 전화를 받고 "표현이 너무 지나쳤다"며 한발 물러서는 태도를 보였다.

이 차장은 이후 냉정을 되찾은 듯 "기자회견을 했다고 해서 심 고검장 사건을 감정적으로 처리하진 않겠다"고 말했다. 하지만 그는 "공직자로서 있을 수 없는 행동을 한 데 대해 응분의 조치를 취하겠다"고 말했다.

심 고검장이 검찰총장 등 수뇌부의 동반사퇴를 공개적으로 요구했다는 소식이 알려지자 일선 검사들은 넋이 나간 표정이었다. 검찰 특별수사통으로 많은 후배검사들로부터 신뢰를 받으며 1997년 김현철 비리사건 당시 '국민의 중수부장'으로까지 불렸던 심 고검장이 폭탄선언을 했다는 점에서 더 충격을 받은 분위기였다.

검사들은 "슬롯머신 비리로 불명예 퇴진한 이건개(李健介) 전 대전고검장 사태 때도 충격을 받긴 했지만 이번만큼은 아니었다. 검찰의 모든 치부를 한순간에 드러낸 매우 부끄러운 사건"이라고 말했다.

판사와 변호사 등 법조인들도 '상명하복'(上命下服)을 생명으로 하는 검찰 고위간부가 총장에게 '물러나라'고 직격탄을 날렸다는 점에서 놀라는 표정을 감추지 못했다.

심 고검장이 제기한 문제는 보다 근본적인 것이었다. 일선 검사들도 "이 변호사 사건 하나가 문제가 아니라 수십 년 누적돼온 검찰의 내부 모순이 폭발했다"고 말했다.

'내부 모순'은 검찰의 정치적 중립 문제였다. 검사들은 심 고검장의 항명이 표면적으로는 개인 불만에서 비롯된 것처럼 보이지만, 본질은 '정치검찰'에 관한 문제라고 분석했다.

검찰이 정치검찰로 낙인찍힌 최초의 사례는 자유당 정권 시절인 1960년 3·15부정선거 반대시위대 발포사건이다. 당시 시위대에 발포하도록 명령한 지휘책임으로 마산지청장 서모 씨가 구속됐다. 검찰총장을 지휘하는 자리에 있는 법무부장관 홍모 씨도 3·15부정선거에 직접 관여한 혐의로 구속됐다.

3공화국 때에는 법무부 검사들이 정권의 구미에 맞는 유신헌법 제정에 직접 관여함으로써 정치검찰의 오명을 뒤집어썼다. 유신헌법 기초에 관여한 검사들 중 일부는 검찰총장과 법무부장관에 올랐다.

5공화국 시절에는 사건이 정치권력의 입맛대로 처리됨으로써 정치검찰 논쟁 자체를 무의미하게 만들었다는 지적도 있었다.

1991년 수서사건 수사는 정치권력의 눈치를 보느라 검찰권 행사를 왜곡한 대표적 사례로 꼽힌다. 당시 검찰은 노태우(盧泰愚) 대통령이 한보그룹 정태수(鄭泰守) 회장에게 100억여 원을 받은 사실을 파악하고도 묻어뒀다.

문민정부 들어서도 정치검찰 시비가 이어졌다. 검찰은 12·12 사건 관련자들을 기소유예하고 5·18 사건 수사에서는 '성공한 쿠데타'라는 논리로 '공소권 없음' 결정을 내렸다. 그러다 김영삼 대통령 말 한마디로 12·12, 5·18 사건 재수사에 나서 전직 대통령을 구속했다.

검찰은 또 1996년 4·11 총선을 앞두고 청와대 부속실 장학로(張學魯) 비서관 비리가 터지자 재빠르게 '야당 공천헌금 수사'에 나섬으로써 정치검찰의 면모를 유감없이 보여줬다.

정치검찰 논란은 김대중 정부 들어서도 여전했다. 김태정 총장은 야당총재를 직접 겨냥해 "여론을 교묘히 이용하는 사람"이라고 비난했다. 정치인 사정(司正)과 세풍(稅風), 총풍(銃風), 국회 529호실 사건 수사 등에서 정치적 편향 시비가 계속됐다.

심 고검장은 정치검찰 문제를 정면으로 건드렸다. 그는 "일부 검찰 수뇌부와 정치검사가 수많은 시국 공안사건과 정치사건에서 진실을 왜곡하고 인권을 탄압했으며 사건을 정치적으로 처리해왔다"고 지적했다. 심 고검장은 김대중 정부 들어 제기된 정치검찰 시비의 책임이 총장과 수뇌부에 있다고 비난했다. "YS 정권에서 임명돼 기반이 약한 김 총장이 새 정권에 잘 보이기 위해 무리하게 처리했다"는 것이다.

검찰 수뇌부는 심 고검장의 주장을 "일고의 가치도 없다"며 일축했다. 대검은 공식적으로 "정치검찰 문제는 심 고검장이 자신의 개인비리를 호도하기 위해 억지로 꾸며낸 허위 논리"라고 비난했다.

L은 기자회견을 마치고 나서는 심 고검장을 대검청사 정문까지 따라 나갔다. 다른 기자들은 별관 앞까지만 나오고 더 이상은 따라오지 않았다.

"나는 이제 끝이야. 하극상(下剋上)은 조직에서 있을 수 없는 일이지. 하극상 인간의 뒤는 비참해. 나는 그것을 알지 … ."

그는 어두운 표정으로 청사를 떠났다.

정치권의 반응은 심각했다. 여당인 국민회의 정균환(鄭均桓) 사무총장은 "심 고검장이 하극상에 대한 책임을 져야 한다"고 말했다. 박지원(朴智元) 대통령 공보수석도 정례브리핑에서 심 고검장의 성명발표를 '항명' 사건으로 규정하고 "정당한 절차에 의하지 않은 항명은 검찰조직을 위해서도 용납할 수 없다"고 말했다.

박 수석은 김태정 총장의 거취에 대해서는 "검찰총장은 임기가 보장돼 있다"고 말했다.

김대중 대통령은 법률이 정한 절차에 따라 엄정하게 처리하라고 박상천(朴相千) 법무부장관에게 지시했다.

법무부는 바로 '법률이 정한 절차'를 개시했다. 법무부는 심 고검장에게 징계절차가 끝나 별도 조치가 있을 때까지 대구고검장의 직무집행을 정지할 것을 명령했다. 김태정 총장은 심 고검장이 총장의 승인 없이 근무지를 이탈하고 기강을 문란케 했다는 이유로 박 장관에게 징계를 청구했다. 법무부는 징계위원회를 긴급 소집해 2월 3일 심 고검장을 심문키로 했다.

그 무렵 '후배'로부터 공개적으로 사퇴를 요구당한 김태정 총장은 외부에 모습을 드러내지 않았다. 김 총장은 1월 27일 오후 6시경 심 고검장의 기자회견 소식을 외부 약속장소로 이동하던 중 전화로 연락받고 약속을 취소한 뒤 곧바로 귀가했다. 다음 날 출근 때도 김 총장은 기자들을 따돌리기 위해 지하주차장을 이용했다. 검사장들과 함께 구내식당에서 점심식사를 한 김 총장은 참모들을 집무실로 불러 하소연을 한 것으로 알려졌다.

김 총장은 "심 고검장이 그럴 수 있느냐. 내가 그렇게 나쁜 사람이냐"는 등의 말을 했다고 당시 검찰간부가 전했다.

사실 두 사람의 관계를 보면 두 사람 모두 서로에게 그럴 수 없었다.

두 사람의 인연은 1988년 어느 날 저녁 서울 강남의 S 일식집에서의 만남으로 거슬러 올라간다. 심재륜 서울지검 특수1부장이 검사들과 함께 회식하는 자리였다.

폭탄주가 한두 잔 돌아갈 무렵 김태정 인천지검 차장이 퇴직한 검찰 선배 등과 함께 들어섰다. 김 차장은 심 부장의 서울대 법대 2년 선배이다. 그는 심 부장보다 앞서 1985~1986년 서울지검 특수3부장과 특수1부장을 지냈다.

식당에서 마주친 두 사람은 어색한 표정이었다. 함께 근무한 적도 없었고 술자리를 같이할 기회도 없었기 때문이다.

두 사람은 곧 의기투합했다. '거악을 편히 잠들지 못하게 한다'는 특수부 검사로서 공감대와 서로 상대방에 대한 존경심이 있었기 때문이다. 둘은 서로 폭탄주를 주고받으며 대취했다고 당시 그 자리에 있던 특수부 검사들은 회고했다. 그 이후 두 사람은 서로의 장점을 인정하면서 특별수사의 맥을 이어왔다.

그러나 이제 두 사람은 정반대의 길로 들어섰다. 한 사람은 상대방을 향해 정치검사라며 직격탄을 날렸고, 다른 사람은 징계청구로 맞섰다.

07

1999년 1월 27일 오후 10시 40분, L은 시내판 기사를 마감한 뒤 양 기자의 전화를 받고 여의도 KBS 별관 옆 카페 '애드립'에 들렀다. 심 고검장이 자주 들르던 '허름한 술집'이었다. 벌써 폭탄주를 몇 잔 돌린 듯했다. 그는 겉으로는 차분한 모습이었지만 말에서는 격정과 비통함, 그리고 울분이 느껴졌다. 그는 혼잣말처럼 중얼거렸다.

"인간은 한줌 흙. 나는 모든 것을 다 버렸다. 다 버리면 두려움도 없고 마음이 편한 법이다."

그는 언제나 그렇듯 술은 취했지만 정신은 또렷했다.

"나는 평생 검사로서 명예를 중시해왔고 누구 못지않게 깨끗하게 살아왔다고 자부한다. 30년 검사생활 동안 우리 사회의 부패와 비리척결에 나름대로 혼신의 노력을 다해왔다. 그런 나를 떡값이나 받고 술이나 얻어먹는 검사로 조작해 내몰려는 것을 참을 수 없었다. 이대로 당하면 평생 한을 품고 살아갈 것이란 생각이 들었다."

"이 변호사는 지금 정상상태가 아니야. 심리적 공황상태에 있는 사람이지. 어떤 불순한 의도를 가지고 있는지도 몰라. 그런 사람의 말만 믿고 마치 진실인 것처럼 발표해 사람을 매도하는 것은 수사의 정도가 아냐. 그것은 수사가 아니라 '사냥'일 뿐이야. 마녀사냥…. 도대체 이 변호사의 입에 기대어 검찰을 개혁하겠다는 것이 말이 되는가."

그는 이번 일을 결정하기까지 심적인 고뇌와 갈등이 적지 않았다며 경위를 털어놨다.

"처음에 저쪽에서 나를 죽이기 위해 조직적인 음모를 진행하고 있다는 것을 알고 충격을 받았다. 순진하게도 최선의 해명을 하면 통할 줄 알았다. 그러나 저들은 그럴수록 나를 더욱 '조작의 구렁텅이'로 몰아넣었다. 명예롭게 공직생활을 끝마치고 싶었는데 … ."

후배검사들이 동요하고 있다는 말에 그는 잠시 말을 멈추고 생각에 잠겼다.

"희생은 나 한 사람으로 족해. 후배검사들이 나의 충정을 이해해주는 것만으로도 고맙게 생각해. 자중자애하고 국민의 신뢰를 받는 검찰이 되도록 임무에 충실하면 돼."

양 기자가 "앞으로 상황이 어떻게 진행될 것 같냐"고 물었다.

"나는 이제 끝이야. 온갖 어려움을 겪을 테지. 나는 그것을 잘 알아."

그는 "나는 영웅이 아니다. 나는 내 모든 것을 다 버렸고 끝까지 버릴 것이다"며 말을 맺었다.

한 시간쯤 지나 의외의 손님들이 들이닥쳤다. 후배검사들이었다. 한창 잘나가는 엘리트 검사들이었다. 법무부 검사들도 있었다. 심 고검장 안부가 걱정돼 수소문해서 겨우 찾아왔다는 것이다. '정부군'이 '반란군'의 수괴를 찾아온 것이었다.

심 고검장은 말없이 폭탄주 한 잔씩 건넸다. 모두 한마디씩 했다.

"존경하고 사랑합니다."

"존경합니다. 계속 저희 스승이 되어주십시오."

"공감합니다. 저희 생각을 대신 표현해주셨습니다."

심 고검장이 말을 받았다.

"내가 한 일은 훌륭한 일이 아냐. 나는 영웅이 아니고. 이런 일이 있어서는 안 되지. 나는 항명했으니 이제는 순응하겠네."

그날 일행은 새벽까지 술을 마시며 취했다.

1월 29일 대검 감찰부는 대구고검 남기춘 검사를 소환해 조사했다. 남 검사를 소환한 이유는 1월 25일 이 변호사를 특별면회하면서 이 변호사에게 심 고검장의 비리혐의에 대한 진술을 바꾸도록 종용했는지에 대해 조사해야겠다는 것이었다.

남 검사는 1988~1990년 심 고검장이 서울지검 초대 강력부장을 지낼 당시 강력부 검사로 있으면서 서방파 두목 김태촌을 구속하는 등 강력부 전성시대를 일구어나갔다. 남 검사는 그 이후 누구보다 심 고검장을 잘 아는 처지가 됐다. 남 검사는 공교롭게도 이 변호사와 외종사촌간이었다. 이 때문에 남 검사는 이 변호사를 찾아간 것이다. 남 검사가 다녀간 직후 이 변호사는 진술서를 검찰에 제출했다.

… 1999년 1월 25일 15:00경이었던 것으로 기억됩니다. 제가 대전지방검찰청 605호 방봉혁 검사실에서 피의자 신문조서를 받고 있던 중 갑자기 찾아온 남기춘 대구고검 검사를 만나게 되었고, 방 검사의 배려로 동청 630호실에서 남 검사와 접견할 수 있는 기회를 얻게 되었습니다.

… 남 검사는 저에게 "왜 형께서 없는 말을 지어내어 심재륜 대구고검장을 모함하느냐", "고검장님께서는 술자리를 한 번도 하지 않으셨다고 하는데 왜 진실과 다른 진술을 하였느냐"는 등 제가 예상한 바와는 전혀

다른 관심사항에 관하여 말을 하였습니다 ···.

남 검사는 다음 날 오후 늦게까지 조사를 받았다.

　1월 30일 오후 5시 30분, L은 경부고속도로 만남의 광장에서 남 검사를 만났다. 대구고검으로 귀임하던 길이었다. 그는 생긴 그대로 '사나이'였다. 호탕하게 웃으면서 위로하러 간 사람을 오히려 위로했다. 그래도 얼굴 한편에는 깊은 그늘이 엿보였다. 한마디 위로의 말을 건넸다.

　"혹시 걱정이 돼서 그러는데, 사표 내지 마세요. 꼭 살아남아서 좋은 일 많이 하세요."

성명서 파동 이후 심 고검장은 침묵으로 일관했다. 대구고검으로 귀임했지만 기자들을 만나지 않았다. 검찰이 이례적으로 자신에 대한 이종기 변호사의 진술서까지 공개하며 공격을 해댔는데도 전혀 반응하지 않았다. 그는 성명서 파동이 있기 훨씬 전에 언젠가 이런 말을 한 적이 있다.

　"내가 특수부 검사로서 숱한 외압을 겪으며 터득한 진리는 '이기려면 싸우지 말아야 한다'는 것이다. 검사는 싸우지 않고 이기는 법을 배워야 한다."

그 사이 대전 법조비리 사건 수사는 속전속결로 진행됐다.

　대검은 2월 1일 최종 수사결과를 발표했다. 수사결과의 핵심은 판검사의 '사건 소개'와 '떡값 수수' 부분. 이 변호사의 수임장부를 통해 사건을 소개시켜준 것으로 밝혀진 검사는 모두 28명이었다. 이들은 대부분

친인척과 고향 사람들의 요청에 따라 이 변호사를 소개시켜줬으나 소개비를 받은 사실은 없는 것으로 밝혀졌다. 사건을 소개시켜준 판사 6명에 대해서는 사건 의뢰인과 이 변호사의 진술만으로는 진상을 파악할수 없어 대법원에 조사자료를 넘겨주는 선에서 수사가 마무리됐다.

떡값, 전별금 등의 금품수수와 관련해 검사 25명과 판사 5명이 적발됐다. 검찰은 이 중 금품수수액이 100만 원 이상인 검사 13명의 명단을공개했다.

검찰은 최병국 전주지검장과 윤동민 법무부 보호국장 등 검사장 2명을 포함해 6명의 사표를 수리하고 유국현(柳國鉉) 수원지검 차장에 대해서도 징계를 청구했다.

제갈융우(諸葛隆佑) 춘천지검장 등 5명에 대해서는 징계시효가 지나경고 후 인사조치했으며, 10~50만 원의 소액을 받고 징계시효가 지난12명에 대해서는 경고조치했다.

심재륜 대구고검장의 '비리' 내용은 특이했다. 검찰은 수사발표문에"심 고검장이 대전지검장 재직 시 전별금으로 100만 원을 받고 10여 회에 걸쳐 각 100만 원씩 1천만 원 상당의 술 접대를 받았다"고 적었다.술 접대가 비리혐의로 기록된 경우는 심 고검장이 유일했다. 술 접대를금액으로 환산해 적은 것도 이례적인 일이었다. 심 고검장은 이 때문에이 변호사로부터 가장 많은 금품을 받은 것으로 기록됐다.

검사들은 "항명파동을 일으킨 심 고검장에 대한 검찰 수뇌부의 '유감'이 반영된 것 같다"고 말했다. 술값을 금액으로 환산해 1천만 원이라는거액을 상납받은 것처럼 기록한 것은 일반 피의자의 경우에도 드문 일이었다. "이 변호사의 술 상대가 심 고검장밖에 없었냐"며 의아해하는 검사들도 있었다.

특이한 것은 징계 대상자 대부분이 이 변호사와 지연이나 학연 등의 인연이 없고 가까운 사이도 아니었다는 점이다. 이 변호사의 고교 동문인 부장검사가 한 명 있지만, 그의 혐의는 이 변호사의 진술이 아니라 계좌추적을 통해 드러났다.

이 변호사가 자신과 친한 사람은 빼놓고 별로 관계가 없는 검사들에게만 전별금이나 떡값을 줬다는 것은 믿기 어려운 일이었다. 이 때문에 법조계에서는 이 변호사가 유감이 있는 사람만을 '선별'해서 진술한 것 같다는 얘기가 많이 나돌았다.

사표를 내거나 징계에 넘겨진 검사장 3명의 '출신지역'도 민감한 반응을 불러일으켰다. 이들은 모두 PK(부산 경남)와 TK(대구 경북) 출신이었다. 검찰은 "과거 정권하에서 지방근무 차례가 되면 서울과 가까운 대전지검 자리에 정권실세 지역 출신들이 많이 갔기 때문에 생긴 우연의 일치"라고 해명했지만 지역감정과 관련된 미묘한 반응이 그치지 않았다.

검찰은 이와는 별도로 이 변호사로부터 사건 소개비로 280만~1,100만 원을 받은 대전지검 과장 등 전·현직 검찰직원 6명을 변호사법 위반 등의 혐의로 구속 기소했다. 또한 대전지검 검찰주사보 등 5명은 불구속 기소했으며, 사안이 가벼운 5명은 징계에 회부하고 34명은 경고 조치했다.

이 변호사와 전 사무장 김현 씨는 변호사법 위반 등의 혐의로 구속 기소되고, 사무장 김정익(金廷益) 씨와 전 사무장 정무광(鄭武光) 씨는 불구속 기소됐다.

이날 오후 1시 30분 대검 청사 15층 대회의실, 수사발표와는 별도로 김태정 총장은 '대국민 사과문'을 발표했다.

김 총장은 "이 사건으로 국민 여러분께 커다란 실망을 끼쳐드린 데 대해 검찰의 총수이자 법조직역에 몸을 담고 있는 한 사람으로서 진심으로 사죄한다"고 말했다. 그는 목소리가 떨리자 잠시 발표문 낭독을 멈추고 눈을 감았다.

"수사결과 드러난 비리에 대해 살을 도려내는 아픔을 무릅쓰고 관련자를 가혹하리만큼 엄정하게 처리했습니다."

그는 더 말을 잇지 못했다. 목이 메이는 듯했다.

"저 자신이 검사가 된 것이 후회스러울 정도로 제 손으로 후배검사들의 사표를 받고, 그 가족들에게 평생 동안 남을 고통을 안겨주었습니다."

그는 끝내 눈물을 보이고는 주머니에서 뭔가를 꺼내 눈물을 닦았다. 하얀 손수건이었다. 시중에서 구하기도 흔치 않은 하얀 손수건을 꺼내 흐르는 눈물을 훔쳤다.

김 총장은 잠시 숨을 고른 뒤 "이 사건을 계기로 기필코 법조정화를 이뤄 땅에 떨어진 법조의 위신을 회복시키고 새로운 '검찰의 도(道)'를 정립하는 교훈으로 삼겠다"고 말했다. "어떠한 외부의 압력과 영향에도 흔들리지 않고 검찰 본연의 임무인 부정부패 척결작업을 계속 하겠다"고 말했다. 사과문에서 '정치적 중립' 얘기는 빠졌다.

수사 책임자인 김승규(金昇圭) 대검 감찰부장도 이틀 전 기자간담회에서 "격무에 시달리는 후배들을 과거 관례처럼 주고받았던 전별금과 떡값 문제 때문에 불명예 퇴진시키는 게 가슴 아팠다"며 눈물을 훔쳤다.

떠나보내는 사람들은 눈물을 흘렸지만, 떠나는 사람들은 눈물을 보이지 않았다. 졸지에 '비리검사'가 된 이들은 수십 년 영욕의 검사생활을 뒤로하고 담담하게 떠났다.

최병국 전주지검장은 그날 오전 11시 퇴임식을 했다. 그는 서울지검 공안부장과 대검 공안부장·중수부장 등 검찰 요직을 두루 거치며 강직하고 솔직한 성격 때문에 선비로 불려왔다. 그는 의혹에 휘말리자 "검찰은 선비가 머물 만한 곳이 아닌가보다"라는 말을 했다.

부산 출신인 그는 퇴임식에서 "IMF 경제위기와 지역정서에 기반을 둔 정권교체로 나의 장래는 내 의지와 상관없이 표류하게 되었고, 오늘과 같은 통곡의 순간도 이미 예정돼 있었다"며 말문을 열었다. 이 변호사에게 떡값과 전별금으로 500만 원을 받은 것으로 발표된 그는 "과외 열풍이 거셀 때에도 세 아이들에게 과외 한 번 시키지 않았고, 경제가 호황을 누릴 때에도 마누라한테 옷 한 벌 사주지 못했을 정도로 오로지 검사의 정도를 걷기 위해 노력했다"고 항변했다.

그는 "오로지 명예만을 먹고 살며 티 없는 진리만을 사랑하던 내 생애가 빛을 잃고 백주에 난장에서 뭇 돌매를 맞아 송장이 돼 거적에 덮여 새끼줄에 동여매여 끌려 나가고 있음을 본다"고 말했다.

그는 "마녀사냥도 사냥이고 여론재판도 재판일진대 그 표적이 되고 대상이 되었다는 것만으로도 부덕의 소치를 통감한다"고 말했다.

최 검사장은 《도덕경》과 《춘추전》을 인용하여 섬뜩한 말을 하기도 했다.

"하늘이 착하지 않은 자를 돕는 것은 좋은 조짐이 아니라 그 흉악함을 기르게 하여 더 큰 형벌을 주기 위한 것이다."

"맹수는 병이 깊으면 제살을 물어뜯어 그것이 동티가 나서 죽음에 이른다."

"飄風不終朝 驟雨不終日"(표풍부종조 취우부종일)

(회오리바람은 한나절을 지탱하지 못하고

소나기도 하루를 계속하지 못한다.)

윤동민 법무부 보호국장. 그는 법무부 검찰1과장을 지내고 동기 중 가장 먼저 검사장으로 승진하는 등 줄곧 선두를 달려온 엘리트 검사였다. 그는 대구지검 근무시절 초임검사로 온 이 변호사와 각별한 관계를 유지해왔다. 윤 검사장은 대전고검 차장시절 이 변호사가 놓고 간 돈을 도서상품권 등으로 바꿔 방호원이나 여직원에게 나눠줬는데 당시 수표를 상품권으로 바꾸면서 이서하는 바람에 수표추적에서 문제가 됐다. 그는 평소 독서광(狂)이었으며 언젠가 L에게도 조셉 캠벨의 《신화의 힘》과 《모리와 함께한 화요일》 등을 사서 보내준 적이 있다.

그는 "처음에는 억울하고 분하다는 마음뿐이었지만 사표를 내니 오히려 마음이 편하다. 검사로 재직하는 동안 능력이나 인품에 비해 늘 조직으로부터 과분한 사랑을 받아왔다"고 말했다. 그는 "지난 일을 말하는 것은 사나이답지 못하다"고 말했다.

그는 "눈을 떠보니 밤사이 벚꽃이 졌다"는 말을 마지막으로 남기고 검찰을 떠났다.

심 고검장은 법무부의 직무집행정지 명령으로 할 일이 없어지긴 했지만 29일과 30일에 이어 수사발표가 있던 2월 1일에도 대구고검 사무실에 정상 출근했다.

심 고검장은 제 2, 제 3의 '폭탄선언' 가능성에 대해 "그런 일은 없을 것"이라고 말했다.

그는 "나는 일시적으로 죽지만 영원히 살 것이고, 검찰 수뇌부는 지금 사는 것 같지만 역사의 심판을 받을 것"이라고 말했다.

08

심 고검장의 성명서 발표로 촉발된 '검란'은 수사결과 발표와 사퇴 등으로 겉으로는 진정되는 듯 보였다. 그러나 내부적으로는 새로운 '폭탄'이 준비되고 있었다.

수사결과 발표가 있던 날 서울지검의 한 검사는 L에게 이렇게 말했다.

"한 점 벚꽃이 떨어졌다. 하늘에는 먹구름이 잔뜩 끼고 태풍이 몰아친다. 이제 나무는 뿌리째 뽑히려 하는데 위에서는 하늘과 태풍을 보지도 느끼지도 못하고 있다."

그가 말하는 '한 점 벚꽃'은 사표를 내고 '벚꽃처럼' 사라져간 윤동민 법무부 보호국장을 말하는 것이었다. 나무는 검찰조직, 하늘은 '민심'이었다.

수사발표 당일인 2월 1일 오전 10시, 서울지검의 각 부 수석검사들이 총장에게 보내는 서신을 탁자 위에 올려놓고 각 부의 후배검사들을 불러 모았다. 주역은 검찰 중추를 이루고 있는 연수원 17~18기 검사들. 16기는 인사를 앞두고 있어 빠졌다.

수석검사들은 취지를 간단히 설명하고 서명하도록 했다. 10~20분

만에 끝났다. 사전 논의는 거의 없었다. 공감대가 형성돼 있었기 때문에 토론이 필요 없었다.

각 부 수석검사들이 모여 서명을 취합했다. 오후 2시 30분, 서명을 주도한 형사부 수석검사가 박순용 서울지검장을 찾았다.

"총장님의 퇴진을 요구하는 건의문을 보내기로 검사들이 뜻을 모았습니다. 절차는 직속상관인 검사장님을 통하기로 했습니다."

박 검사장은 긴장했다.

"젊은 검사들의 뜻은 내가 충분히 수뇌부에 전하겠다. 다만 집단행동만은 자제해 달라. 자칫하면 조직 전체가 뒤집힌다."

박 검사장은 이어 퇴근 후 차장, 부장검사 등 간부들과 함께 서명파의 대표격인 검사들을 청사 근처 일식집으로 불러냈다.

검사들의 하소연과 불만이 터져 나왔다.

"검사장님, 검찰이 비리집단이 돼버렸습니다. 총장이 책임지지 않고선 사태가 해결되지 않습니다."

"자네들의 뜻을 모르는 바 아니다. 하지만 조금만 기다려보자. 조직이 먼저 살아야 할 것 아니냐."

2시간여 만에 밖으로 나온 검사들의 얼굴은 굳어 있었다.

인천지검에서도 검찰 수뇌부의 사퇴를 촉구하는 연판장이 돌려졌다. 각 부의 수석검사들이 주도한 이 연판장은 이날 저녁 전용태(田溶泰) 지검장에게 전달됐다.

부산지검에서도 일부 소장검사들이 일과가 끝난 오후 6시 30분쯤 모임을 갖고 의견을 나눴다. 검사들은 "검찰총장 등 수뇌부가 함께 책임지는 모습을 보여주지 않는다. 자기반성이 부족하다"고 성토했다.

검사들은 "검사 몇 명이 전별금이나 떡값을 받았다는 것보다 검찰이 정치권력의 시녀 역할을 해온 게 근본적인 문제"라고 지적했다.

이들은 "전별금이나 떡값 등은 폭넓은 관행이었으므로 어느 누구를 희생양으로 처벌한다고 해서 면죄부가 주어지는 것은 아니다. 검찰 수뇌부가 이 같은 상황에 책임을 져야 한다"고 말했다.

다음 날 새벽 1시까지 연판장에 서명한 검사는 전국적으로 150명을 넘어섰다. 검사들이 집단행동에 나선 것은 처음 있는 일이었다. 이들은 총장에게 드리는 건의서를 만들었다.

존경하는 총장님께.

저희 서울지검 평검사들은 금번 대전 수임비리 사건의 처리과정을 지켜보면서 저희들이 공통적으로 느끼고 있는 생각이 총장님께 제대로 전해지지 않았다는 데 인식을 같이 하고 이를 다음과 같이 정리했습니다.

우선 저희들은 명절 떡값과 전별금 등 명목의 여하를 불문하고 이러한 원죄적 관행을 극복하기 위한 노력을 다하지 아니한 잘못을 진정 반성하며, 이번 사건을 계기로 검찰이 새로 태어나야 한다는 데 모두가 공감했습니다. 그러나 이번 사건을 처리하면서 누구도 자유로울 수 없는 전별금과 떡값 문제를 전면에 내세워 거명된 일부 검사들만을 단죄하려 했던 수뇌부의 태도로 인해 일선 검사들은 민원인들에게 얼굴을 들 수 없을 정도로 실추된 권위를 맛봐야 했으며, 수사대상이 되지 않은 검사들은 비굴한 안도감을 느끼게 함으로써 검찰조직의 분열을 초래했습니다. 그럼에도 불구하고 국민들은 검찰이 진정한 반성을 했는지에 대해 여전히 의구심을 가지고 있는 것이 사실입니다.

이제 잘못된 과거를 국민 앞에 진실로 반성하는 계기가 되고 최근 촉발된 검찰의 중립성 논란과 관련해 실추된 검찰의 권위를 회복하기 위해 검찰의 수장이 임명권자가 아닌 국민 앞에서 책임 있는 결단을 보여주실 것을 기대합니다.

이번 사건으로 검찰의 중립성 문제가 거론돼 국민적 관심사가 된 차제에 이에 대한 평검사들의 의견을 밝히지 않을 수 없습니다. 수년에 1, 2건 정도의 정치적 사건처리에 대한 중립성 논란으로 인해 가정을 희생하고 밤을 낮 삼아 묵묵히 일해온 일선 검사들의 노고로 쌓아올린 국민의 신뢰가 하루아침에 물거품이 되어버리고, 수사 일선에서는 검사의 권위가 땅에 떨어져 수사결과의 공정성에 대한 끊임없는 시비를 유발하게 되었습니다. 이러한 결과는 정치적 외풍으로부터 검찰의 중립성을 제대로 지켜내지 못한 검찰 수뇌부의 의지 부족뿐만 아니라 일부 간부들의 권력지향적 성향에 그 원인이 있다고 해도 틀린 말이 아닐 것입니다.

부끄러운 작금의 상황으로부터 탈피하여 국민으로부터 신뢰받는 검찰이 되기 위해서는 향후 검찰 수뇌부의 자기 욕심을 버린 각고의 노력이 선행돼야 할 것이며, 장관의 일선 검사장에 대한 직접적 접촉 금지, 외부세력을 이용한 인사운동 금지 등이 철저히 지켜져야 할 것입니다. 더나아가 검찰의 중립성을 보장하기 위해서는 필요한 최소한의 제도적 장치로 검찰총장 임명 시 인사청문회 실시, 검사 인사권의 검찰총장 이관, 공정한 검사 인사를 위한 독립된 검찰인사위원회 설치 등을 검찰총장이 스스로 추진하는 모습을 보여야 할 것입니다.

평검사들의 반발은 어느 정도는 예견된 것이었다.

그 전해 의정부 사건에 이어 또 다시 이종기 변호사 사건이 터지자 여론의 비난공세가 쏟아졌고 검찰 수뇌부는 철저한 수사를 다짐했다. 김태정 총장이 내세운 논리는 "이번에도 대충대충 넘어가면 검찰조직이 죽는다"는 것이었다.

검찰은 이 변호사를 추궁하면서 은행계좌까지 뒤져 전별금과 떡값 향응을 제공받은 검사들의 명단을 확보했다. 이때부터 일선 검사들은 동요하기 시작했다. 검사들은 "대전사건에서 문제가 된 전별금과 떡값 관행은 그동안 보편적인 관행이었고 검찰의 원죄(原罪)였다"고 말했다. 따라서 '재수가 없는 몇몇 검사'가 책임질 일이 아니고 모든 검사가 책임져야 하는데, 그것이 현실적으로 불가능한 만큼 최고책임자가 책임져야 했다고 이들은 주장했다.

검찰 수뇌부의 '뿌리'에 대한 불신도 작용했다. 한 검사는 "검사가 처음부터 정치권력에 초연하지 못할 바엔 한 정권에 일관성 있게 충실해야 하는데, 현 수뇌부는 과거 정권에 충성하고 현 정권에는 그 이상으로 밀착해 검찰의 자존심과 이미지를 구겼다"고 말했다.

검찰 내부의 '권력이동'도 집단행동의 원인(遠因)이 됐다. 과거 정권 하에서 검찰요직을 차지하던 옛 실세들은 새 정부 들어 단행된 인사에서 대부분 소외됐다. 또 이 변호사 사건에서도 주로 이런 학연·지연들이 결과적으로 타깃이 됐다. 검찰 신(新) 주류로 떠오른 검사들은 상대적으로 집단서명에 소극적이었던 반면, 옛 실세그룹과 소장검사들이 다수 참여한 것도 이와 무관하지 않았다.

집단서명에 참여한 검사들은 연수원 17~22기의 중견·소장 검사들이 주축을 이뤘다. 이들은 대부분 1980년대 이후 대학을 다닌 '모래시계' 세대였다.

소속 부별로는 예상대로 공안부가 소극적인 반면 형사부 검사들이 적극적이었다. 서울지검의 경우 형사부, 조사부, 소년부는 거의 전원이 참여한 반면 공안부, 특수부, 외사부는 거의 가담하지 않았다.

김태정 총장은 권위에 심각한 손상을 입었다. 그러나 그에 대한 김대중 대통령의 신임은 변함없었다. 김 대통령은 국무회의에서 "검찰 수뇌부가 흔들리면 안 된다"고 말했다. 박상천 법무부장관도 "검사의 반발로 총장이 사퇴한다면 검찰은 무능한 집단이 된다"며 김 총장을 엄호했다.

법무부와 대검은 진화에 나섰다.

대검은 3일로 예정됐던 '전국 지검 차장 및 평검사 회의'를 하루 앞당겨 긴급 소집했다. 전국 고·지검의 차장검사 21명과 각 청의 수석검사, 대검 연구관 등 100여 명이 참석했다. 평검사 대표는 59명이었다. 대검은 사전에 "어떠한 건의를 하더라도 인사상 불이익은 없다"고 말했다. 대검 15층 회의실에서 오후 3시부터 시작된 회의는 새벽 2시까지 이어졌다.

이날 회의는 한계가 분명한 것이었다. 검사 인사권을 가진 검찰간부 대부분이 참석한 상태에서 검사들이 '하고 싶은 말'을 다 한다는 것은 쉬운 일이 아니었다. 법무부장관은 회의 전에 검사들의 집단행동은 용납하지 않겠다고 입장을 분명히 밝힌 상태였다. 참석한 검사들이 지니고 있는 한계도 있었다.

새벽 2시, 평검사 대표 59명은 회의를 마치고 '전국 평검사 대표 일동' 명의의 문건을 발표했다.

전국 지방검찰청과 지청에서 검사 대표로 참석한 검사 59명은 2월 2일 오후 3시부터 3일 오전 2시까지 최근 검찰의 주요 현안에 대해 기탄없이 토의했다. 검사들은 각 청의 의견을 충분히 개진했고 이에 대한 대검 차장과 간부들의 진솔한 설명이 있었다. 참석한 검사들은 앞으로 검찰총장을 중심으로 일치단결해 국민으로부터 신뢰받는 검찰이 되도록 노력할 것을 다짐했다.

전국 평검사 대표 일동

일선 지검의 검사들은 '검찰총장 중심으로 단결하자'는 결의문이 채택된 데 대해 의아해했다.

서울지검은 3일 오전 10시 30분, 15층 대회의실에서 전체 검사회의를 개최해 토론회 참석 검사들의 보고회를 열었다. 일부 검사들은 수뇌부 사퇴요구가 관철되지 못하고 충성 다짐으로 결론이 난 데 대해 불만을 표시했다. 부산지검 검사들은 심야 토론회에 의견이 제대로 반영되지 않았다며 허탈해 하는 모습도 보였다.

평검사들의 집단행동은 이렇게 끝났다.

2월 3일 '성명서 파동'의 당사자인 심재륜 고검장에 대한 징계위원회가 열렸다. 징계위원회 위원장은 박상천 장관이었고, 징계위원은 김상수(金相洙) 서울고검장, 박순용 서울지검장, 최경원(崔慶元) 법무부차관, 신승남(愼承男) 검찰국장, 김경한 법무부 교정국장, 이종찬(李鍾燦) 대검 총무부장 등 7명이었다. 징계를 청구한 김태정 총장은 불참했으며, 대신 김승규 대검 감찰부장이 참석했다. 김상수 고검장을 제외하고는 모두 심 고검장의 검찰 후배였다.

심 고검장이 징계위원회에 참석하기 위해 과천 법무부 청사에 도착한 것은 오후 2시 50분. 카메라 플래시 세례를 받으며 차에서 내린 그는 곧바로 청사 2층에 있는 법무부차관실로 들어갔다. 징계위원회가 열린 곳은 차관실 옆 소회의실이었다.

심 고검장은 차관실에 약 5분간 머문 뒤 3시 5분경 옆방인 장관실로 가서 박상천 징계위원장과 20여 분간 개인면담을 했다.

박 장관은 "성명서를 발표하기 전 왜 장관인 나에게 먼저 건의할 생각을 하지 못했느냐"고 말했다.

"초록(草綠)은 동색(同色)입니다. 잘 구별해서 쓰십시오."

그는 후배인 남 검사만은 징계하지 말아달라는 부탁을 남기고 징계위원회에 참석했다.

징계위원회는 모두 괴로운 자리였다. 심 고검장은 간단하게 말을 맺었다.

"나는 특수부 검사로서 후배들이 중도 탈락하는 모습을 너무 많이 보았다. 거악을 상대하는 만큼 역공도 거세다. 맞서 이기려면 몸조심해야 한다. 나는 평생 몸조심하면서 살아왔다."

징계위원회가 끝나고 심 고검장과 징계위원 모두 굳은 얼굴로 떠났다. 징계위원회 결과는 면직이었다. 이유는 '기자회견을 통해 검찰과 이종기 변호사와의 빅딜설을 유포하고, 검찰총장의 사퇴를 요구해 검찰조직의 기강을 흔든 책임을 면키 어렵다'는 것. 징계위원 7명의 만장일치였다. 징계사유 중 '후배 남기춘 검사를 통해 사건을 은폐하려 했다'는 부분에 대해서만 무혐의 결정이 내려졌다.

오후 5시 법무부 청사 1층 현관, 떠나는 심 고검장과 보내는 이훈규 (李勳圭) 검찰1과장이 손을 잡았다. 심 고검장은 징계위원회에 참석한 뒤 검사로서 다시 돌아오지 못할 먼 길을 떠났다. 검찰인사를 담당하는 이 과장은 징계위원회 간사 자격으로 그를 배웅했다.

두 사람은 징계 대상자와 징계위원회 간사 자격으로 만났지만 그 이전에 생사고락을 같이한 인연이 있다.

1년 10개월 전 심 고검장은 대검 중수부장으로 김현철 씨 수사를 지휘하고 있었다. 심 부장 직속의 중수3과장으로 있던 이 과장은 현철 씨 수사실무 책임자였다. 두 사람은 수사를 시작하기 전 함께 사표를 썼었다. 검사직을 걸고 수사하자는 취지였다. '드림팀'으로 불렸던 수사검사들도 사표를 간직하고 수사에 임했다. 외압이 들어와 수사가 왜곡되면 언제든지 이를 내던질 각오였다. 수사팀의 각오는 결실을 맺었고, 검찰은 처음으로 현직 대통령 아들을 구속했다. 검찰청에는 시민들의 성금이 전달되기도 했다.

김현철 씨 수사가 끝난 뒤 심 부장은 대구고검장으로 좌천성 영전을 했다. 이 과장도 중수1과장을 거쳐 검찰1과장으로 옮겨 이날 운명적으로 마주친 것이었다. 이 과장은 징계위 간사로 사회를 맡았다.

징계위가 끝나고 현관에 마주선 두 사람은 아무 말도 하지 않았다. 서로에게 미소를 지으며 떠나고, 보냈다.

다음 날 법무부는 김대중 대통령에게 심 고검장에 대한 면직을 제청했고 대통령은 바로 재가했다.

"악어는 먹이를 먹고 나서 눈물을 흘린다. 입을 벌리면 눈물샘이 자극

받기 때문이다. 그 '악어의 눈물'은 먹이를 잡아먹고 흘리는 참회의 눈물로도 비친다."

2월 5일 오후 3시, 대구고검 청사 4층 대회의실. 검사와 직원 등 100여 명이 참석했다. 심 고검장이 26년 10개월간의 검사생활을 마감하는 자리였다. 그는 "나는 가식(假飾)의 눈물을 흘리지 않겠다"고 말했다.

이제 저는 30여 년 저의 청춘을 불사르고 몸과 마음을 다 바쳐 사랑했던 정든 이곳 검찰을 떠납니다. … 저를 따르는 수많은 후배들로부터 받은 영예로운 꽃다발을 흔들며 자랑스럽게 퇴직하고 싶던 소박했던 조그만 소망마저 이루지 못하고 '항명 아닌 항명'의 면직 결정으로 부끄럽지도 않은데 부끄럽게 물러나게 되니 비통한 심정을 금할 길 없습니다.

그러나 저는 이 자리에서 눈물을 흘리지 않겠습니다. 눈물은 아무 데서나 흘리는 것이 아닙니다. 눈물이 역사 앞에 떳떳해야지 출세나 영달을 위한 가식이 되어서는 안 됩니다. 권력에 대한 향수가 눈물보다 진해서야 되겠습니까? 일상의 경우에는 침묵이 미덕이지만 역사는 때로 용기 있는 결단을 요구합니다.

그는 만해 한용운의 〈님의 침묵〉 중에서 "만날 때 헤어질 것을 염려한 것처럼 떠날 때는 다시 만날 것을 굳게 믿습니다"를 인용하며 퇴임사를 마쳤다.

2월 6일, 토요일이었다. 심 고검장은 대구에서 부인 공경혜 여사와 승용차를 타고 올라오다가 추풍령고개에서 잠시 멈췄다. 선친 묘소에 들러 성묘하기 위해서였다. 그곳에서 뜻밖의 일이 벌어졌다. 주민 2명이 심 고검장을 알아보고 1킬로미터 거리의 묘소까지 눈을 말끔히 치워주었다. 금강휴게소에서는 7천 원짜리 우거짓국을 시켰는데 여종업원이 알아보고 후식으로 멜론을 내주기도 했다.

여의도 광장아파트에는 동네 주민이 편지 한 장과 꽃 한 다발을 남겨두었다.

참 용기 있는 이웃, 심 전 고검장님!

20여 년 지켜본 이웃이 이제야 한마디 건넵니다.

예나 지금이나 정말로 존경스럽다는 것입니다. 가정사(家庭事)도!

그나마 가만히 물러났으면 일신이야 편하고 좋았겠지요. 아무튼 역사에 길이 빛날 일. 다시 한 번 뜨거운 격려의 박수를 아낌없이 전합니다. 건강하십시오.

1999. 2. 이웃주민 우두헌 배

대검 차장을 지낸 뒤 외아들을 교통사고로 잃어 낙향한 송종의(宋宗義) 선배는 아무 말도 없이 밤(栗)을 보냈다. 그는 시골에서 밤 농장을 가꾸고 있었다.

심 고검장은 "밤 수확철도 아니고, 아무 말도 없었지만 그 마음 그 뜻을 내가 안다"고 말했다.

3월 2일, L은 서울 서초동 법무법인 '화백' 앞에서 심 고검장을 만났다. 친구인 노경래 변호사를 만나러 가는 길이라고 했다. 그는 면직 후 변호사 개업을 하지 않고 있었다.

"화백에 가시나요? 이제 진짜 화백이시네요. 화려한 백수."

"아냐, 불백이야."

"불백이라뇨?"

"불쌍한 백수."

09

2001년 1월 27일 토요일, 심재륜 전 고검장의 '항명 아닌 항명' 파동 2주년을 맞아 심 전 고검장과 후배검사들이 모였다. 서울고검의 조승식 검사와 남기춘 검사 등 후배검사 3, 4명이 역삼동 한식집에서 저녁자리를 만들었다. '2주년 기념식' 자리였다.

"오늘 무엇을 기념하는 날이지? 검사 장례식인가, 아니면 생일인가?"
조 검사가 말했다.

"검찰이 다시 태어나도록 한 날이니까 생일이지."

누군가 대답했다.

저녁을 마칠 무렵 식당 주인은 이들에게 조그만 케이크를 하나 사서 전해주었다.

2년의 세월이 흐른 뒤 사건 주역들의 행로와 처지는 뒤바뀌었다.

성명서 발표 직후 면직돼 불명예 퇴진했던 심 고검장은 2001년 8월 면직처분 취소소송 항소심에서 승소했다. 면직 당시 "동기들 중 검사생활을 가장 오래하겠다"고 장담한 대로 이루어졌다.

전별금을 몇 차례 받았다는 이유로 퇴진을 강요당했던 최병국 전주지검장은 2000년 4·13 총선에서 한나라당 후보로 출마해 당선됐다. 그는 사퇴 당시 《도덕경》과 《춘추전》의 경구를 인용해 "하늘이 악한 자를 벌하지 않는 것은 그 흉악함을 기르게 하여 더 큰 벌을 주기 위한 것"이라며 독설을 퍼부었다. 그 자신도 그 말이 그렇게 빨리 '실현'된 것에 대해 놀라워했다고 그의 동료 법조인은 전했다.

"봄날 벚꽃처럼 사라지겠다"는 말을 남기고 조용히 떠났던 윤동민 당시 법무부 보호국장은 김&장에 합류했다.

당시 검찰 수뇌부는 잇따라 수난을 겪었다. 김태정 검찰총장은 법무부장관에까지 올랐다가 그해 말 옷 로비 사건에 관한 사직동 팀 내사보고서를 유출한 혐의로 구속됐다. 당시 대검차장으로 심 전 고검장을 강하게 비판했던 이원성 씨도 2000년 총선에서 민주당 후보로 당선됐으나 그해 11월 뇌혈전증으로 입원했고, 국회의원 활동을 거의 못했다.

2001년 8월 24일, 대법원 특별2부(주심 이강국·李康國 대법관)는 심 고검장이 법무부장관을 상대로 낸 면직처분 취소소송 상고심에서 원고승소 판결을 내린 원심을 확정했다.

"원고(심 고검장)가 근무지를 무단이탈하고 성명서를 통해 검찰 수뇌부를 과격하게 비판함으로써 검찰의 위신을 손상한 점은 인정되지만 성명서에 긍정적인 내용도 상당 부분 포함돼 있고 26년간 검사생활을 하면서 쌓은 공로 등을 종합해볼 때 면직처분은 지나치게 가혹해 재량권의 한계를 넘어섰다"는 것이 주요 판결이유였다.

법무부는 이날 심 고검장을 대검 소속의 보직이 없는 고검장으로 발령 내고 사무실을 서울고검에 마련했다.

그로부터 3일 후인 8월 27일, 심 고검장이 검찰 관용차를 타고 대검 청사에 도착해 현관 앞에 내려섰다. 성명서를 발표하기 위해 대검에 들른 지 꼭 2년 7개월 만이었다.

그날 얻은 '항명'의 누명을 벗고 다시 찾은 대검청사는 그때나 지금이나 달라진 것이 없었다. 그러나 '그때 그 사람들'은 그 자리에 없었다.

그는 법대 동기로 친한 친구이면서 사법시험은 2회 후배인 신승남 검찰총장에게 '부임 신고'를 했다. 이에 앞서 오전 10시경 경기 과천 법무부 청사를 찾아가 역시 검찰 후배인 최경원 장관에게도 신고했다.

최 장관은 "복직했으니 풍부한 경험을 잘 살려 조직에 보탬이 돼달라"고 인사했고, 심 고검장은 "예우를 잘해줘서 고맙다"고 답례했다.

심 고검장은 오전 11시 30분경 서울고검 13층에 새로 마련된 집무실에 도착해 김경한 서울고검장의 인사를 받았다.

"2년 7개월 만에 다시 출근한 감회가 새롭지만 평상심으로 출근했습니다. 새로운 출근의 의미가 헛되지 않도록 노력하겠습니다."

심 고검장의 복직에 대한 검사들의 반응은 엇갈렸다. "검사의 신분보장이라는 대의(大義)를 위해 마지막 투쟁을 해야 한다"는 의견도 있었고 "최후의 승리를 거둔 만큼 검찰조직의 안정을 위해 용퇴해야 한다"는 의견도 있었다.

심 고검장의 생각은 단호했다. 그는 "검사의 신분을 우습게 여기지 않도록 하기 위해서라도 뭔가를 보여주겠다"고 말했다.

그가 무보직 고검장으로 근무하는 사이 사건이 또 터졌다. 구조조정 전문회사 지앤지(G&G) 회장 이용호(李容湖) 씨의 비호 의혹과 관련해 임휘윤(任彙潤) 부산고검장이 사퇴하면서 빈자리가 생겼다. 심 고검장은 10월 19일 후임 부산고검장으로 발령 나 부산으로 떠났다.

'이용호 게이트' 과정에서 신승남 총장의 동생이 연루되는 등 검찰이 사건에 휘말려 곤경에 처했을 때 대검은 심 고검장에게 특별수사본부를 맡아 수사지휘를 해달라고 제의했다.

심 고검장은 거절했다. "끝이 안 보인다"고 말하면서.

· 에필로그 ·

검 사(檢事)

1998년 2월 9일, N은 검사였고 L은 기자였다.

　그로부터 이틀 후 〈동아일보〉 마지막 판에 "의정부 판사 5, 6명이 이순호(李順浩) 변호사에게 수백만 원씩 돈을 받은 사실이 검찰 계좌추적에서 밝혀졌다"는 기사가 사회면 톱기사로 보도됐다.

　2월 말부터 검찰수사가 본격화했다. 3월 초 윤관(尹錧) 대법원장이 "일부 법관들의 잘못으로 국민에게 큰 걱정을 끼치고 있다"며 공식적으로 유감의 뜻을 밝혔다.

　3월 23일, 수사를 맡은 서울지검 특별범죄수사본부는 의정부지원 출신 판사 15명이 이 변호사 등에게 은행계좌 등을 통해 돈을 송금받고 술 접대도 받은 사실을 밝혀냈다.

　4월 7일, 대법원은 15명의 판사 가운데 5명에 대해 정직 6~10월의 중(重) 징계처분을 내렸고, 일부 판사에 대해서는 견책처분을 내렸다.

　사건이 마무리된 뒤 그해 여름, L은 오랜만에 서울 서초동 법조타운 앞 H 일식집에 들렀다. 이곳은 법조인들이 단골로 드나드는 곳으로, 언제나 빈자리가 거의 없었지만 그날은 손님이 별로 없었다.

식당 사장 P 씨에게 인사하며 물었다.

"손님이 없네요. 또 콜레라균이 나왔나요?"

"여름철 일식집에 콜레라균보다 무서운 게 뭔지 아십니까? 법조비리 사건입니다."

원래 변호사와 판검사들의 회식이 잦았는데 법조비리 사건 이후 뚝 끊겼다는 것이다. P 사장은 "지난해 콜레라균이 나돌아 여름철 장사에서 손해가 컸는데 올해는 지난해보다 훨씬 더 심하다"고 말했다.

P 사장의 말은 법조비리 사건 이후의 변화를 상징적으로 나타내주었다. 법조비리 사건 이전에는 변호사와 판검사들이 거리낌 없이 만나고 어울렸지만 그 이후에는 확 달라졌다. 일부에 국한된 일이긴 했지만 변호사들의 룸살롱 접대도 거의 자취를 감췄다.

1999년 6월, 한 해 전의 한국조폐공사 파업은 검찰이 유도한 것이었다는 대검 공안부장의 발언이 〈한겨레〉 1면 톱기사로 보도됐다. 대검 공안부장은 보도 하루 전날 기자들과 만나 "조폐공사의 파업은 공기업 구조조정의 전범(典範)으로 삼기 위해 우리(검찰)가 유도한 것이었다"고 말했다는 내용이다. 공안부장은 당시 점심시간에 폭탄주를 몇 잔 마신 뒤 사무실로 돌아와 취중에 기자들에게 이런 말을 했다.

검찰 안팎에 큰 파문이 일었다. 공안부장은 물론이고 법무부장관까지 물러났다. 검찰 사상 최초로 특별검사제가 도입되는 사태로까지 이어졌다.

이 사건 이후 검찰에는 외부에 잘 알려지지 않은 큰 변화가 있었다. '대낮 폭탄주'가 사라진 것이다. 그 이전에는 대낮 폭탄주가 유행했다. 점심시간에 폭탄주 몇 잔 걸치고 벌겋게 상기된 얼굴로 사무실에 돌아와 큰 회전의자에 기대어 쉬는 검찰간부들이 심심찮게 눈에 띄었다. 공안부장은 나중에 국회 청문회에서 "왜 폭탄주를 마셨냐"는 국회의원들의 질문에 "양주가 너무 독해서 맥주를 타 마셨다"고 말하기도 했다. 수원지검장을 지낸 고(故) 서익원(徐翼源) 변호사는 검찰의 폭탄주 문화를 근절시키기 위해 '폭탄주 제조에 관한 특별조치법'을 만들어야 한다고 말한 적도 있다.

대검 공안부장의 취중 실언(失言) 사건 이후 이 같은 악습은 사라졌다. 근무시간에는 폭탄주뿐 아니라 맥주조차도 금기시됐다.

1987년 1월 15일자 〈중앙일보〉 사회면 귀퉁이에 2단짜리 대학생 변사 기사가 실렸다. 서울대 언어학과 3학년 박종철(朴鍾哲) 군이 경찰에서 조사받다가 쇼크사(死) 했다는 내용이다. 이 기사는 박종철 군 고문치사 사건으로 이어져 그해 6·10 항쟁과 6·29 선언을 이끌어내는 기폭제가 됐다.

세상을 변화시키고 역사의 물줄기를 바꾸는 것, 그것은 가슴 설레는 일이다.

기자는 특종으로 세상을 바꾼다. 특종은 기자의 존재 이유고, 숙명이다. 폭설이 내린 한겨울 심야의 취재가 사법 100년 사상 최초의 사건을 만들어내 법조계 관행을 바꾸고, 폭탄주를 마신 검찰간부의 취중 실언이 보도됨으로써 사상 최초의 특별검사가 시작되고 검찰의 대낮 폭탄주 악습이 근절됐다. 한 대학생의 변사사건 보도는 1987년 민주화의 물꼬를 텄다.

미국 중앙정보부(CIA) 정문 앞에는 이렇게 쓰여 있다.

"너희가 진리를 알지니 진리가 너희를 자유케 하리라."

(*You shall know the truth and the truth shall make you free.*)

기자에게 특종은 진리다.

1998년 9월, L은 취재를 넘어 인생의 가르침을 주던 검찰 원로들을 모시고 오랜만에 식사를 같이했다. 전직 대검 중수부장인 강원일(姜原一) 변호사와 현직 대검 중수부장인 이명재 검사장이 그들이었다. 법조 출입을 하던 〈한겨레〉 김현대(金玄大) 기자와 〈동아일보〉 조원표 기자도 함께 있었다.

이 검사장이 말을 건넸다.

"기자들은 특종을 하면 어떤가. 허무하지 않나?"

"……."

"수사도 허무하네. 누구를 비난하고 누구에게 벌을 줄 자격이 우리에게 있는 것인지. 감옥에 집어넣은 사람들도 다시 길거리에서 만나게 되고 … ."

이명재 검사, 그는 '당대(當代) 최고의 검사'였다. 한나라당의 김기춘(金淇春) 의원이 검찰총장으로 재직할 때 그를 가리켜 한 말로 전해진다.

316

이 검사는 특별수사통으로 한 시대를 풍미했다. 대검 중수부 과장과 서울지검 특수부장, 대검 중수부장 등을 거치면서 이철희, 장영자 씨 어음사기 사건과 영동개발 사건, 명성그룹 사건, 정보사 부지 사기사건 등 수많은 대형사건들을 수사하면서 특별수사의 전설로 불리기도 했다. 능력은 물론이고 언제나 온화하고 겸손한 태도와 자세로 검찰 선후배들에게 절대적인 신망을 받았다.

검사로서 가장 많은 '특종 수사'를 한 검사가 허무하다니 ….

그는 그날 많은 이야기를 했다. 좀처럼 개인적인 이야기를 하지 않는 그였기에 놀랍기도 했다.

이 검사장은 1980년대 초 검사생활이 하도 어려워 변호사로 개업하려 하는데 갑자기 이철희(李哲熙), 장영자(張玲子) 어음사기 사건 수사를 하라고 해서 얼떨결에 투입된 얘기부터 시작해 특별수사에 얽힌 많은 얘기를 했다. 그러면서 하는 얘기가 '허무하다'는 것이었다.

"수사를 하다보면 회의(懷疑)가 들 때가 많아. 상대적으로 착하고 깨끗한 사람이 걸려들었을 때지. 참으로 곤혹스럽네. 그렇지만 어쩔 수 없이 수사는 해야 하고 …. 나중에 그 사람을 구치소에 보내면서 한마디 해주기는 하네. '당신보다 더 나쁜 사람을 우리가 반드시 처벌하겠다'고."

1998년 3월, 이 검사장이 대검 중수부장이 됐을 때 70세쯤 되어 보이는 초라한 차림의 한 할머니가 대검 기자실에 찾아온 적이 있다.

"이명재 검사가 중수부장이 됐다지요?"

"그렇습니다만 …."

"20년 전 제가 관련된 사건을 이 검사가 수사한 적이 있는데 그 후 한 번도 이 검사를 잊어본 적이 없습니다. 너무 고마워서요. 정말 훌륭한 검사예요."

그는 이 말을 하기 위해서 춘천에서 일부러 상경해 기자실을 찾았다고 말했다.

"오신 김에 이 검사장님을 한번 뵙고 가시라"고 말했지만, 그 할머니는 그냥 가겠다며 떠났다.

2001년 5월 25일, 이 검사는 서울고검장을 끝으로 27년간의 검사생활을 마감했다. 그는 그날 전격적으로 사표를 제출했다. 아무도 예상치 못했다.

그는 직원들에게 오전 11시 퇴임식을 갖겠다고 말했다. 직원들이 "너무 급박하다"며 준비할 것이 많으니 좀 여유를 갖고 하자고 했다. 그러나 이 고검장은 "퇴임식 하나 내 마음대로 못하냐"며 그대로 하라고 했다.

그가 전격적으로 사표를 내고 오전에 퇴임식을 강행하려 했던 이유는 조용히 떠나기 위해서였다. 그날 오후 퇴임식이 예정돼 있던 박순용 검찰총장보다 먼저 떠나려는 것도 한 이유였다. 박 총장은 이 고검장보다는 사법시험 3기 선배지만 경북고 2년 후배, 게다가 이 고검장의 친동생과 친한 친구였다. 박 총장은 사석에서는 친구의 형인 이 고검장을 늘 형님이라고 불렀다.

2001년 5월 10일, 박 총장은 오랜만에 이종왕 변호사를 불러 점심을 함께했다. 1999년 옷 로비 사건 수사 당시 사표를 내고 떠난 이 변호사에게 총장 퇴임 전 마음의 빚을 조금이나마 정리하려는 것이었다. L도 그

318

자리에 있었다. 그 자리에서 자연스럽게 이 고검장의 거취가 화제가 됐다. 당시 검찰 내부에서는 총장 교체를 앞두고 인사 숨통을 트기 위해 원로 몇 명이 사퇴할 것이라는 소문이 나돌았다. 일부 세력의 희망인지도 몰랐다. 이 고검장은 후배들에게 짐이 되기 싫다며 신변을 정리하려는 움직임을 보였다.

박 총장이 L에게 말했다.

"오늘 오후 찾아뵙고 절대로 사표내시지 말라고 말씀 좀 전해주게나."

오후에 이 고검장을 찾아뵙고 그대로 전했다. 그는 웃기만 하고 대답은 하지 않았다.

대답은 이미 3년 전에 했는지도 몰랐다. 1998년 9월 저녁자리에서 그는 "후배들이 뭔가 하려는데 내가 장애가 된다면 언제든지 결단을 내리겠다"고 말했다.

퇴임 전 그에게 헌법재판소 재판관 자리 제의가 왔다. 그는 "평생 검사였는데 검사로 끝내고 싶다"며 사양했다.

그는 1965년 서울대 법대를 졸업하고 잠시 외환은행에서 근무했다. 그 무렵 한국은행에서 근무하던 법대 동기 박경재(朴慶宰·변호사)가 "이렇게 살 거냐"고 닦달을 해 함께 사법시험 준비를 했다고 말한 적이 있다.

이 고검장은 초임검사 시절부터 수사의 원칙과 기본을 철저히 지키고 이행한 드문 검사로 후배검사들은 기억하고 있다.

특수부 수사를 오래 한 검사 중에는 이런 말을 하는 이들도 있다.

"가는 말이 거칠어야 오는 태도가 곱다." 피의자들은 거칠게 다뤄야 고분고분 자백을 한다는 뜻이다.

이 검사는 전혀 그렇지 않다. 강압적 방법보다는 합리적 추궁과 설득으로 자백을 잘 받아내 피의자가 구속되면서도 오히려 "잘해줘서 고맙다"고 말하기도 했다.

이 고검장의 퇴임은 후배검사들과 직원들에게는 충격이었다.

그는 "원로가 되면 최소한 후배들이 나가는 길에 방해나 걸림돌이 되지 않는 아름다운 퇴장을 하자고 다짐해왔고 이제 그 다짐을 실천할 때가 왔다"고 퇴임의 변을 말했다.

그는 퇴임식에서 "정성을 쏟아준 과장과 주임, 여직원, 방호원, 경비원분들에게 진심으로 고마웠다"는 인사말을 남겼다. 후배검사들에게는 "좋다고 하는 보직에 연연해하지 말고, 나쁘다고 하는 보직에 실망하지도 말고, 맡은 일의 성취에서 오는 보람에 만족하며 살아가 달라"며 "위대한 검사는 좋은 보직에서 나오는 것이 아니라 정의에 대한 신념과 열정에서 나온다는 말을 명심해 달라"고 말했다. "서민을 위한 백마 탄 기사가 되어 달라"는 부탁도 남겼다.

그는 마지막으로 뉴욕 주 검사였던 제임스 스튜어트의 '검사의 길'을 인용하며 퇴임사를 맺었다.

"절대적인 정직과 공명정대한 행동, 어떠한 추정(推定)도 하지 않으며 어떠한 일도 행운에 맡기지 않고 용의주도하게 준비하며, 어떠한 사건도 자신의 정당성에 확신이 설 때까지는 재판에 넘기지 않는다."

'서민을 위한 백마 탄 기사'는 그렇게 떠났다.

검사가 허무한 것처럼 기자도 허무하다. 정말 세상이 달라진 것이 무엇인가.

푸쉬킨의 시 한 구절을 생각했다.

……

세상의 소란으로부터 잠시 그대의 눈과 귀를 거두라.
그대 스스로 정화되지 않는다면
그대의 힘으로도 이 세상의 병은
결코 치유될 수 없는 것 … .

| 후기 |
그 후의 이야기

2002년 1월, 검찰을 떠났던 이 검사가 다시 검찰로 돌아왔다. 검사의 정점(頂點), 검찰총장이 되어서였다. 그가 원해서 된 건 아니었다. 검란과 대통령 아들의 스캔들로 궁지에 몰린 정권(政權)이 말기(末期)에 그를 총장으로 임명한 것이다. 그의 총장 재임 시 대통령의 두 아들이 구속됐다. 수사는 깔끔했고, 뒷말은 없었다.

그는 총장 임기를 다 채우지 못했다. 2003년 11월 서울지검에서 조직폭력배 물고문 사망사건이 발생하자 책임을 지고 물러난 것이다. 퇴임식도, 퇴임사도 없었다. 그는 사의를 밝힌 그날 바로 떠났다. 총장 시절 그의 사무실에는 집에서 입고 온 외투가 옷걸이에 걸려 있는 것을 제외하고는 아무것도 없었다. 언제든 떠날 마음의 준비를 하고 있었던 것이다.

다시 세월이 흘러 정권이 몇 번 바뀌면서 그는 감사원장과 총리 등의 제안도 받은 것으로 알려졌다. 모두 사양했다. 자신은 '흘러간 물'이라고 하면서 … .